新原仁

"为天地立心,为生民立命,为往圣继绝学,为万世开太平",此哲学家所应自期许者也。况我国家民族,值贞元之会,当绝续之交,通天人之际,达古今之变,明内圣外王之道者,岂可不尽所欲言,以为我国家致太平,我亿兆安身立命之用乎?虽不能至,心向往之。非曰能之,愿学焉。

—— 冯友兰《新原人》自序

仁学本体论

陈 来 著

Copyright ⓒ 2014 by SDX Joint Publishing Company.
All Rights Reserved.
本作品版权由生活・读书・新知三联书店所有。
未经许可，不得翻印。

图书在版编目（CIP）数据

仁学本体论／陈来著．—北京：生活・读书・新知三联书店，
2014.6 （2019.3 重印）
ISBN 978 – 7 – 108 – 04997 – 1

Ⅰ．①仁…　Ⅱ．①陈…　Ⅲ．①仁－本体论－研究　Ⅳ．①B222.05

中国版本图书馆 CIP 数据核字（2014）第 073370 号

责任编辑	舒　炜
装帧设计	蔡立国
责任印制	宋　家

出版发行　生活・讀書・新知 三联书店
　　　　　（北京市东城区美术馆东街 22 号 100010）
网　　址　www.sdxjpc.com
经　　销　新华书店
印　　刷　北京市松源印刷有限公司
版　　次　2014 年 6 月北京第 1 版
　　　　　2019 年 3 月北京第 2 次印刷
开　　本　880 毫米 × 1230 毫米　1/32　印张 15.875
字　　数　230 千字
印　　数　07,001 – 12,000 册
定　　价　52.00 元

（印装查询：01064002715；邮购查询：01084010542）

目次

绪　言　1

明体第一　29

原仁上第二　101

原仁下第三　131

仁体第四　169

道体第五　201

天心第六　227

万物一体第七　259

生物之心第八　303

生气流行第九　329

心本实体第十　359

情感本体十一　389

仁统四德十二　421

后　记　501

绪言

本书之宗旨，是欲将儒家的仁论演为一仁学的本体论，或仁学的宇宙论。在此意义上，本书的目的亦可谓将古往今来之儒家仁说发展为一新仁学的哲学体系。此新仁学哲学之要义在"仁体"之肯定与发扬，从而成为一仁学本体论，或仁体论哲学。

一

近人常以西哲康德的问题为根本问题，即：

我能知道什么

我应做什么

我能期望什么

人是什么

前三个问题分别对应于康德的三项批判，即纯粹理性批判，实践理性批判，判断力批判。而最后的问题"人是什么"，康德并未以专书来阐发之。[1]

人是什么，这个问题究竟应当如何做哲学的了解和回应？有些哲学家对这个问题的探讨是企图从生命进化论，或从人类的历史形成与实践来回答。在现代中国哲学中，如梁漱溟大量运用生物学和心理学，如李泽厚特别注重劳动实践和使用工具对人类形成的意义。这些做法应当说还是在科学的典范下展开的，或是自然科学或是社会科学，而并不是真正哲学的视角和方法。所以梁漱溟讲了那么多的从动物到人类心理史的发展，把理性（梁漱溟所说的理性有特别意义，与一般所说的理性不同）说成是不期然而出现的，使理性成为"后天"的东西，在哲学是已经落在第二着，与其根本思想不一致。最后他仍不得不穿越心理史，提出"宇宙生命"，来作为理性的本体和根据。可见，就本体论的建构而言，从科学到哲学是不易行得通的。李泽厚亦然，他主张工具本体的人类学本体，仍然是历史唯物论的路线，也是典型的科学唯物论思维，在这个意义上，心理本体根本不能作为本体。尽管他用双本体来讲，但实际上终极的本体只能是一个，还是要归结到历史实践的本体，心理本体必落在第二着。

这样来看，20世纪中国哲学本体论中，还是熊十力的宇

---

[1] 康德在《纯粹理性批判》中提出前三个问题，后在《逻辑学讲义》补充了第四个问题。

宙本体论较为成功，特别是其后期本体论简易直截，体大思精，实堪为典范。不过，如果站在儒家哲学的立场来看，熊十力的体用论与佛教牵涉过多，这固然由于他的个人心路经历使然，对于说服他自己可能是必要的，但大部篇章用来解说佛教名相及与空有二宗相辩，对现代儒学却不具有普遍性。另一方面，熊十力仍受到近代西方哲学"精神—物质"二元分析及唯物—唯心二元分析的影响，其《新唯识论》把心说为宇宙本体，虽然是继承了宋明时代的心学一派，但心学终归不能全部代表儒学和中国哲学的主流。何况，现代哲学对主体性早已提出许多反省和批评，主体和主体性的观念遭遇了严重的挑战。

中国晚近的哲学领域，颇受到海德格尔哲学的一些影响。海德格尔哲学号称最晦涩的哲学，却在现代中国哲学界（这里说的中国哲学界是广义的）大行其道，引起最多关注。当代中国研究海德格尔的论著超过所有20世纪其他的西方哲学家的研究论著，《存在与时间》成了哲学系学生必读的硬书。然而Being本来是西方语言和西方哲学特有的问题，而今天中国的中西马哲学若都要事事从存在Being开始，这是根本不合理的。Being作为系动词应译为是，此种系动词的用法是汉语中本来所没有的。[2] 把是系动词带来的西方特殊问题当做哲学最基本

---

[2] 有关Being翻译的讨论，可参看宋继杰主编：《BEING与西方哲学传统》，河北大学出版社，2002年。

的问题，这至少对中国哲学来说，是迷失了方向。

因此，对照康德的第四问题"人是什么"，我们从儒家哲学的立场，要提出的是"仁是什么"，或者"什么是仁"。因为恰恰在中国哲学中，人与仁互为定义，"仁者人也"，亦可说"人者仁也"。要回答人是什么，人之所以为人者是什么，在儒家的立场是必然要以"仁"为基础来回答和阐明。

一个哲学是要提出一种世界观，一个哲学体系并不是要提出一套由经验加以论证确定的科学式的体系，哲学与科学不同，其功能和要义是提出对世界的了解，每一种了解可构成一个系统，哲学史就是这些不同的了解的系统互相作用的历史。

维特根斯坦反对传统哲学追求基础性实体的努力，海德格尔反对西方传统哲学逻各斯中心主义，拒斥形而上学已成为当代哲学的主流。而对世界整体的把握，或对世界作整体的把握，即是所谓形而上学思考的需要；当代中国哲学越来越重视价值观问题研究，而价值观的确立也需要形而上学的基础。所以重要的不是抽象地反形而上学，而是把形而上学与人的价值、人的实践、具体的生活世界联系起来对其存在和意义做整体上的说明。

二

在对哲学传统的态度上有两种哲学家，一种是注重综合、总结、发展哲学史的观念传统，使得哲学史的发展在其总结中得到积累和传承，得到综合的发展。所谓综合的发展就是既有对以往哲学史论述、观念、讨论的综合吸收，又在综合的同时有所发展。当然，综合本身也是一种发展，如哲学史上的集大成者，而这里所说的发展则在综合基础上对以往讨论的推进、深入乃至出新。这个形态的代表可以朱熹、阿奎那、黑格尔为代表。另一种是对哲学传统提出根本的挑战，以期在哲学史上引起转变，它与哲学史传统对立，把过往的哲学讨论看作是过时的。这种态度不仅不能辩证地扬弃以往的哲学发展，而是必然引起思想上的放纵。这个形态可以李贽、尼采、海德格尔为代表。应当说，在中国哲学史上，后者罕见，前者为主，这不仅是中国哲学注重连续、传承的特点所造成的，尼采、海德格尔的哲学也和从近代到现代的历史、社会、文化、科学的巨变有关。

近代科学革命深刻影响了近代哲学的发展，伽利略、牛顿对自然规律的探求，以数学真理探求自然现象的关系，万有引力成为宇宙的普遍法则，这一切颠覆了古代到中世纪的宇宙观，形成了一种崭新的世界观。近代西方哲学正是在这样的基础上形成的。于是，人们不再关心事物的总体和本质，更关心现象可观察的特质，"古代和中世纪的人们把宇宙看成是活生生的有机体，而现在，宇宙成了一架按力学规律运转的大机器"。[3]人与世界相分离、相对立，人对自然界越来越疏离，人

---

[3] 张汝伦《海德格尔与现代哲学》，复旦大学出版社，1995年，2页。

与世界之间，人与自然之间，有了一道不可逾越的鸿沟。

这样的世界观符合近代科学的发展，也推动了科学革命的进程。不过，近代的世界观所依赖的科学是不断发展的，近代哲学的主题和基本观念也不断被挑战、被批评。而无论近代哲学也好，还是现代哲学也好，它们虽然都各有所见，但在哲学上却不一定代表了永恒的真理，也不能说就可以全部取代古典的世界观。中国古典哲学作为传统世界观的一支虽然为近代以来的哲学成见所贬损，但是其中未必没有包含远见与真理。如近代哲学的本体论以近代世界观所主张的心物二元论或主体客体二元论为基本特征，而古代本体论中没有这种二元的分离，没有统一世界变为二元的分裂。当然，近代哲学中也有看到这一偏差的人，如黑格尔便试图用绝对精神的自我运动来解释世界的统一，这与古典哲学重视绝对实体的自我显现是一致的。但黑格尔讲"实体即是主体"，依然把主体概念作为绝对化实在。而古典哲学的基本世界观是天人合一，即把自然和人在一个大的存在关联中来观看，如在儒家的世界观看来，"仁"即存在的关联，亦即关联的存在。

近代科学的宇宙观的三个基本假定——基本质料、因果条件、最终动因，已经被现代科学所否定，代之出现的是作为过程之流的宇宙的变动不居的场景，正如卡普拉指出的"宇宙因此被经验为一个能动的不可分别的整体"，这正是要回到全体存在者构成的生成与绵延的全体，这个存在总体应成为形上学的真正对象。

三

百年来中国哲学的世界观是今天中国哲学建构的直接基础，今天的哲学建构不能忽视百年来中国哲学的创制，而应当在此基础上加以总结发展。回顾以往，应当说新心学和新理学共同构建了20世纪百年中国哲学的主流，也是现代儒家哲学的主流。现代中国哲学当然是对近代以来西方文化和西方哲学输入的反应，但因为科学不是中国现代哲学要面对的问题，仿照科学的演绎也不是中国哲学的传统，因此，"传统"似乎成了现代中国哲学的基本问题意识。熊十力的新唯识论"把心说为宇宙本体"，以"翕辟成变"铺陈出宇宙论，尽管其形式是在与佛教世界观的论辩中展开，但仍然注重建立一种传统心学的新形态宇宙论，以与修养的心学对接起来，或为后者提供一新的哲学基础。因此，对新心学来说，尽心见体的修养实践仍是第一位要肯定的轴心，其他的哲学建构是在新的时代对这一古典轴心的新的论证，如熊十力以宇宙论来论证，梁漱溟以心理学来论证。熊十力的论证合乎近代西方哲学实体论的方式，建构缜密，称得上是富有意义的。而梁漱溟企图以心理史的回溯来论证仁心的根源，虽然与熊十力以宇宙实体论证仁心根源似乎同趣，但梁漱溟的理论依赖的是科学的心理学和心理史，不能不更多依赖于科学，而不必是真正的哲学。而且熊、梁的哲学都归于心体或以心为本，这与西方近代哲学的心物二元论相应，还没有回到人与世界的整体。冯友兰先受新实在论影响，为太极与理的先在性做了现代论证，但他后来受了维也纳派的批评所影响，以虚灵、不肯定为形而上学的特征，否认实体，价值也就不能获得最高的肯定。虽然《新事论》《新世训》《新原人》肯定了传统文化与传统价值以及传统境界，但此境界在形上学的空灵中不能从根本建立其基础。换言之，这一形上学形态更近于道家而不是儒家了。冯友兰的大全说虽然有意义，并不能对儒家人生价值作最高肯定，而容易仅仅成为一种神秘主义的境界，此境界固然极高明，但在价值本体的方面似无可为。熊十力针对佛教最后归于虚寂主义而加以批评，但不能正面确定儒家仁体的宇宙论使之成为儒家价值的支撑。梁漱溟放弃宇宙论，批评熊十力用宇宙论讲儒家学问，但其最后不得不诉诸宇宙生命，显示出他在理论上的内在缺陷，也显示出宇宙论对于新儒家哲学的必要性。马一浮完全以传统的理气论、心性论为哲学主题，虽然他运用"全体全用"的模式予以阐明，但并不能建成全体全用的宇宙论或形上学，仍然只是走向摄用归体的心宗一路。

应当说，熊十力、梁漱溟、冯友兰、马一浮四人之中，熊十力的哲学本体论最具开发前景。熊的哲学可分为前期后期，它从早年的摄用归体转变到晚年的摄体归用，从早年的以心为宇宙本体，到晚年以本体非心非物，提示了一个新的儒家哲学方向的可能，从本书的立场来看，这个方向的最好归趋，即建立一个仁体的本体论，而非唯心的本体论。

四

事实上，现代西方哲学中海德格尔的发展也有若干值得注意的倾向。如海德格尔强调现象学是自己显示自己，从自身中显示自己，让自己从自身中被看见，[4]这些在一定程度上都可以看做与熊十力晚年"体用不二"说类似的一种摄体归用的哲学展示。熊十力哲学的实体显然既不是一切存在的共名，即一般的存在，也不是最高的存在，即全体存在的终极基础。海德格尔认为，"存在的意义作为真理是一个揭示的过程，它的发生是历史的，当然不是我们通常意义的历史，当存在的意义让一个存在确定的含义成为某一个时代的标准含义时，它就无根据地排斥了一切其他含义，甚至它本身作为多种可能的其他含义的根据。在这个意义上，存在在实现它的同时又隐藏了它自己"。[5]仁体在历史的显现也是如此，仁体的揭示更强调肯定的方面，即，使仁体自身和仁体显现被看见，成为原初的照明，整个历史的过程就是一个澄明的过程，仁体也同时是一澄明的过程。而隐蔽表达了显现的限制，这正是历史，而个体达到的仁者之境不是或不必仅仅是因为"见体"，而是仁体在个体之身的澄明。个体身心达到与仁同在同显的澄明，但仁体的显现主要不是依靠语言，而是修身。

---

[4] 张汝伦《海德格尔与现代哲学》，复旦大学出版社，1995年，50页。
[5] 同上书，69页。

传统宇宙论总是要以各种方式追求一个存在物作为最高本原和基础，由此化生万物，而仁体论不把仁体与万物看成母子关系，因此不是本体去生成，而是本体显现大用。与海德格尔不同，我们认为仁体仍然是实体论的，但亦是作为一切可能性的条件、根据与基础，这是中国哲学的传统，中国哲学本来没有西方式的神学思维，强调的是天人合一，人与世界统一。

怀特海认为，西方近代以来，都是把现象和本体分成两截，他起了个名词："bifurcation of nature（自然的两分）"，把整个自然分成两片：一片是真的，一片是假的；一片是实在的，一片是虚妄的。他认为这种分法是根本错误的。怀特海反对自然的两分，他说我就是讲整个自然，自然不应该分成两片。中国自古以来，许多大哲学家都是不讲本体与现象对立的，认为本体与现象是统一的，又有区别，又有统一。中国哲学认为，本体是实在的，现象也是实在的，并没有虚实的区别。[6]

列维纳斯主张把哲学看作是"爱的智慧"而非传统希腊语中的"智慧之爱"。成中英也指出，中国哲人的出发点在以人的自觉为中心来建立与世界的关系，所以应该反过来说，是爱的智慧之学。智慧之爱之学是希腊哲学，爱的智慧之学是中国哲学。爱的智慧就是怎么关切他人、怎么建立关系、怎么实现自

---

[6] 参看张岱年先生在北京大学举办的"比较哲学"系列讲座上的演讲录，收录于谢龙编《中西哲学与文化比较新论——北京大学名教授演讲录》，人民出版社，1995年。

己、怎么与人为善、怎么与民同乐，这是中国哲学考虑的问题，这就是深度的、广度的爱，叫仁爱，是人自己的方式，也是人存在的方式。[7]只是，我们认为，爱的智慧不一定是整个中国哲学的基调，但仁爱的智慧的确是儒家的核心。

苏格拉底说哲学是 love of wisdom，即智之爱，我们也可以说儒家的哲学是爱之智，即 wisdom of love，儒家的哲学就是对这种仁爱的生命价值的体验与追求，以及完成这种生命价值的体验与追求，是对仁爱的方向与目标的慎重选择与深入承诺。[8]

"爱智慧"与"爱的智慧"不同，西方哲学是爱智慧，中国儒学是爱的智慧。爱的智慧就是仁学，就是仁学本体论，没有仁学本体论，即使有仁爱，也还不是爱的智慧，不是仁的哲学。

五

关于本体与形上学。

本书既名之为仁学本体论，不得不对"本体论"有所说明。

中文"本体"一词中，本指本根、本来，体指实体、状态、体段等。中国哲学中"本体"一词的连用，一般认为始于汉代。[9]

---

[7] 成中英、杨庆中：《从中西会通到本体诠释》，中国人民大学出版社，2013年，342页。

[8] 参看同上书，3页。

[9] 见强昱：《本体考原》，载《中国哲学与易学》，北京大学出版社，2004年，284页。

京房的《京氏易传解读》中说"乾分三阳为长、中、少,至艮为少男,本体属阳,阳极则至,反生阴象"。中国佛教发展了本体观念,特别重视体用说。其实,后来程颐提出"体用一源,显微无间",与京房类似,也是就易之卦象卦理而言。可见历来对《周易》的解说与中国哲学的本体论大有关系。当然,本体的连用始自汉代,但中国哲学的本体意识和本体论思维则产生于先秦,如《老子》一书所体现的,张岱年先生早就指出过这一点。

西方哲学本体论的特点,从柏拉图到黑格尔,都是分别两个世界,一个是可感知的世界,一个是超感知的世界,以后者为真实的世界。中国哲学则无此种把两个世界割裂的思维。

吾人仁体说之本体的设定,乃在设立世界存在、关联、生生与运动的根源,此根源不是宇宙发生之义,故本体非第一推动者。而是宇宙时时而有、永不枯竭的内在根源。此本体与世界非一非二,即体即用,本体自身是生生不止的,现象大用亦是生生不息的。此即体即用之义熊十力晚年的《体用论》阐之最明。

中文中"本"的原义是根,"体"字有从骨者,有从肉者,指整个身体。从西方哲学的本体论历史来看,本体论的一个特点是以关于实体的讨论为重点。从中国哲学来说,中国古代哲学所讨论的实体、本体、道体,都涵有或涉及本体论的问题,尤其是道体。作为最高实体、终极实体,道体的讨论和西方哲学的实体讨论是一致的。

学者早就指出,中国哲学自己的本体论不同于西方哲学的存有论，中国哲学所说的本体亦不同于西方哲学所说的 ontology 里面的 onto。在西方哲学中一开始就要求一个超越性存在的、追求不变的实在，存在的原型，逐步成为所谓主观性、真理性、对象性、超越性的东西。而中国哲学的本体也是真实存在，但不是外在化、对象化、静止的脱离现实，而是一个整体的存在，动态的存在，过程的全体，是人对生命体验中建立的真实。西方把现象化约为某些规则或元素，中国是整体，是包含一切的整体。西方要假设一永久性的抽象概念，不同是本质的存在，这不是中国哲学所说的本体。中国的本体是生生不已、有生命性的。故中国的本体不是永久 being 的 ontology，中国的本体即指最根本最真实的存在、最后的存在。[10]中国哲学言天必及人，通天人之际，是中国哲学本体论的讲法。

中国没有 onto 即 being，故中国没有 ontology，但中国哲学自身有本体、实体的讨论，故有自己的本体论。所谓形上学，按沃尔夫的规定，本来包含 ontology 和宇宙论，不单指 ontology。[11]故中国的宇宙论、本体论、道体论、实体论都可称为形上学。古代中国哲学讲的有、万有不是 being，而是存有，故在中国哲学中亦可有存有论，与 Being 的存在论不同。本书所用的"本体论"与沃尔夫的"形上学"意义相当，但因本书

---

[10] 参看成中英、杨庆中：《从中西会通到本体诠释》，中国人民大学出版社，2013年，245–248页。
[11] 可参看黑格尔的《哲学史讲演录》第4卷，商务印书馆，1978年，189页。

所讲的仁体论是体用不二的，不是形上形下割裂的，且本书的仁体论是回应熊十力、李泽厚的本体论，故不用形上学的名称，这是要说明的。

李泽厚认为，如果把哲学定义为讨论 being 的 ontology，则中国并无此种哲学，若把哲学界定为一概念形态表达对人生意义、世界本源、社会基础、认识可能等根本问题的探求，则中国有哲学。[12]李泽厚申明他自己所讲的本体不是康德所讲的理体（noumeno），他讲的本体是本根、根本，是最后的实在、最终的实在、最高的实在。这一点我们和李泽厚是一致的。他还认为，设定物自体是为了认识宇宙的必要逻辑条件，情感信仰的充分条件。这一点倒不为我们所肯定。

康德在其《未来形而上学导论》中说过："人类精神一劳永逸地放弃形而上学的研究，这是一种因噎废食的办法，这个办法是不能采取的。世界上无论什么时候都要有形而上学。"[13]黑格尔更提出："一个有文化的民族竟没有形而上学，就像一座庙，其他各方面都装饰得富丽堂皇，却没有至圣的神那样。"[14]康德、黑格尔的看法还是发人深省的。

人们概括斯宾诺莎的思想：实体是自身的原因。其实笛卡尔本来也是说实体是自己能存在而不需要别的事物的一种

---

[12]《李泽厚近年答问录》，天津社科院出版社，2006年，124页。

[13] 康德：《未来形而上学导论》，商务印书馆，1978年，庞景仁译本，163页。

[14] 黑格尔：《逻辑学》上卷，商务印书馆，1965年，2页。

事物，符合这一定义的只有上帝，故上帝是真正的实体。斯宾诺莎亦然，他说实体是自己的原因，实体即自然，这一说法在理论上与笛卡尔是一致的。至于实体的基本规定，如实体是无限的，实体是永恒的，实体是不可分的，实体是唯一的，则是在实体即自因的前提下的进一步表述；斯宾诺莎说实体是自己的原因，这种实体即为神，即为自然，如果他不说自然，只说神，则与笛卡尔一致。在实体属性方面，斯宾诺莎以思想和广延为同一实体的两个属性，而不是两个实体。所以，我自己的意见是，虽然西方哲学史上从古希腊以后就有对 onto 和 ontology 的复杂讨论，但我们要看到西方哲学家的理解和用法，从古代到近代是有很大变化的。[15]若以近代哲学的笛卡尔和斯宾诺莎的本体论对实体的讨论作为代表，中国哲学的实体讨论与之相近，而不是根本不同。如上所述，熊十力后期哲学亦以心物皆非实体，以心物为实体的势用，其实体论的理论思维形态已与斯宾诺莎实体论相当接近。熊十力所说的实体有四义：本体是万理之源，本体是无对即有对，本体是无始无终，本体显为无穷无尽的大用，[16]这四项规定也与斯宾诺莎相通。

然而，无论是笛卡尔还是斯宾诺莎，满足其实体的定义，

---

[15] 张志伟认为中世纪乃至近代哲学所理解的实体概念与亚里士多德的规定已经相去甚远，见其所著《西方哲学十五讲》，北京大学出版社，2004年，107页。
[16] 《体用论》，中华书局，1994年，50页。

其实并非只有上帝一个，这也是斯宾诺莎提出自然作为这一实体的合理推论。（在中国古代，心学认为心是本体，心才是满足实体定义的选项。）然而，从今天我们的立场来看，满足这种实体观念的并非只有上帝和自然，我们可以说万有总体或宇宙总体、世界整体也满足这个定义，由于我们没有一神论信仰的负担，亦无须推出自然与上帝抗衡，故万物的一体即可认为是实体、本体。

六

关于儒家的仁学。

西周时期的"仁"以爱亲为本义，但到孔子已经把爱亲发展为爱人，并把爱人之"仁"化为普遍的伦理金律，因此那种强调仁的血缘性解释的观点对孔子而言是不正确的。在仁体的问题上，虽然孔子肯定道体即川流之水而有所指点，但只是有所指点而已，并不欲多论深论。战国后期的《易传》则把仁的意义加以扩大，使仁与天地之生生开始联结起来，并把"仁"与"元"对应起来，于是仁不仅是"善"的根源，也可以是宇宙的元初根源，是生命的动力因，开始具有形而上学的意义。《礼记》把仁定位为己之性德，引向内在的性之本体，而且把宗教性仪式的表现看作仁的最高表现方式，将人与天贯通，体现了把仁通向超越面的一种努力。《礼记》还将仁义与"气"直接对接，发挥了德气论，借助于气论更突出了仁的宇宙论意义。

从仁体的角度看，先秦儒学的仁学已经开始从多方面显现了仁体本有的广大维度，但还未能真正树立仁体论，这必有待于汉唐宇宙论、本体论之发展，直到宋明儒学始能完全成立。

汉代的仁说思想，以仁者爱人为出发点，而更重视仁的政治实践意义，故强调仁是对他人的爱，突出了他者作为政治实践对象的重要性。汉儒在仁的观念下肯定、容纳了兼爱、泛爱、博爱作为仁的表达，以仁包容了所有中国文化内的爱的表达，使得仁爱包容了以往各家所提出的普世之爱，在仁的伦理内涵的普遍化上，迈出了决定性一步。最后，汉儒的宇宙论里面，仁被视作天地之心或天心、天意，甚至被等同于天；仁也被作为气的一种形态，这些都使得仁由于介入到儒家的宇宙论建构，已经具有了形而上的意义。汉代儒学仁说的这些内容，在后来的仁学发展中发生了深刻的影响，奠定了成熟的仁体论的重要基础。

"天地之心"是中国古代文献中常见的术语。天地之心即是宇宙之心，指宇宙所具有的主导的性质，内在的倾向、指向，是它决定了宇宙万象的发展，又是宇宙万象及其运动的根源和依据，它也是宇宙动能和生命力的中心，所以称为宇宙的心灵、天地之心。所以，天地之心是一个宇宙论的问题。其实，在中国哲学中，天地之心的概念并不意味着这个天地之心有意识、能知觉、能思维，或是一种精神。"天地之心"可以只是指天地、宇宙、世界运行的一种内在的主导方向，一种深微的主宰趋势，类似人心对身体的主导作用那样成为宇宙运行的内在主导,同时,天地之心也是宇宙生生不已的生机和动源。

汉代出现的"仁,天心"的提法超越了先秦哲学的思想,把仁规定为天的意志,虽然这个天心并不是思维的精神,但天心主导着天运生成的基本趋势,而天地人间都体现着仁的作用和指引,仁被视为寓藏于天地万物内的深微的价值的原理。这实际上就是一种古代仁体论,古代仁体论更多归属于宇宙论,与近世实体的仁体论形态结构有所不同。但仁的宇宙论与仁的本体论是一致的,都是把仁上升为形而上学的实在。

从儒家对《周易》复卦的讨论来看,一阳来复所见到的天地之心,必然或只能和万物生长的本性有关,此天地之心必然和天地的生生本性有关,这是天地生育万物的根本,如果说天地有心,那么天地之心就是宇宙的繁盛生育万物的内在导向,是宇宙的生命本性,是所有生命生长的根源。在宋儒的理解下,吾之体、吾之性都不再是个体的身体或本性,而是通于万物的共生之体、之性,天地的一切生成物都是共生同体的同胞。张载用"民胞物与"来加强了这种共生的密切关联。因此,天地之心是体现这种共生、吾与的心,天地之仁是体现这种共生、互爱的仁。人与天地同体,就是要以天地之心为心;以天地之心为心,便是"仁"的实现功夫。"同体"就是共生,而比共生更突出了一体之中各个部分的密切关系,因为,个体与个体之间不仅是时空意义上的共时性共生,而且表示个体与个体之间是由一种统一性联结而成的一体,互相密切关联。

七

关于道体。

本体在哲学史上也多表现为实体的讨论。在宋明理学中已经广泛使用"实体"的概念，其内涵与中世纪及近代西方哲学的实体概念有接近之处。造化即宇宙自然的生化，所以中国哲学所说的实体一般是就天地造化而言的，是一个宇宙论的概念。同时，此实体亦指天地变易流行的总体。但中国的实体论不是关注实体的属性、样式，而是关注实体的发用、流行。而如何处理实体和大用的关系，是直到中国现代哲学都在努力解决的问题。但中国哲学受佛教哲学的影响，统体又可以全在于个别之中，使固有的天人合一也多了一种哲学的意义，即天道实体同时亦在人性之中。作为实体的仁体既是人识得的实在对象，也可以成为个人拥有的东西，实体是可贯通到人的身心的实在。

"道体"是宋明理学中更常见的一个概念，其意义较为复杂，并非单一。朱子编《近思录》，逐篇纲目为：一道体，二为学大要，三格物穷理，四存养，等等。这里处在首要地位的道体显然是指本原、本体，说明朱子哲学有明确的把本原、本体作为哲学体系基础的意识。从朱子学的立场来说，道体即是实体，也是最高实体。在程颐的说法里，道本无体，是无体之体，必须借助事物作为体才能为人所了解。但朱子已经与程颐不同，他不再说道之本然之体不可见，而直指川流，认为这就是道体之本然；他进而认为，天地之生化流行，就是道体之本然，可见他已经从程颐的观念摆脱出来，进至实体的观念了。二程曾说，鸢飞鱼跃，活泼泼地，是子思指点本体的。朱子认为，鸢飞鱼跃就是指道体流行，随处发见，语其大天下莫能载，语其小天下莫能破，这就是道体，而道体无所不在，流行充满。照朱子所说，鸢飞鱼跃就是化育流行，是显是用，但明代儒者认为，鸢飞鱼跃便是实体，现象与实体一致，强调现象和物的重要。朱子曾答陆象山说："一阴一阳虽属形器，然其所以一阴而一阳者，是乃道体之所为也。故语道体之至极，则谓之太极；语太极之流行，则谓之道。虽有二名，初无两体。"这是朱子道体观的另一种说法，这个意义上的道体乃是宇宙的根柢，事物运动的根据和所以然。就道体作为宇宙的最根本的根源来说，道体即是太极。就太极的流行展开而言，太极就是道体。朱子哲学认为作为所以然的太极有流行，这是其哲学的特识。道体是无声无臭，也是纯亦不已，即是形而上的实体，而道体亦即是仁体。人与天本为一体，故人的慎独修养就是要恢复到万物一体。理学以太极为最高实体，但体必有用，故太极有生生、流行之用。太极之用，流行不息，无一息之或停。但太极实体自身则不动，无一息不停止。本体静而不动，大用动而不息，故说实体是常住之真，流行是发育造化。

明儒董澐说"道体即是仁"，这的确实有所见；他又说仁是一团生生之意，也很合于道学传统。他主张慎独以体仁，而这种体仁及其结果是"还其无声无臭之天，万物一体纯亦不已"，这正是说的回归本体实体，此实体即是万物一体的本体仁体。

儒学史上已经广泛使用实体概念，朱子则是古代实体论的代表。宋明时代的实体论认为实体是宇宙的本原，而万物亦皆备此实体于己身。此实体即是本体，实体必有流行发用，故实体论往往是体用论，处理实体和大用的关系。宋明心学派主张本体即是主体，强调实体即心体。理学尤其是朱子学重视道体概念，以道体为最高实体，朱子还认为天地大化流行就是道体之本然，强调实体与现象的一致，而其道体大全的概念是把生生变化不已的流行总体作为道体，在哲学上已经开出新的境界。明代阳明学中对道体说也有发展，即以道体即是仁，这就把道体引入了仁论中，使二者合二为一，走向仁体论。

认为仁体作为源头即是不忍之心，亦即恻隐之心，不少理学家都如此理解的。如朱子始终认为仁体作为源头不是心体，恻隐之心不能作为源头，源头是阴阳五行的动静、开阖、变化，源头乃是宇宙生化流行。他认为"本源全体"不能限于一心，"本源全体"自有其宇宙论、本体论的意义，人们对于本源全体的认识是以此全体本体的本然自在为前提的。朱子又强调，仁体之源头即阴阳二气五行流行、生生不息，有流行，便有生成，生成在流行之后，有了流行，自然生成万物，有了流行，自然发生爱，爱是仁体自然而有的发用。朱子对仁体的宇宙论面向、对仁体的实体论面向甚为重视。特别是他把气作为仁体的实体，把生生和爱都看作是气的不息流行的自然结果，这一宇宙观是宋代哲学仁体论的一个重要形态。明代湛甘泉答阳明书，主张"本体即实体也"的断语，甚有意义，他的讲法是针对"本体即主体"的王阳明心学，在甘泉看来，本体是实体，也是天理，不能把本体仅仅理解为内心，那样就太狭窄了。

八

讲本体的书自然不需要很长，如斯宾诺莎讲实体是什么的部分，只不过占其《伦理学》一书的十几页。我国现代哲学家熊十力的《新唯识论》不过一百页多一点，由《新唯识论》改写的《体用论》仍不过一百页左右，而且这两部书的大部分是简别佛教空有二宗。列维纳斯的《从存在到存在者》也不过是十万字的著作。而且，对于理解一个相互依存的宇宙系统而言，哲学所需要的，不一定是理性的逻辑推理，而是一种美学的、隐喻的、类比的、关联的思考。[17]

但无论如何哲学的构建应当是有所传承的，如濂、洛、关、闽，北宋道学的讨论，到南宋都有接着讲、传承讲的，朱子既吸收濂、洛、关学，加以传承、综合，而又有发展，特别是对二程的思想继承甚多。朱子的哲学绝不是置北宋儒学发展于不顾而独自地进行原创，以此观之，哲学史的发展都是如此，离开已有的思想讨论的所谓原创是没有的。20世纪儒家哲学花开五叶，有许多发展，若抛弃熊、梁、马、冯、贺各家于不顾，

---

[17] 参看卜松山《与中国作跨文化对话》（增订本），中华书局，2003年，67页。

当代中国哲学的讨论发展与上述各家全然不相接,而去追求自己讲自己,是不可取的,也不符合黑格尔所说的哲学史发展的原则。上面说宋代传承接着讲是如此,明代亦然。王阳明虽然反对朱子的哲学立场,但其讨论皆是接着朱子而来,自觉回应朱子的,王阳明的哲学框架多来自朱子,其中许多观念也来自朱子,如身之主宰便是心,心之所发便是意等。其哲学思想是自接续和回应前人的讨论中得以建立,而不是孤明独发。故吾人的仁体论对熊、梁、马、冯等皆有吸收,亦皆有评析和回应,这是中国哲学建构之正道大路。若更溯源,则吾人所论,乃对孔子以来仁学传统皆有所传承与发展。怀特海最早提出综合创新,所谓 creative synthesis,而哲学的创造性综合,不是仅仅作为不同理论的平面的综合,而且应该是重视哲学历史维度的综合,在这方面黑格尔和冯友兰都是好的例子。

海德格尔说,两千多年中哲学本身以及哲学表达它自己的本质的方式,发生了多样的变化。[18]哲学写作有多种形式,分析哲学派强调论证,其实论证也有不同的形式。哲学写作的论证不可能和几何证明一样具有科学的性质,因此哲学写作的论证不过是一种论述的形式,一种希望获得或取得说服力的形式,尤其是在分析传统占主导的英美哲学世界。哲学家性格不同,具体写作的目标不同,论述采取的策略也自然不同。十多年前,我在香港教书时,一位老友对我说,我的写作比较接近

---

[18]《海德格尔存在哲学》,孙周兴等译,九州出版社,2011年,118页。

麦金太尔,即多采取历史地叙述(historical narrative)。我也觉得他的讲法不错,我的写作个性是如此,本书也是一个例子,唐君毅谓之为"即哲学史而为哲学"。哲学论述中多采取历史叙述的要素,这在哲学家中是常见的,海德格尔写《存在与时间》也用大量篇幅论述古语言学、词源学的讨论。其实,不仅德语哲学不皆采取逻辑分析或逻辑论证的途径,英语世界的哲学也各有不同。如查尔斯·泰勒的特色之一即"以观念史的追溯分析为框架而非采用规范分析的范式",[19]更早的怀特海的《过程与实在》其第二编完全是讨论从洛克到康德以及牛顿的回顾和分析。《哲学百年》的作者巴斯摩尔指出,怀特海和亚历山大使用了同样的哲学方法,两者都不进行论证,即使是论证这一词的任何普通意义上的论证。怀特海认为形上学就是描述,以提纲挈领的方式阐述那些倾向。[20]可见,把分析式的论证当成哲学写作的唯一方式是完全不合理的。

不过,哲学写作和论述策略的选择,不全是由于个性或习惯使然,也和一个具体的写作目标有关,如麦金泰尔要处理"德性之后"的问题,[21]必须对古代、中世纪、近代的德行理论作

---

[19] 韩升:《生活于共同体之中——查尔斯·泰勒的政治哲学》,中国社会科学出版社,2010年,11页。

[20] 《哲学百年》,商务印书馆,1996年,384页。

[21] 不少人都认为把麦金泰尔的书 After Virtue 译为"德性之后"是错误的,应翻译成"追寻德性",其实原题本是双关之语,德性之后的译法也有其优点,即西方近代启蒙运动以后的思想离开了古典德性传统,成为德性传统之后的另一种发展。

历史地叙述，在历史叙述中进行分析，然后阐明近代以来启蒙计划如何背离这一传统而导致失败，故历史地叙述是必须的。

对本书而言，因为我们面对的是一个拥有 2500 年历史并在今天继续存在的儒家思想传统，如果儒家可以归结为仁学的话，那么仁学本体论的构建必须在回溯、展现这一 2500 年历史的不断建构的基础上才能实现。2500 年的儒学发展历史中仁体的不断被论说，已表明仁体是不断显现的，以往的哲学对当时当地的显现进行了思考和建构，正由于儒学是一个思想的传统，所以对儒学的重构必然要以其以往的建构为基础，据本而开新。不依据于原有的基础和传统，独立地追求一个新的仁学建构，至少对儒家仁学是不可能的。尤其是，这些以往的仁学建构在近一百多年来已经被人们遗忘了。

最基本的是，今天儒家哲学的重建与开展，必然要以其本有的传统为基础，而可惜的是现代的人对其本有的基础早已不甚了了。如仁学的传统，人们虽然对孔子论仁多能道其一二，但对后来仁学的发展几乎完全疏离了。因此，就仁学而言，据其本有，此本有亦须重新彰明其固有之说以及其本有之条理，然后发扬之。故这一过程也自然地是综合、融合、总结，甚至集其大成。儒家哲学注重传承，如朱子哲学思想是对北宋五子的吸收传承，朱子的体系中并非皆朱子孤明独发，而是大量地以二程思想为基础，多方吸收周敦颐、张载直至胡宏等人的思想，而得以形成。

要指出的是，仁体对人的精神的展开是历史性的，仁体的显现也是历史性的，从而我们的仁体论建构也必须以展现这一显现的历史作为重要部分，以便使我们积极地"重演"历史性传统来充分占有对仁体的领会。这种重演与海德格尔不同，却与怀特海的重构证明接近，它并不是消极地对待仁学的传统，而是把所有历史上的显现都合聚起来，使之在今天得到全面的展示，使源头和当代沟通。换言之，由于仁学作为儒学长久的一个传统，今天我们提出仁学本体论的建构，不可能脱离历史上儒学关于仁学的讨论，反而，必须贯通这些历史上的仁论以彰显其叙述的连续性，因此，本书的那些部分不是儒学思想史，而是展开历史上的论述作为重建仁学论证的必要方式。因而我们对以往儒学仁说的叙述分析，并不是为了陈述历史，而是历史地列举和重现其论证，提示其在仁体显现历程中的阶段和地位，在其基础上谋求自然的发展和进一步的展开。仁体是自洽的，仁的精神是发展的，因而仁体对于精神的显现也有一个过程，重建仁学的历史论证也同时是表现出仁体显现的过程。今天的仁学本体论是古来仁学的一个连续性展开的新发展，或者说是古来仁本体思想的一个阶段性完成。由于把仁体对人的显现看作一个过程，并把仁学本体论看成这一过程的完成，故也可以说历史上各个时段的仁论即同时是仁体论论证的展开。站在这样的角度看，历史各种仁说和仁体思想的论述就是仁学本体论展开的不同时期的论证。所以重现这些论述的意义不是单纯历史的，而是因为仁学的历史展开就是仁学理论整体论证中的部分。同时，没有对原仁的显现，就没有当代仁学建构的伦理基础；没有以生为仁的宇宙论意义，没有朱子以仁为流行统体的思想，也就没有仁体的当代建构的来源和根据，这一切都和仁学本体论的当代建构是一体的。

冯友兰先生在《新世训》自序中说：

承百代之流，而会乎当今之变，好学深思之士，心知其故，乌能已于言哉？……当我国家民族复兴之际，所谓贞下起元之时也。

他又在其《新原人》自序中说：

"为天地立心，为生民立命，为往圣继绝学，为万世开太平"，此哲学家所应自期许者也。况我国家民族，值贞元之会，当绝续之交，通天人之际，达古今之变，明内圣外王之道者，岂可不尽所欲言，以为我国家致太平，我亿兆安身立命之用乎？虽不能至，心向往之。非曰能之，愿学焉。

冯先生的这几句话，写于抗战之中，今天的中国已经与七十年前大不同，已经挺胸走在民族复兴的大路上，但冯先生的话，只要把"值贞元之会，当绝续之交"略改动为"值元亨之会，当复兴之时"，可以完全表达我们身处"由元向亨"时代的心情。

明体第一

一

本论欲以仁体统摄儒家传统的各种形上学观念,将仁发展为一本体的观念或发展为一仁的本体论。此非以心为本的本体论宇宙论,亦非以理为本的本体论宇宙论,而是以仁为本的本体论—宇宙论。仁的本体论亦曰仁学本体论,盖孔子的儒学本来即是仁学,此点昔人已言之甚多。儒学即是仁学,故儒学的本体论亦即为仁学的本体论,仁学本体论即是仁的本体论,仁的本体论即是仁学的本体论。故本论对此二者不更分别,仁的本体论古来已有所发展,尤其是宋明时代。宋明时期仁体的观念多所使用,但宋明仁学中仁体往往多被强调作为心体或性体的概念,真正作为本体的观念却不多,所以这需要做新的发明与揭示。

本书把仁说为本体，含有数义：

仁学本体论的理论要点即以仁为本体，如理学本体论即以理为本体，仁作为本体亦称仁体。以仁为本体的理论即是仁学本体论，亦即仁体论，亦可称仁本体论。各种方便皆相对于仁而论者为何，如相对于情本体，吾人即可说仁本体，相对于心本论或理本论，吾人则说仁本论。但只说仁本似只肯定以仁为本，未能表达仁是本体的思想。

宋儒提出"仁者以天地万物为一体"，而人与万物一体不仅仅是仁者所要达到的一种境界，从本体上说"一体"是本然的，人与万物的一体关联即是本体。吾人所说仁为本体，特强调仁的"一体"义，亦即一体的本体义。一体亦是整体，世界万物的一体即是仁，宇宙万有的一体即是仁，故万物一体即是仁体，即是本体。此一体既是整体，又是关联共生的整体，指整体内各部分各单元之关联共生，即此便是仁体，便是本体。一体亦是大全、道体，庄子曰"天地之大全"，张南轩言"语道者不睹夫大全"，朱子言"究道体之大全"[1]"功用之大全"，[2]此类概念皆可用以论表一体。如我们指出过的，流行总体的观念在朱子仁学中已经明白表达出来，流行总体即是仁体，理与气则是此流行总体的两个方面。

总体或整体之义，现代人多予以批评，认为黑格尔式的整

---

[1]《朱子语类》卷三十九。
[2]《朱子文集》卷三十四《与汪尚书》。

体对个体是一种压抑，但社会整体的观念从道德哲学来看本来就需要肯定，不能因为现代政治哲学对个人权利的声张便改变这一点。仁学的整体性是社会的，不是专指国家的。

一体不仅是总体，更重要的意义在于强调一体之中的有机关联，也就是说一个事物脱离了这个一体就不能存在，一个存在物必要与其他事物共同存在才能存在。因此，实体的定义不一定要改变，在旧有的实体定义下我们仍能肯定万物一体为实体，唯此一体之中的万物相互依赖而存在，而万物之间的相互依赖便是关系。事物与关系共同构成一体共生共存便是仁。

极为极至之言，本体为最终极之实在，故亦可称之为极，故仁体也可称之仁极，仁极即是太极，仁极亦是人极。仁极乃宇宙之本体，世界之最后实在，故高于人极而包含人极。而单纯的人极只是人类社会之极，不即是宇宙之太极。

仁学本体论必须建立在万物一体关联的基础之上，这种世界观理解的宇宙或世界是事物密切相关而联为一体，正如仁字本身已经包含着个体与他人的联结关系一样，承认他人并与他人结成关系，互相关爱，和谐共生。

这种注重他人存在，反对一味以自我优先的精神气质与近代西方哲学大相径庭。萨特以他人为自我的地狱，或视他人为虚无，而不是自己存在的要素，其哲学必然归结为个体自我，不可能建立与他人的积极关系。海德格尔的此在也是个体的自我，与群体力求疏离，摆脱共在的束缚。

至于后现代伦理也是要人从各种伦理关系中解放出来，使传统和现代的伦理都破碎化，去除道德义务和自我牺牲，追求一种彻头彻尾的个人的生活，与他者共在成了过时的误解，陌生化生活成了主流，世界是各个个体分散存在的世界。

　　儒家的仁学则主张必须重视万物一体，或者说万物的共生共在，万物互相关联，而成为一体。故仁是根本的真实，终极的实在，绝对的形而上学的本体，是世界的根本原理。我在《有无之境》一书中已经指出："以天地万物为一体"是一种精神境界，具体表现为"视天下犹一家、中国犹一人"。也就是视人犹己。因此，如果"大学"是大人之学，那么"大人者，以天地万物为一体者也，其视天下犹一家、中国犹一人焉，若夫间形骸、分尔我者，小人矣"（《大学问》，《阳明全书》，卷二十六，373页）。就是说，真正达到了万物一体境界的人（大人），把整个世界看成自己的家庭，这也就是张载在《西铭》中所说的乾称父，坤称母，民吾同胞，物吾与也，"凡天下疲癃残疾、惸独鳏寡，皆吾兄弟之颠连而无告者也"。如果说张载强调把宇宙看成一家，那么程颢则更强调把万物看成一人。程颢说："若夫至仁，则天地为一身，而天地之间、品物万形，为四肢百体。夫人岂有视四肢百体而不爱者哉！……医书有以手足风顽谓之四体不仁者，为其疾病不以累其心故也。夫手足在我，而疾痛不与知焉，非不仁而何？"（《遗书》，二上）既然万物都是我这同一身躯的肢体，如果把自己的肢体看成不属于"我"的"尔"，或看成他人的形体，这就是不仁。因此只有以天地万物为一体（身）才是"至仁"的境界。在这样一种哲学的境界中，人与万物、我与他人都是"共在"，他人对于我不仅不是地狱（萨特），作为同一家庭的成员对于我有亲切感，而我对之承担着各种义务与责任。"仁者与天地万物为一体"的意义在于，在这个"一体"的关系中，"我—他""我—它"转化为"我—吾"，或者说转化为马丁·布伯所说的"我—你"。在这个关系中，他人及生灵万物，不再是与我相分离、相对立的异在者，正如布伯所说的，我与你之间伫立的是爱，作为第二境界的"我与你"正是要引导到爱（帮助、抚养、拯救）一切人，万物一体也是要引导到仁爱。

以万物为一体诚然是人的至仁境界，但就本质上来说，一方面心之本体原本是以万物为一体的，另一方面，在存有论上，万物本来就处于"一气流通"的一体联系之中，正与布伯强调"我与你"比"我""我与它"具有本源性一样，阳明也是强调一体的本源性。[3]

我在这里所说的本源性就是指"一体即是本体"。故我在该书中也说"以天地万物为一体既是境界，又是本体"。近年张世英先生也认为万物一体可以代替上帝和天，作为道德的权威性、神圣性、绝对性基础，万物一体是万物之源，是每个个别人或物的终极根源。[4]但应该承认，以往学者包括我自己在内尚未能点出万物一体即是仁体，万物一体作为事物的绝对的根

---

[3] 引自《有无之境》，人民出版社，1991年，265-266页。
[4] 张世英：《境界与文化》，人民出版社，2007年，118-120页。

源,这就是仁体。明道提出仁者以天地万物为一体,通过仁爱而使人与物合一,原本被看作外在于自我的他人、万物在仁的体验中通为一体。但这种体验不应当被仅仅看作体验或神秘体验,而应当看作宇宙的真实、宇宙的实在本来如此。

在历史上,北宋的道学,发展到南宋前期,仁说已处于其中的核心。以《西铭》和《识仁篇》为代表的新仁学,突出"万物一体"的观念和境界,对后来道学的发展影响甚大。程颢、杨时、吕大临、游酢,都以这种"万物一体"的思想解释"仁"。

南宋时杨时提出"仁者与物无对",是说仁者不把物看作与自己相对的外物,而视己与物为一体;杨时门下又把这个思想叫作"物我兼体"、"即己即物",也叫作"视天下无一物非仁";吕大临把万物一体叫作"归于吾仁"。这些都是主张天下万物与我一体即是仁。吕大临本是横渠门人,横渠死后,往来于程门。他的《克己铭》说"凡厥有生,均气同体",把气和同体联结在一起,同体也就是一体,可见横渠气学对仁学的影响。而他以同体解释仁,本来也合于横渠《西铭》,只是横渠未将"一体"与"仁"联系起来,也未把其"视天下无一物非我"与"仁"联系起来。而程颢大力赞同横渠"一体"之说,突出以一体论仁,故大临此铭又受了明道的影响。大临在气的意义上讲同体,这就突破了二程只重在境界上讲仁,使仁有了实体、本体的意义。杨时之后,朱子虽然不重视万物一体说仁,但他在仁说的辩论中,重建了仁与爱的联系,并把仁联结到天地生物之心,使仁学亦可向更广的空间发展。

虽然宋儒开始把气与同体联结在一起，就宋代的仁说来看，仁作为万物一体的概念，主要还是显现在主观的方面，而不是显现为客观的方面。就是说，仁作为万物一体主要被理解为作为人心的目标的境界，人的一切修养功夫所要达到的仁的境界就是万物一体的精神境界。这还没有强调把仁的万物一体从客观的方面来把握，从实体的方面来把握。或者说没有把仁作为实体的意义从万物一体去理解去呈现。当然，万物一体的仁学，在这里虽然主要显现为主观的，但在这一话语的形成和这个话语在道学内部造成的重大影响，也为从客观的方面去把握万物一体之仁准备了基础，这是宋儒特别是程明道及其思想继承者的贡献。

这种从主观方面理解的万物一体的思想在明代更为发展。明代的王阳明，特别阐发万物一体的思想，使万物一体的思想成为其晚年与致良知思想并立的主要思想，也因此，万物一体的思想成为中晚明阳明学的重要内容。然而，明代心学虽然突出主观方面理解的万物一体的仁学，但王阳明论一体时仍提到万物一体的一体性联系与宇宙一气流通的关联，于是仁与草木瓦石的一体也是存在论的实在，"非意之也"，这也就为从客观的实体方面去把握万物一体之仁打通了基础，使一体兼有主客两方面的意义。如王阳明已经说明，仁者以天地万物为一体，不仅是主观的境界，天地万物与人本来是一体，在存在上即原来一体，这种一体是基于气的存在的一体性，所以万物相通一体。王阳明的例子再次表明，气的概念使万物一体之仁的实体化成为可能。照阳明与弟子另一段关于"人心与物同体"的答问，所谓"如此便是一气流通的，如何与他间隔得"，其中的"一气流通"不仅具有物质实体的意义，也同时包含着把宇宙看成一个有机系统的意义，无论哪一方面，都是强调万物与"我"的息息相关的不可分割性，这个不可分割的有机系统的总体即是仁体。从而仁体可以超出心体而成为宇宙的本体，从而超越心学而走向本体的仁学。

所以，仁者以天地万物为一体，在哲学系统上说，是因为天地万物本来是一体，仁体即是天地万物浑然的整体。这种一体性就其实体的意义说，在近世儒学中往往与"气"密不可分，因为气贯通一切，是把一切存在物贯通为一体的基本介质，可见仁体论的构建与发扬，在儒学史上是有其根据的。从这个角度来看"万物与我为一"，有两种意义，一个是境界的意义，指万物一体的精神境界；另一个是本体的意义，指万物存在的不可分的整体就是仁体。万物的生生总体，便是朱子所说的"统论一个仁之体"。我们今天来看这个问题，不必再以气来作为载体，而可以直接肯定本体、实体的概念义建立仁本体。

天、地、人、物本是一体，一体而分才有天地人物之别。就一体而言，天地人物是不可分的。因此孔子说己欲立而立人，己欲达而达人，因为立不能独立，达也不能独达，必须与人俱立，与人俱达，对待别人如同对待自己，对待自己如同对待别人。因为天地人物"浑然一个仁体"，故天地人物共在，共在就是仁体的基本特质。当代儒学仍应发挥仁体共在之意。

二

汉代儒学已经意识到仁有二义,即"爱人"与"好生",《太平御览》引《春秋元命苞》曰:"仁者情志,好生爱人。故其为仁以人。其立字二人为仁。"《易传》本说天地之大德曰生,以及在此种影响下形成的流行成语所谓"上天有好生之德",都指示出仁包含着"生"的宇宙论面向。宋儒"以生说仁"是以生命成长之爱为基础,非以照明为德性,盖冬至一阳生,阳气即仁之初发处。

宋代儒学更明确地把仁与生明确联系起来,与生生的宇宙观联系起来,与宇宙的内在的生机、生意联系起来,从而使之与仁,与一体关联在一起,以生论仁成为此后儒家仁学的主要传统。但在生生论上,对于生与仁二者合一并能联结一起,却并无证明。上蔡以生论仁,发挥了明道的思想,即以仁为宇宙生生不已的本性,仁是生生不已的生机,这个思想朱子也加以继承,重视仁为生意的思想。就思想原理而言,仁学之所以要与宇宙论的生生论联结在一起,其思路在原初应是反推的结果,即如果仁道是普遍的,是不限于人世的,那么其在宇宙的表现为何?儒家很早就认为,仁在宇宙的体现便是生生,生生便是宇宙之仁,宇宙之仁是人世之仁的根源和本源,换言之就是本体。盖生与杀相对,杀为不仁,故生为仁,好生恶杀体现了仁。

关于历史上以生论仁之说,就宋代而言,周敦颐已经说过"生,仁也;成,义也。"(《通书》顺化十一)但讲的过简。

在程明道，仁表示通畅、活动，其本体论意义即生之流行感通无碍，其伦理学意义是指人应对他人与万物看成与自己一体共生、息息相关而去给予爱。谢上蔡也以仁为生生不已的本性，以仁为"言有生之意"。

按程明道云："万物之生意最可观，此元者善之长也，斯所谓仁也。人与天地一物也，而人特自小之，何耶？"这里的一物即是一体之意。他认为生意即所谓仁，而这种对仁的理解又和人与天地一体相联系。他甚至说"天只是以生为道"。所以陈钟凡说大程子是生生论，是有其道理的。[5]仁体论认为，天地氤氲，万物化生，创造不已，宇宙即连绵不绝的生生之流，万物皆长养于生机之中，万物同秉此生机以为自性，而宇宙乃为一生生大流，宇宙处处生趣洋溢、生意流行。而这一生生流行即是仁。故我把此说称为"生生之仁"，认为此"生生之仁说"与"一体之仁说"共同构成了儒学的仁论传统。一个充满生机的宇宙不是一个机械的宇宙，必然是一种动态、有机、联系、创造、和谐的有机整体，是相互联结、相互作用、相互转化的活生生的有机整体，生生有机体的根本特征是活动，活动表现为过程，整个宇宙，包括自然、社会和人的生命，都是一个个生生不息的能动的活动过程。因此就宋代儒家哲学来说，实体与机体可以统一，而没有必要对立。

程明道、谢上蔡以生论仁，在儒学史上具有重大的本体论

---

[5] 见《两宋理学思想述评》。

宇宙论意义，此意惟朱子发之最多，故今日立仁学本体论，必须将此二者加以结合，即生生之仁与一体之仁的结合。在宇宙论上，生生即辟，一体即翕，皆仁之体用。

仁既是最后实在，故能超越经验，但又不脱离经验。仁是本体、生机、本性，故不是情感，情感只是用，仁学本体论立体而不遗用，但不能以用为体。

仁是生生流行之总体，故乾坤并建乃可当仁，此专言之仁也。偏言之，乾主生，坤主爱，并建言仁，《易》之《文言》已开启其端矣。

熊十力不以总相为实体，李泽厚以总体为实体，以朱子仁说观之，仁可以为总相，即万有之总体，一气流行之总体，此总体是关联之总体，关联总体即万物一体之正解。问题在于，对李泽厚，总体并无实体，总体即是本体。但在熊十力，仍认为大用总体背后仍有本体，惟此本体不是独立存在的，而是已经变现为大用总体与流行了，熊的此说我们仍予肯定。冯友兰讲大全，然大全应即是仁，仁即是大全总体、整体，此即是仁体。一体即仁体，同体即仁体。

朱子门人陈淳说过："仁是天地生生之全体。"[6]这是见道之言。王阳明《传习录》云："仁是造化生生不息之理，弥漫周遍，无处不是"，其门人有谓"仁是生生不息之机"，[7]湛甘泉答唐一

---

[6]《北溪学案》，《宋元学案》卷六十八。
[7]《浙中王门学案》，《明儒学案》。

庵:"聚散隐显,莫非仁体。"其后学谓"生生之谓仁","天地之大德曰生,生即仁也",[8]对周易的思想做了发展。后来刘宗周云"此仁生生之体无间断",认为生命不断生成生长即是仁。黄宗羲也说"仁即浑然元气流行"。可见明代心学也多谈及生生之仁。王阳明不仅讲天地万物一体之仁,也强调在实践上"全其万物一体之仁",在某些地方也表露出仁体流贯通达,无人己之分、物我之间的思想(如其答陆原静书)。他还说:"全得仁体,则天下皆归于吾",可见讲万物一体者甚多,但必须点出万物一体是仁才是仁学。而阳明自己终归是心学,全得仁体亦只是达一体之仁,毕竟不可谓天下皆归于我。

其实,明道不仅从精神境界上讲仁,也把仁看作宇宙的原理。如果说明道思想中精神境界的仁,其意义为"万物一体",那么,他的思想中作为宇宙原理的仁,其意义是"生生不息"。

这表明"生生之仁"与"一体之仁"是相关联的,生生之仁是同体之仁的宇宙论根据。但也说明,明道只讲了生生之仁是宇宙原理,还未把万物一体也同时理解为宇宙的本体。上蔡虽然不讲与物同体,但他以生解仁,以知觉论仁,也是继承和发展明道的论仁思想之一面,这个方向也是仁学宇宙论发展的一个重要方向。

朱子认为仁是天地用以生物之心,又是人心的来源,人禀受天地生物之心而成为自己的心。这一天心—人心的结构,是

---

[8]《甘泉学案》三,理学闻言,《明儒学案》。

朱子学仁说的基础结构。《仁说》在"天地生物之心"的基础上，进一步提出"天地以生物为心"的命题，更加突出了仁的宇宙论意义。并说明了生与仁、仁与爱的关系，即爱由仁发，生是仁的基础。《仁说》之作，从一开始就坚持在开首阐明"天地以生物为心"，作为天道论的核心刻画，力图给予仁说最坚定的宇宙论的支持。在伦理学上，朱子仁说的本质倾向显然是，主张从爱来推溯、理解仁。无论如何，与二程门人不同，朱子重建了仁与爱、仁与天地之心的关联。天地之心元包四德，人之为心仁包四德，天地之元与人心之仁相对应，后者来自于前者。朱子的做法使得先秦儒与汉儒的仁说得以延续在新的仁说讨论中，而不限止于北宋道学，使得其传承更为深远，其意义相当重要。

宋儒关于复卦的讨论，已经明确把"生意"和"仁""元"联结一体，不是只关注仁的实践意义，仁的伦理意义，而是向宇宙论去展开，把仁和宇宙论的生命问题、根源问题结合起来，赋予仁以更广大的意义。如朱子就不再仅从"理"来认识天地之心，而重视以"仁"来认识天地之心，仁是天地生物之心，表示仁是宇宙生生不息的真几与根源。从这个角度看，天地之心不应该用伊川"所以阴阳者"来解释，因为，"所以"是根据，不能突出"生生"表达的内在生机的意义。"生机"是和"理则"不同的哲学概念，联系着不同的哲学系统。朱子哲学一般被认为是重视理则的，但也不能忽视朱子思想中的生机论意识。事实上，朱子认为只从存在论上讲仁是体，还是不够的，必须同时从宇宙论上肯定仁是天地生物之心,是世界生成的根源,他把这一点看得更加重要。朱子所运思的方向,从其《仁说》来看,不是从万物一体发展本体论,而是从天心接通宇宙论。

天地之心是生物,人之心是仁爱,而从生生到仁爱的转接,自北宋以来,就被看作天人合一、不证自明的了。朱子继承并强调了北宋儒者"天地以生物为心"的思想,加以发展,而提出了"人物之生,又各得夫天地之心以为心"的思想,即人之心来自天地之心,二者有着直接的继受关系;其次,朱子定义了天地之心之德为元亨利贞,以元为统,于是人心之德对应而为仁义礼智,以仁为统。元亨利贞的发用为春夏秋冬,生气贯通四者;仁义礼智的发用为爱恭宜别之情,恻隐亦贯通四者。最后朱子强调,仁之道即是天地生物之心,体现于每一个事物而无所不在。换言之,此亦可谓仁体现于每一个事物而无所不在,贯通一切。朱子的仁体思想在这里得到了相当的表达。在朱子,并不是简单回到董仲舒的仁天心的思想,而是把北宋儒学对《周易》的讨论中的天地以生物为心,以生物为天地之心的思想和"仁"联系起来,用"仁"去规定易学讨论中的天地之心的意义。

从仁体论哲学上说,仁确乎是生生之理,同时,仁也是活动流通的内在动因,是宇宙活动力的动源,是生命力的源泉。动之"机"就是动力因,从"生之理"和"动之机"两方面理解仁,比起仅从一个方面去理解有优越性。生之理换个说法,即仁之体应该是万物生生的本性。这可以说是近世仁体思想常常表达的一种。天之生生不息，命之流行不已，化之聚散隐显，都是仁体。仁体便是道，道体无内外，无始终，直立天地，贯通内外始终而成为一体。仁体必能贯，即贯一切而一之。把天地之动静感应、生生不已看作仁体。仁体必从元亨讲，必从乾元统天讲，乾元实体当然是浩浩荡荡，无声无嗅，难以名状，亨则是生长生成，流行可见，从可见的流行悟及宇宙实体即仁体，这就是归仁了。

  天地之心是指天地运动的内在动力因，是宇宙生生不息的内在根据和根源，这与作为法则、规律的理的含义是不同的。这里说得很清楚，天地之心就是仁，亦即宇宙间的生生之道，也就是宇宙间生生不已的生机。宇宙间一切生息之机都来自仁意，这个仁意并不是有人格的天意或主观的情意，而是宇宙之中的浑然生机和闇然生气。这样的宇宙与近代机械论式的宇宙根本不同。

  正如草木之核所包之仁，乃是此物生生不已的生机，由此仁而有此物之生长不已，由此可知仁即是万物充满生命活力、生生不已的生机，内在于万物之中而为之主宰。天地之生机在人，人之生机在心，天地之心不能直接作用于天地万物，必须依托于人心。人得天地之气为形，得天地之理为性，得天地之心为心；人具有天地之所以生生者作为性理，此理从人心上发出，乃是仁心，心仁则天地之心活，心不仁则天地之心死，心不仁天地便不能发育流行。人得天地之心以为心，指的是仁心，仁心是从天地之心得来的。仁心发为实践，便是用。

汉以来的思想中，元亨利贞四德属天道，仁义礼智属人道。天道的四德和人道的四德，二者的关系在道学中渐渐成为重要的论题。如程明道最重视四德中的"元"与五常中的"仁"的对应，他说："万物之生意最可观，此元者善之长也，斯所谓仁也。人与天地一物也，而人特自小之，何耶？"明确肯定"元"就是"仁"。这就把宇宙论的范畴和道德论的范畴连接起来，互为对应，从一个具体的方面把天和人贯通起来，使道德论获得了宇宙论的支持，也使宇宙论具有了贯通向道德的涵义。而从哲学上看，把生和仁作为宇宙的根本原理，是和机械论宇宙观的根本对立，也是克服虚无论的重要依据。

朱子仁学的一个重要特点，以往不为人们所注意，这就是贯彻了"生气流行"的观念来理解仁与仁义礼智四德，在这里，仁作为生意流行的实体，已经不是一般朱子学所理解的静而不动的理、性了。从理论上来分析，如果仁是生气流行，这个仁就不能是理，不能是性，这个仁不仅具有生命和生机论的意义，而且在生气循环的意义上近于生气流行的总体了。在心性论上这样的仁就接近于心体流行的总体了。从仁体论的角度来看，这也是很重要的发展。这在无形之中使仁义礼智在一定程度上也变成具有宇宙论流行意义的实体——气。朱子用这种周流贯通之气的流行论，发挥了程颢的生意说与程颐仁"包"四德的观念，使得"仁"也成为或具有流行贯通能力的实体。这样的仁，既不是内在的性体，又不是外发的用，而是兼体用而言的实体了。在这个意义上，朱子学已经有一种仁体思想了。

从这样一种哲学立场，强调把元亨利贞四德作为"物"的发生成长的不同阶段来理解，同时，又强调说明这四个连续无间断的流行是生气流行。元就是生气，所以四者的连续流行就是体现了"元"贯通四者而作为天道的统一性。元是生物的发端，元是生意的开始，亨是生意的长，利是生意的遂，贞是生意的成。于是生长遂成就是"生意"的生长遂成。元既是生物之始，又是天地之德，作为生物之始，亦体现为四时之春；作为天地之德，亦体现为人道之仁。可见，元亨利贞四德既是论生物过程与阶段，又是论天地之德，于是既体现为四时春夏秋冬，又体现为人道的仁义礼智。朱子又曾特别提出"流行之统体"的观念，用以指兼体用的变易总体，而元亨利贞乃是此一统体不同流行的阶段及其特征。宇宙论的元亨利贞模式深刻影响了儒学对仁义礼智四德的理解。如朱子把"元"说为"元气"。于是，朱子对于元或仁的说法，越来越不就性、理而言，而更多就具有生成形态的气而言了。对我们而言，仁是气或不是气，并不是我们所关注的，重要的是，在这样的理解中仁已经实体化了，仁已经成为实体意义上的仁体了。"流行统体"是一重要哲学观念，流行统体即是实体、道体，显现出朱子的仁学更关注实体、总体的意义了。对于我们而言，朱子只差说一句，此流行统体便是仁体。

所以，早在朱子的思想中就已不断发展出一种论述的倾向，就是把元亨利贞注重将其看作兼赅体用的流行之统体的不同阶段，如将其看作元气流行的不同阶段。由于天人对应，于是对仁义礼智的理解也依照元亨利贞的模式发生变化，即仁义礼智不仅仅是性理，也被看作生气流行的不同发作形态。这使得朱子的哲学世界观不仅有理气分析的一面，也有流行统体的一面，而后者显现出气论对朱子思想的影响，即气论影响的结果使得朱子的仁学更关注实体、总体的意义了。

朱子仁学的思想，以往整体研究不够，需要更深入的分疏和诠释。从一定的意义上来看，朱子的哲学思想体系可以看作从两个基本方面来体现、呈现，一个是理学，一个是仁学。从理学的体系去呈现朱子哲学，是我们以往关注的主体；从仁学的体系去体现朱子思想，以往甚少。如果说理气是二元分疏的，则仁在广义上是包括乎理气的一元总体。在这一点上，说朱子学总体上是仁学，比说朱子学是理学的习惯说法，也许更能突显其儒学体系的整体面貌。

从仁体的意义来看，朱子的思想，实际上是重视大用流行之整体的思想，强调大用流行作为仁的意义，然而未及论述仁体与流行的关系。生气是大用、是流行，但在熊十力体用论的角度看，这还不就是本体自身，虽然仁体不离大用，不离流行，但终须指点仁体，指明生气流行是仁体的全部显现，始为善论。而无论如何，朱子的仁体论和仁气论，特别是他重视流行统体的思想，他的以仁为实体、总体的思想，为仁体论建构提供了重要的依据和方向。

仁体论对生活世界的理解，是认为我们生活的世界本质上是一个活生生的世界，一个包含无数关联的、变化的世界，一个内在地含有价值的世界。生活的意义，世界的意义，可称为本体。仁体生生，天道生生，人生亦乾乾不已，所以这与海德格尔那种向死而生完全不同，仁学把人的存在看成与这一生生大流融合的一体，是不断生生向生的；也与海德格尔此在的孤立个体不同，是把人生看成与万物一体，在与万物共生中获得伦理意义，也在生命的继承和延续中获得生命的意义；也因此与海德格尔的焦虑不同，儒家的生生之仁指向的是人生之"乐"，李泽厚把中国文化概括为"乐感文化"，对儒家来说，是有其本体论的根据的。

仁体虽然宏大，却又是亲切表现于人伦日用，事事物物上皆可以见到仁体。仁体不离日用常行，古人多次提点此意，如明代儒者邹颖泉所说"仁体时时流贯于日用之间"，的确是一个仁学本体论的重要观点，明代另一儒者万思默专讲生活儒学，他提出"生活是仁体"，确实值得表彰，他的这一思想与颖泉所说"仁体时时流贯于日用之间"是一致的。

三

熊十力新唯识论哲学体系，其立场曰归本大易，其论述则多在衡论佛家空有二宗，故其自云新论为对治佛法而作。[9]吾人则不针对佛法，亦不消极地评析对立面的立场，而针对儒家

---

[9]《体用论》，中华书局，1994年，6页。

自身的仁论发展,积极地予以评述之。此乃与熊十力新论之异也。盖本论乃本于孔子仁学而立,非深玩异学而后归本吾儒也。然熊十力有言,"自今以往,倘有守先待后之儒,规模不可不宏大",[10]这倒是不移之论,熊十力的本体论是20世纪最值得重视的本体论体系。

熊十力比较强调本体的照明,而不是博爱,是亨畅,而不是恻隐,是升进而不是和谐,是刚健而不是仁恕。可以看出,熊十力的这些说法都是朝"心"的德用而规定的。也就是说,熊十力是以唯心论来讲本体,把本体讲成心的一种哲学。

熊十力前期思想明确说明,仁即人的本心,所以他的以仁为本体,就是以心为本体。他从来不说宇宙实体是仁体,只说心和明觉是本体。熊十力的这些思想表明,他的哲学还未真正达到仁的本体论或仁的宇宙论。[11]真正的仁的本体论必须以仁为本体,而不是以心为本体。真正的仁的宇宙论不能以心的德用(照明通畅)为根本,而必须以仁的作用为根本。他后来大力发明体用不二、即体即用,来处理实体和大用的关系,直至晚年作《体用论》,正式申明他的哲学要义在体用论,不在唯识(心)论。其成熟的体用论,主张体用皆为实有,实体不在功用之外,实体是大用的自身,实体自身完全变现为大用,即用即

---

[10]《体用论》,11页。
[11] 贺麟抗战后说熊十力的新唯识论是仁的本体论,其实不确,熊只是心的本体论,不是仁的本体论。

体,即体即用,实体自身是生生变动的,我认为这些说法才是其真正的本体论贡献。

用熊十力的即体即用的实体论诠释马一浮的"全体是用、全用是体"的全提全是论,或使他们互相诠释,才能激活马一浮全是论的本体论意义。就我们的仁体论而言,仁体可以全体是用,全用是体,实体可以变现为现象总体,现象总体是实体的全部显现,而仁体比起理体更具有遍润宇宙的势用。这就可以把马一浮的全是思想吸收进来了,把它变成与熊十力体用不二意义相近的一种实体论的模式。

所以,就本体论而言,熊十力哲学真正重要的,如他晚年自己所说的,是以"体用不二、即体即用"表达的实体与大用的关系结构论。在熊十力看来,要纠正古今哲学本体论的错误,必须强调离用无体。他说:"功用以外,无有实体。""若彻悟体用不二,当信离用无体之说。"[12]即实体不在现象之外。他说:"本论(《体用论》)以体用不二立宗。学者不可向大用流行之外别求实体,余自信此为定案,未堪摇夺。""倘不悟此,将求实体于流行之外,是犹求大海水于腾跃的众沤之外。"[13]他认为实体如同大海水,功用如同众沤,求实体于功用之外,如同求大海水于众沤之外。他说:"实体绝不是潜隐于万有背后或超越万有之上,亦绝不是恒常不变,离物独存。""所谓实体,不

---

[12]《体用论》,上海龙门书局,1958年,3页。
[13] 同上书,32、125页。

是高出乎心物万象之上，不是潜隐于心物万象背后，当知实体即万物万色自身，譬如大海水是无量众沤的自身。"[14] 由此可见，熊十力所谓体用不二，从否定的方面来说，有三个特征，即实体不是超越万有之上（如上帝）；实体不是与现象并存、而在现象之外的另一世界（如柏拉图的理念界）；实体不是潜隐于现象背后的独立实在。

在熊十力晚期对其体用思想的论述中，以下几个命题值得特别注意。一、实体是大用的自身。熊十力强调："实体是大用的自身，譬如大海水是众沤的自身。"又说："实体是万有的自身，譬如大海水是众沤的自身，学人了悟到此，则绝对相对本来不二。"[15] 他反复申明他"深悟、深信万有之实体即是万有自身"，[16] 按照这个说法，功用（众沤）是实体（大海）的表现形态和存在形式，实体是现象功用的本来存在。二、实体变成功用。熊十力在比较他自己的体用不二说和佛教真如为万法实体说法的同异时强调："余玩空宗经论，空宗可以说真如即是万法之实性，而绝不许说真如变成万法。此二种语势不同，其关系极重大。"[17] 这就是说，大乘空宗虽然也讲现象（万法）有实体（实性），但空宗"真如是万法实性"的说法，如同程朱"体用一源"一样，只承认真如是万法的实体，而不能承认万法是

---

[14] 同上书，150、112页。
[15] 同上书，149、147页。
[16] 同上书，150页。
[17] 同上书，45页。

真如变成的。熊十力强调,他的体用不二说,关键就在于强调实体变成功用,他说:"实体变动而成功用。"[18]又说:"惟大《易》创明体用不二,所以肯定功用,而不许于功用以外求实体,实体已变成功用故。肯定现象,而不许现象之外寻根,根源已变成现象故。"[19]这表明他主张的用外无体是以功用由实体变成的观点为基础的。

照这个说法,功用是由实体变成的,即功用是实体的变形或转化形态。但在这里要注意,第一,不存在没有变成功用的实体,不能说宇宙曾有一个实体尚未变成功用的时期。"实体无有不变动时,即无有不成为功用或现象之时",实体任何时候都是以功用的形态存在的。第二,实体变成功用不是如母生子。他说:"不是由实体变动,又别造出一种世界,名为现象也。"[20]又说,"如此,则实体如造物主,而不即是功用也。"[21]就是说,不是实体变出功用,而是实体自身变成功用。因此,第三,实体变成功用,是实体自身完完全全地变成为功用,他说:"须知实体是完完全全的变成了万有不齐的大用,即大用流行之外无有实体。"[22]又说:"实体确是将他的自身全变成万物或现象。万物之外,没有独存的实体。譬如

---

[18] 同上书,3页。
[19] 《乾坤衍》下分,中国科学院印刷厂,1961年,4页。
[20] 同上书,4、11页。
[21] 《体用论》,上海龙门书局,1958年,128页。
[22] 同上书,6页。

大海水,确是将他的自身全变成了众沤。众沤以外,没有独存的大海水。"[23]他特别指出他所用"变成"二字确有深意。"成字,则明示实体起变,便将他自身完完全全的变成了翕辟的功用。譬如大海水起变,便将他自身完全变成了翻腾的众沤。这成字,才见体用不二。"[24]照这个说法,实体变成功用,好像水变成了冰,不能说冰以外还有水,因为水自身已完全变成为冰,所以,是由于功用是实体变成,故说实体是功用的"自身",如同水是冰的自身一样。

在熊十力哲学中,"体用不二"又叫作"即体即用(即用即体)",理解"即体即用",是把握熊十力哲学的一个非常重要的问题。熊十力说:"当知体用可分,而实不可分。可分者,体无差别(譬如大海水,是浑然的),用乃万殊(譬如众沤,现作各别的)。实不可分者,即体即用(譬如大海水全成为众沤),即用即体(譬如众沤之外,无有大海水)。用以体成(喻如无量众沤相却是大海水所成),体待用存(喻如大海水,非超越无量沤相而独在)。王阳明有言:'即体而言用在体,即用而言体在用',此乃证真之谈。"[25]他又说:"譬如众沤,各各以大海水为其自身。甲沤的自身是大海水,乙沤的自身亦是大海水,乃至无量数的沤皆然,由此可悟即用即体之理。即用即体者,谓

---

[23]《乾坤衍》下分,40页。
[24]《体用论》,上海龙门书局,1958年,128页。
[25]《体用论》,上海龙门书局,1958年,53页。

功用即是实体,如众沤自身即是大海水也。实体变成生生不息的无量功用,譬如大海变成腾跃的众沤,于此可悟即体即用之理。"[26] 从这些论述来看,大抵说来,在熊十力哲学中,"即体即用"指实体变成功用(在此意义上说实体是功用)。"即用即体"指功用的自身就是实体(在此意义上说功用即是实体)。前者重言其体,后者重言其用。照熊十力理解,这种本体或实体不在万有之外,也不是隐藏于万有之中,而是实体自身变现为万有,正如水变成为冰,实体是心物万象的基体或基质。熊十力这个对体用关系模式的理解为其独创,有其重要的理论意义,故亦为我们所肯定和吸取。澄清了熊十力即体即用的思想,我们在下节再涉及此种独特的本体宇宙论模式时便可以不再重复。

熊十力晚年体用论建构的结果是,由于从"把心说为本体"改为"实体非心非物",使得其实体论与斯宾诺莎的实体论相当接近,我在 1985 年即指出这一点,[27] 当然,斯宾诺莎没有想到实体自身变现为大用这样的哲学本体论洞见。但熊十力仍在用的层次上推崇精神、心灵,故我曾称之为功用的唯心论。[28] 从仁体的角度看,斯宾诺莎的实体说多有可取之处,但在他的哲学中,实体与样式为因果关系,远不如仁体论从宇宙的关联性

---

[26] 同上书,110 页。
[27] 见《现代中国哲学的追寻》,人民出版社,2001 年,147 页。
[28] 同上书,205 页。

来讲。仁体与呈现的万物其中全具关联性,怀特海有机哲学之动态性、关联性皆在吾仁全体大用之中,亦无须如熊十力辨能动静、柏格森生命哲学,故体用论中的实体论近斯宾诺莎,大用论可比于柏格森、怀特海,生命实在与李约瑟的关联性建构相通。

熊十力对怀特海过程哲学似不甚重视,其与牟宗三略说新论要旨,言:"若只言生化与刚健,恐如西方生命论者,其言生之冲动与佛家唯识说赖耶生相恒转如暴流、直认取习气为生源者,同一错误。"[29]认为讲生命进动者如西方生命哲学,只是认取气。熊十力此说甚好,但他以空寂救之,似以佛法之静救之,而未能直睹仁体,可见其受佛教影响之深。吾人以仁体为把柄,一通而百通。

关于宇宙生命或大生命的问题,熊十力与梁漱溟都有讲述,其根源是近代西方生命哲学的影响。在此影响下进一步引起了对"以生论仁"的生命论诠释。梁漱溟早年即如此,在这个意义上熊十力和梁漱溟都有把中国哲学史上的"生"解释为"生命"的意思,并将此生命作为宇宙生命,而宇宙生命对他们来说即是宇宙精神、心灵的一种形态,于今需要辨清,生命不即是精神,生命不即是心灵,生命可为全体,这是仁体论的立场。

正如怀特海的哲学所提示的,哲学需要支持人类文明与价值的宇宙论,这意味着要通过文明了解宇宙,也通过宇宙了解

---

[29]《熊十力选集》,吉林人民出版社,2004年,474页。

文明，文明观需要宇宙论基础，特别是一种"为把人当做人的学说提供一种重构了的证明的基础"，[30]重构证明体现了一种捍卫文明的努力。

虽然，由于不同的宗教对终极实在的认识不同，从而不同的宗教和精神传统一般来说很难共享关于终极实在的经验，哲学亦然。对本体的经验在不同哲学家是如此不同，但这并不否定本体论经验的意义，而是为本体哲学的相互理解确立了前提。就各哲学的传统而言，代表了只有这个传统才能做出的理解和经验结构。多元论的贡献就是为了哲学的理解奠定了基础，它促使本体的这些传统相互学习、相互理解，从而走向一个更具包容性的世界观。

四

李泽厚说，本体即在现象中这是中国哲学的传统，其实以往张岱年先生已多次论述到这样的观点。李泽厚又认为本体即是人类总体，它是现象，又是本体，[31]也是人类总体的本体所在。[32]李泽厚也提到儒家以仁为体，但他从未想过以仁为本体，特别是他所理解的仁是情感经验，因此他所理解的儒家以

---

[30]《世界与中国——世界哲学前沿问题选粹》，黑龙江大学出版社，2011年，34页。
[31] 李泽厚：《人类学历史本体论》，天津社科出版社，2010年，15页。
[32] 同上书，17页。

仁为体也只不过是以情为体的一种说法。因为他始终认为仁即感性情感的恻隐之心，强调仁的情感性，[33]强调仁作为爱的经验性，[34]他的总体的观念的确为熊十力所不注意，但儒学史上朱子已经重视仁作为生气的流行总体，认为生气流行即生命存在延续的总体，并认为即此便是道体。

李泽厚也认为人类学历史本体就是活生生的个体人的日常生活本身，[35]但本体不能是某一个体的生活本身，而应该是无数个体的生活本身。不过，这里强调个体与其总体说不能一致。而且李泽厚讲"人与宇宙共在"，这就更不能在个体意义上讲共在，而必超越个体来讲共在。他又往往强调人和宇宙的共在是"人和宇宙的物质性协同共在"，[36]如果共在只是和物质性存在共在，这种共在虽然凸显了唯物主义，但必然减失了伦理的意义，只能是人作为动物存在的生理物质性与外在世界在物质上一体不分。这个意义上的协同共在，已经不是形而上学的设定，只成了物理学的设定。李泽厚认为有此设定才能使人把各种秩序赋予宇宙—自然成为可能，但很明显，只有物质性的共在是不可能实现这个任务的。更进一步，如果万物的共在只是互相间毫无关联地同时存在于一个宇宙之中，这种共在就没有意义。

---

[33] 同上书，47页。
[34] 同上书，120页。
[35] 同上书，69页。
[36] 同上书，198-199页。

李泽厚有时也说"作为总体存在的人与宇宙共在的本身",既然是人与宇宙共在,那就不是"人类总体"了,可见他有时把人类总体作为本体,有时把人与宇宙共在本身作为本体。他还说"自然—宇宙总体便是我们说的物自体"[37],这个自然—宇宙总体即是人与宇宙共在的本身。

可见,李泽厚既突出人类总体为本体,又主张以人与宇宙共在为本体,也肯定自然—宇宙的总体为本体(物自体),这些就大用流行而言是与熊十力哲学一致的,而熊十力更承认有宇宙实体,此实体变现为大用流行,这便是即体即用。仁体论的体用论亦接受这一点,以成为二层的本体论。因为李泽厚的双本体之间没有体用关联,故不如熊十力的本体论能达到道通为一的圆融境界。

关于总相和交遍,熊十力主张:"如吾与多人同在北京,俗以为北京是一,其实北京有多少人,便有多少北京。如张人在北京,其生活与北京交感而自化,确有与李人不同。……故张李二人各有一北京也……然多数北京,在一个处所,各个徧满。如千灯在一室,光光相网,岂不奇哉。"[38]这种否认全体、总体,强调个体、个别的观念,显然不够辩证。北京作为一个自在的客体不是分割的,北京作为不同人的主观映像虽然各不相同,然不害其同处,此诸不同之中仍能反映着同一性的一

---

[37] 同上书,290页。
[38] 《体用论》,中华书局版,67页。

面。特别是认知的视角。如果说对北京的印象、评价,自然是众说纷纭,各有不同,但就其客观的方面,作为认知的对象整体,不能是各不相同的。他也说:"每一个小一是一小物,多数小一合成较大之物时,并不是混然揉作一团。小一还是各各保持他的个别与特性。……万物虽云个别,毕竟是一大整体。譬如五官百体成一身,此理近去即是,岂远乎哉?个别的物一齐发育,方是整体盛大,乃不易之理也。然个别终不可离整体而独得发育。"[39] 可见,熊十力很重视个人保持其特性与自由,但他在宇宙论上也未忘记整体的意义,如他又说:"万物灿然散布太空,虽若各各独立,而实为互相联系、互相贯通之整体。"[40]

整体是总相,个体是别相。万物一体是总相,各个小我是别相。总相不离别相,别相不离总相。熊十力在《乾坤衍》中说:"据理而谈,有总相别相故。说万物一体,此据总相说也。凡物各自成一个小己者,此据别相说。若无别相,哪有总相可说。别相在总相中,彼此平等协和合作,而各自有成,即是总相的大成。譬如五官百骸在全身之发育,亦此理也。"[41] 又说:"夫万物一体,是为总相。个人即小己,对总相言则为别相。总相固不是离别相而得有自体,但每一别相都不可离总相而孤

---

[39] 同上书,140页。

[40] 同上书,139页。

[41] 语见《乾坤衍》,载《体用论》,中华书局版,314页。

存。总相者,别相之大体,别相者总相之支体。名虽有二,实一体也。"[42] 熊十力虽然对总相别相都提到,肯定二者的关联,但似较重视个体。

在熊十力的言论中,涉及世界的"共有"问题:

> 众生无量,世界无量,据常识的观点来说,好像宇宙是一切人共有的,其实大谬不然。各人自有各人的宇宙,但互不相碍,如我与某甲、某乙同在这所房子里,实则我是我的房子,某甲是某甲的房子。[43]

熊十力的此说,并不强调共有,而是强调各个独立的世界互不相碍,梁漱溟也有类似的思想,说明这一思想与佛学有关。这个思想很像近代西方个人主义的世界,不像传统的儒学思想。各个世界的独立、自由,在他看来是很重要的。

> 由一切能互为主属故,所以说一切能不是一合相,而又是浑然的全体。主和属元来各各有别故,故不是一合相。主和属互相涵摄故,故为一浑然的全体。又由于一切能都为主属故,即都是自由的,或自在的。[44]

---

[42] 同上书,315 页。
[43] 《新唯识论》,《熊十力全集》卷三,142 页。
[44] 《新唯识论》语体本,《全集》三,252 页。

能即功能，甲功能对乙功能为主，则乙功能对甲功能为属，一切功能互为主属。他所讲的浑然一体，是指互相含摄，这还是佛教法界互相涵摄的思想，不是万物一体的思想。

如此看来他是反对宇宙共有的，认为各个宇宙互不相碍，这似乎是华严式的事事无碍。不过他又说，一切事物不是合相，却可以是浑然全体，而所谓浑然全体，是主属互相涵摄，也就是我包含你，你也包含我，还是华严宗的法界说。

海德格尔认为人的存在方式是在世存有（在世之在），Being-in-the-world，是说在这种存在方式中，其他事物才能显现出来作为世界的存在物、彼此联系的存在物。其实孔子早就指出人是"群"的存有，而"世界"也只有在"群"的意义上才有意义，在群之在才是最源始的在。因为世界是最大的"群"，而人的在群首先是在"家"，这是最最源始的存在方式，而这一最源始的人的存在方式，亦即是仁体在人的在世存在的直接显现。在海德格尔的理解中，世界是人的一种存在方式，是其他事物向人显示的结构。也就是说，世界是一个超过个人存在的更广大的存在结构。在这个结构中其他事物和其他人显示出来，也显示出它们的互相联系。这个说法很勉强，其实，世界作为人的存在环境是人的存在的先在条件，这个世界、其他的人是人当下意识到的现实，根本不需要什么奇特的结构去把它们显示出来。应该说，世界作为存在环境是先在的条件，而不是显示的结果。

海德格尔又认为，在人的在世存有，其他事物都和人的生存不可分地联系在一起，然而这些事物都是作为"器具"，故人与这些器具的关系，不管是应手之物，还是现在在手之物，都是工具性的关系，这与儒家对天地万物的非工具性态度全然两样，更不可能发展出"爱物"的伦理。

最后，海德格尔提出共在，即与他人的共在Being-with-Others。他人是此在自我的一部分，这是从在世存有的结构中看直接推出来的，但共在对海德格尔只是把自我和他人同时显现出来的存在方式。海德格尔主张本真的此在，或此在的本质状态，本真的共在是承认他人的存在，但注重保持与他人的距离，在与他人交往中保持个人的独立性和独特性。这种共在说到底还是个人主义的，与儒家的人我一体说差别极大。

其实李泽厚已经看到，海德格尔要避开与他人共在，认为共在是非本真的，[45]在这个意义上，我们就不必使用海德格尔意义的"共在"，因此我们按照儒学自身的传统，强调"一体"本体的意义。"共在"和"一体"有什么分别呢？海德格尔哲学中，共在并不是一个本真的概念，而是一个要改变的概念。现在一般的用法中，已经离开了海德格尔的原意，把共在按其字面变为一个肯定的概念。但中国哲学中本来就有积极肯定的"仁者以天地万物为一体"的"一体"思想，在本体论上，在境界论上，一体说都是本真的，都代表了一种最高的肯定，这个一体概念

---

[45] 李泽厚：《人类学历史本体论》，天津社科出版社，2010年，224页。

也具有直接的伦理意义，故较海德格尔的"共在"为优，而且对于如何共在的问题，也只有以一体说才能回答。

后期熊十力的体用论与后期李泽厚的情本体论是我们正面面对的中国现代哲学本体论的主要场景，对此两种本体论的反应与回应构成了我们的仁体论建构最初的基本思路。

万物关联共生的整体即是本体，即为仁体。然而，如前所说，这在熊十力哲学看来，是以总相为实体，而若依熊十力的哲学，则更须问，此万物关联共生之总体之后仍有实体否？总相之后仍有法性否？熊十力的回答是肯定的。此万物关联共生的整体为仁体，为本体，此是吾人论仁体之一义。若依熊十力的思维方向，则须说此整体之后仍有实体，但此实体非独自另外一物，亦非在万物自身之内的另一物，此实体与万有关联共生之整体乃是"即体即用、即用即体"的关系。此实体是一切生生不息的终极根源。熊十力亦习惯把这个结构方式叫作体用不二。如果用马一浮的说法，仁体与万有关联共生之总体的关系则可称作"全体是用，全用是体"。此是仁体之第二义。在熊十力看来，在"摄体归用"之后，仍然要肯定有本体，他的这个看法符合康德、黑格尔关于哲学需要形而上学的思想。也与希腊、中国的古典哲学传统一致，即本体是用来解决形上学的中心问题：存在与生成，静与动，一与多，永恒与流变。李泽厚只承认前者即总体的本体义，熊十力只承认后者即实体的本体义，吾人则兼予肯定，在这个意义上，仁学本体论亦是两层本体论。但我们认为，在理论上，在逻辑上，后者有优先性。

但在实践上，前者有优先性。用朱子学的话说，论先后，第二义为先，论轻重，第一义为重。

五

那么在宇宙论上看，在生生不息的世界里，在生生变化的整体中，什么是对理解仁有本质重要性的东西？应该说，翕、辟是两个重要而根本的倾向，熊十力在这一点上是有见地的。不过，我们与熊十力的翕辟论不同，对翕辟的认识也与他不同。熊十力以辟为中心，认为辟代表向上的照明即心、精神，认为翕是凝聚为物质力量的倾向，把翕作为物质性的根源来对待。熊十力甚至认为翕只是辟的工具，故扬辟贬翕，他说："本体流行，惟是阳明刚健、开发无息之辟而已，其翕而成物者，所以为辟作工具也。"[46] 我们对于翕辟的看法与之完全不同。我们认为翕是宇宙中更重要的力量和特性，翕是对一切分散力量的否定，是保持事物的稳定性和内部秩序的力量和特性。翕是关联的力量、凝聚的力量，它与生产变化过程中消散的力量构成一对矛盾。无疑，翕主聚，辟主散，如果宇宙以散为主，这个世界就无法成立、无法存在，正是由于宇宙是以聚为主，以翕为主，宇宙及其事物才能生成和存在。当然事物总有其内在的矛盾，包含另一面，如在以聚为主的同时，也包含散的一

---

[46]《体用论》，中华书局，55页。

面。生成的东西最后会消散，但宇宙之所以为宇宙，又是因为它是不断地生成，生生不息。古人说"不翕聚则不能发散"，此最是见道之语。

明道早言：

> 其静也翕，其动也辟，不翕聚则不能发散。[47]

朱子亦言：

> 盖天地之化，不翕聚则不能发散，理固然也。仁智交际之间，乃万化之机轴，此循环不穷，吻合无间，程子所谓"动静无端，阴阳无始"者，此也。[48]

明儒朱得之有言：

> 天地万物之机，生生不息者，只是翕聚；翕聚不已，故有发散，发散是其不得已。且如婴儿在母腹中，其混沌皮内有两乳端，生近儿口，是儿在胎中翕而成者也，故出胎便能吸乳。[49]

---

[47]《遗书》十一。
[48]《语类》卷六。
[49]《明儒学案》二十五卷，南中王门学案一，588页。

有翕才能有具体的事物存在，从生到成，否则生成就不能实现。没有翕，一切价值的成立与实现就成为不可能了。此一翕作为宇宙的本质倾向即是仁的根源性表现，或者说，翕即是仁在宇宙的表现。

翕主关联、辟主独立。翕，聚也，合也，合同协调皆为翕之事。辟是离散、消耗、个体化。一体是翕，离散是辟，皆宇宙大仁之体现。当然，这不意味着事物一成不变，事物中有翕有辟，辟是与翕相反的力量，相反相成，翕与辟共同作用，宇宙才既有凝聚，又有流逝变动，翕是事物的关联性，辟是事物的独立性、个体性，二者的互相作用与平衡才是仁体显现的目的。

翕、辟是成物的两大方面，而理气是流行的两大方面。气之流行必有所以流行的根据，此即是理，而理不能离气而独存，气亦不能不包含乎理，纯粹的气是不存在的。理与气乃仁体大用的两方面，而皆非仁体。

按《天演论》中，严复案语引斯宾塞之论曰："天演者，翕以聚质，辟以散力。方其用也，物由纯而之杂，由流而之凝，由浑而之画。质力相糅，相剂为变者也！""其所谓翕之聚质者，即日日局大始，乃为星气，名涅菩剌斯。布濩六合，其质点本热至大，其抵抗力亦多，过于吸力。继乃由通吸力收摄成珠，太阳居中，八纬外绕，名各各聚质，如今是也。所谓辟以散力者，质聚而为热，为光，为声，为动，未有不耗本力者，此所以今日不如古日之热。……虽然，力不可尽散，散尽则物死,……是故方其演也,必有内涵动,以与其质相剂,力既定质,质亦范力,质日异而力亦从而摆脱焉。故物之少也,多质点之力,何谓质点之力,如化学所谓爱力是已。及其壮也,则多物体之力,凡可见之动,皆此力为之也。"[50]爱力即化学亲和力。

物理学认为宇宙间有四种基本相互作用的力量,在强力作用下,夸克合成核子,核子构成原子核;在电磁力作用下,原子核和电子形成了原子,继而形成了分子,分子凝结为各样的大块物质;这些物质在引力的作用下形成宇宙及其运动状态。强力、电磁力、万有引力再加上弱力,宇宙从微观到宏观才能作为稳定的系统。其实,这四种力的综合都可以以翕来概括,翕是合成、凝聚的一种作用,没有这个作用就没有世界的形成。另外一种反向力则为辟,没有辟世界就不能更新。

除翕辟之外,还应联系生灭。宇宙但有生生而无死灭是不可能的,这两种状态的同时并存交替是宇宙大化流行的常态,但其中生生是主导,死灭是生生秩序的一部分,是宇宙自我生成和自我调整的统一的表现。而且,熄灭也可以看作生命自身节奏的一种体现,总之是从属于生生的。所谓生生的过程,分别来看,是一个个具体的生命单位和过程,一个具体的生命单位和过程不是无限的,而是在生长遂成中实现并完成的。成是完成,成是结束,完成和结束迎来新一轮的开始,开始一个新

---

[50]《天演论》,商务印书馆,1981年,7–8页。

的具体的生命过程。死灭不是另有一个死灭的力量出现,而是在一个具体生命单位的历程中生生力量的减弱和停息。

那么,生与生命、生活的关系如何?如何看待生命、生活与本体?应该说人类生活的总体即是本体,生不仅是生长,也是生活,是人类的生活。生活是包含在万物一体的总体作为最后实在的部分。生对死气沉沉而言,对死板和机械而言,对寂灭的虚无而言。那么,生生的宇宙论根据何在?能不能认为,辟与翕相对,辟为发散,但二者都是生生的大用。本体法尔生生不息,健动不止。事实上,熊十力就认为实体本身是生生、变动、活跃的,而不是恒常寂静的。这一点非常重要。而本体的生生便是最深层次的仁体。自《易传》提出"天地之大德曰生"以来,在儒家哲学中生与仁建立了不可分的同一性联系,宇宙的生生不息即是仁,这种哲学理解至少宋代以来是根深蒂固的。

熊十力所说的变化,尚有可分析之处。他说本体即能变,亦名恒转,恒转其动相续不已,而每一动恒有摄聚之一面,摄是收敛,聚是凝聚。若无摄聚,便浮游无据,莽荡无物,故动的势用方起即有一种摄聚。他又说,当翕势方起,却有别一方面的势用,反乎翕而与翕同时俱起,照熊十力说,辟是当翕势方起,反乎翕而起,则在逻辑上已有先后次第,虽然熊十力并不承认这一点。因此我们认为,即使在推崇"辟"的熊十力哲学里面,其实"翕"在逻辑上是先于"辟"的。所以,翕是本有的,辟是后起的,当然翕辟相反相成,共同作用。翕势是合聚，辟势是发散；翕势的作用是合为一体，辟势的作用是分为一物，此两者确如熊十力所说是大用流行的两种力量，两个方面。前者是一体化的倾向，后者是个体化的倾向。但翕为本有，辟为后起，故毕竟以翕为主，以辟为辅，翕即是聚合、关联、维系、吸引，即是仁。

六

熊十力《体用论》中载："有问，本体据何等义？答曰：略说四义。一，本体是万理之源，万德之端，万化之始。二，本体即无对即有对，即有对即无对。三，本体是无始无终。四，本体显为无穷无尽的大用。"本论亦认为，一，仁为本体，是万有之本；二，仁本体是流行统体；三，仁本体是生生之源；四，仁本体是人与万物为一体。

熊十力以辟为宇宙大心，为宇宙大生命，他只说本体流行唯是阳明、刚健、开发无息之辟，"此宇宙大心乃即是遍在一切人或一切物之无量心。所谓一为无量是也，一切人或一切物之无量心，即是宇宙大心，所谓无量为一是也"。

今按宇宙大心只是生，惟阳明、刚健得描述之，生即是本体之自身，体现为大用流行总体，本体流行只是生。此生必带起翕辟之势用，翕为本，辟为辅，翕主关联，辟主散化。

又熊十力所论刹那说，最不可成立，乃其深受佛家影响之迹。他说："应知，凡物才生即灭，刹那刹那，前前灭尽，后后新生，化机无一息之停。"他认为天地化机无一息之停，这是对的，但他完全否认事物的暂住和相对静止，完全否定了事物的连续性，则不可。此说看上去似不违生生不息之说，但否认相对静止和相对稳定，则人不能立，人心亦不能立，文化、价值皆不能立，此亦违反量变质变之法，熊十力对此虽然多所辩解，但吾人觉得终不能成立。

在刹那的问题上，怀特海的思想可以参考。怀特海很早就强调，我们是在"时段"中，不是在"刹那"之间。一方面承认现实世界是一个不停流变的现实实有，在这个意义上宇宙是瞬息万变的。另一方面又注重个体的同一性和稳定性，包括法则的稳定性。在他看来，"在现在事态的瞬时之中个体同一性的保存是事实世界中最引人注目的特征，这是对时空的暂时性特点的部分否定，这是由价值的影响而导入的稳定性"。[51] 即使没有价值的影响，也必须承认稳定性，而且此种稳定性不仅是价值规则的稳定性，实存本身亦然。

恩格斯在《自然辩证法》的宇宙观部分特别强调变化，他指出："所以一切运动的基本形态都是接近和分离，收缩和膨胀。……原来康德早已把物质看作吸引和排斥的统一体了。"他又说明："一切运动都存在于吸引和排斥的相互作用中，然而运动只在每一个别的吸引被另一个地方的与之相当的排斥所抵消时才有可能发生。否则一个方面逐渐会胜过另一个方面，于是

---

[51] 陈奎德：《怀特海哲学演化概论》，上海人民出版社，1988年，153页。

运动最后就会停止。""但是这里似乎还存在着一切运动迟早会停止的两种可能性,或者是由于排斥和吸引最后在事实上互相抵消,或者是由于全部排斥最后集中在物质的一部分而全部吸引集中在另一个部分。从辩证法的观点来看,这两种可能性是根本不存在的。"[52]

他又讨论了同一性问题,他说:"旧的抽象的形式的同一性观点,即把有机物看做只和它自己同一的东西,看做常住不变的东西的观点,便过时了。……但是,就是在无机界中,抽象的同一性实际上也是不存在的,每一个物体都不断地受到机械的、物理的、化学的作用,哲学作用经常在改变它,在修改它的同一性。"[53]

他还说过:"一切被当作永久存在的东西变成了转瞬即逝的东西,整个自然界被证明是在永恒的流动和循环中运动着。"[54]"蛋白质是生命存在的方式,这种方式本质上就在于蛋白体是化学组成部分的不断自我更新。"[55]他也说过,新陈代谢本身即是没有生命也可以发生。然而,必须强调的是,自我更新不能否定保持同一性,即使是相对的同一性。更新与同一必须同时肯定才是辩证的世界观。怀特海注意到个体的同一性与流变的事态的关系,这种同一性承担了双重功能:使事实成

---

[52]《自然辩证法》,人民出版社,1955年,48页。
[53]《马克思恩格斯选集》第三卷,人民出版社,1972年,537页。
[54]《马克思恩格斯选集》第三卷,人民出版社,454页。
[55]《反杜林论》,《马克思恩格斯选集》第三卷,120页。

形，成为一"持续的实有"，[56]使特殊价值得以实现。成形就是活的稳定的形体形态，这是就生成的存在而言，后者则是就价值实现而言。总之，没有同一性，只有变易性，事物就没有确定的形态，世界就不可能有价值。不肯定个体的同一性，人类的生存形式，无论是一个部落、一个民族、一个国家的历史延续性都无法保持。

在这一点上，柏格森是用"绵延"来保障连续性的，"过去被真正持续地保留在当前里，意味着绵延"，"变化的连续性，过去在当前中的持续保留，真正的绵延"。他还认为"从宇宙本身就可以区分出两种对立运动，这两种对立运动就是'下降'和'上升'"。[57]

还是怀特海说得对，"哲学的关键就在于要在个体性和存在的相关性之间保持平衡"，翕、辟的作用也正在于此。怀特海虽然是整体主义者，但他不抹杀个体的重要性。而熊十力强调了个体的独立性，但不肯定存在的相关性，而且个体的同一性也被刹那所牺牲。当然，怀特海的整体意识只是强调天下万物之间的联系，并没有达到"万物一体"的境界。[58]

在中国哲学，这便是继之者善、成之者性的问题了。"继"表示持续的同一性，"成"表示形体的生成和稳定性。"继之"

---

[56] 陈奎德：《怀特海哲学演化概论》，上海人民出版社，1988年，183页。
[57] 见柏格森：《创造进化论》，译林出版社，2011年，11、21、22页。
[58] 同上书，190页。

与"成之"是《周易》哲学中处理这一问题的资源,"继之"是宇宙论生成过程的连续,"成之"是在生成中事物获得相对稳定形态的状态。

回到怀特海的生成宇宙论。怀特海认为每个实际存在物在每个其他的实际存在物中显现自身,机体哲学就是要弄清"在其他的存在物中显现自身"的概念,[59]这和佛教"一月显现一切水"的意思有相近之处。怀特海还认为,现实的存在物如果脱离了宇宙总体,即使其身处宇宙之中也不能存在。[60]怀特海的重建形上学,是要用动态的存在物代替传统哲学静态的实体,以相互联系的存在物代替传统的独立的实体,以相互交融的复杂体系和整体宇宙论代替孤立的宇宙观。[61]然而,怀特海重建形而上学必须依赖于几个主要原则,动态原则、过程原则、关联原则和生成原则。有评论者认为怀特海的生成只是强调了变化变易,其变化变易没有方向性,也没有明确提出和论证过程的向上生成(growing up)。不过,他明确说明,在他的《过程与实在》一书中,"关系支配着性质",所有的关系均在现实的关系中有其基础。[62]值得关注的是怀特海提出了"共在"(together),"各种存在物都是通过这些方法而共在于任何一种

---

[59] 怀特海:《过程与实在》,中国城市出版社,2003年,译者序言,10页。
[60] 同上书,11页。
[61] 同上书,13页。
[62] 同上书,作者前言,6页。

实际场合之中"。[63]怀特海的这一宇宙观即有机哲学的宇宙观被方东美、程石泉概括为"万物通体相关"。[64]

近代科学导致的机械论宇宙观把物质看成时空中孤立的单元,彼此之间没有关联,而物质运动则受机械论法则的支配,在这种世界观观照下的宇宙是封闭的,静态的,机械因果决定的宇宙。这样的宇宙不可能有创新和变化。亚历山大已经认识到,生命是在时段中保持过去、期待未来,因此,过去、现在、未来在时段中构成了连续性。怀特海的过程也是在一段时间中前继后续、不断连续的,故这个过程正如柏格森所认识到的,不是由不相连属的刹那构成,而是由具有过程性的时段连续而成。如果连续是时间的属性,相关性、整体性则是空间的属性。过程哲学与连续性、相关性、整体性不可分割,而且过程哲学家都强调生成、变化和个人的具体日程生活经验。与超绝的形上学本体不同,有机哲学面对的世界不是抽象的,而是具体的,由活生生的生命构成的,而世界是整体、连续、变易的流行大用。

有机体哲学不排斥理念世界,怀特海即把宇宙分为价值世界和事实世界,以价值世界为本体世界。"从本体论的角度看待价值,赋予价值以某种极根本的性质,从而可与事实并列为宇

---

[63] 怀特海:《过程与实在》,中国城市出版社,2003年,36页。
[64] 俞懿娴:《怀特海自然哲学——机体哲学初探》再版序,北京大学出版社,2012年,2页。

宙的基本要素。"[65]怀特海不承认两者有实体性，而文德尔班、李凯尔特则承认某种意义的实体性。怀特海抛弃亚里士多德主词—谓词逻辑的实体，反对主—客两分，他处理两个世界的方法是二者相互关联相互作用。事实世界为价值世界提供可能性，价值若脱离了流动的事实世界就会丧失其意义，而可生可灭的环境由于它分有了价值的不朽性才获得能动性。

生成、流变、运动本是哲学的原初问题。古希腊前苏格拉底的自然哲学如赫拉克利特等都以此为中心，它也是希腊形而上学的中心问题。这类问题被概括在"世界是什么"之中，而苏格拉底则提出与其前不同的问题，即"善是什么"。但是二者是无关的、断裂的吗？在中国哲学中并非如此，中国早期对天道的关注同时包含着对人事的关怀，如礼本身是天人合一的。

七

万物一体之一体，内在包含了万物有机关联的思想，同时又表现了有机整体的观念，熊十力以辟为宇宙大心，这是不能成立的。宇宙大心只能是生，由生而显仁。但何以生能显仁？答曰生即是仁。这是儒家哲学的一大问题。从生到仁的转换与联结，在儒学史是如何实现的，其中的逻辑何在，都值得深究。

---

[65] 陈奎德：《怀特海哲学演化概论》，上海人民出版社，1988年，137页。

对生命的关爱，对生命、出生、生长的爱护，是仁的本体根据。古语说"爱之欲其生"，即是以生命表达爱，"恨之欲其死"则是反面，恨的最高表现就是欲其死，而爱的最高表现就是欲其生，好生恶死可见生的价值。程明道以万物生意为仁的显现，又认为生是天道的基本内容，他所说的生意又叫作春意，故仁就是春意盎然，生生不已，此生生之仁的春意与爱之欲其生的爱在本质上是相通的。俗语谓"待人要像春天般的温暖"，此春天般的温暖态度即是仁。仁是关爱、关怀、关心，仅仅讲生命还不能立仁体，还不就是仁，只有生命的意义与博爱的意义建立起关联，才能达到仁。一个春意盎然的宇宙就是仁的宇宙，它自身便是虚无主义的对立面，它自身必然引出价值的基础。

仁体对人的显现和人对仁体的认识是相一致的，对仁体的认识的初期即先秦时代的仁的观念之发生，确定仁的伦理意义为爱人，在此基础上提出仁为全德之名。汉唐时代则把仁在人世的显现扩大到了宇宙，建立了天心即仁的观念。仁体的显现具有了宇宙论的形态，是汉代的一大进展。宋代仁体的显现则更进一步，以生论仁，以生物为天心，在强调生与爱的直接联系的基础上发展出了道体论，但道体与仁体的关联不直接。朱子晚年以仁为生气流行统体的观念甚有价值，开辟了仁体建构的新方向。明代以来，以心为本体仁体的唯心论大盛，但心和物都是大用流行的现象，不能独立为本体，熊十力后期哲学在这一点上说得很明白。

《西铭》的宇宙论的特色即在关联宇宙论建构，亦即是仁的宇宙论建构，其以天地为父母，以天地间万物皆为天地之子女，而互相关联，虽然，在这一整个关联的网络中，仍然有不同地位的分别，但《西铭》主旨是要人尊高年、慈孤幼、博爱万物。

在古代思维中，易之三义已经成为具有宇宙论意义的洞见，这就是变易、简易和不易。变易是周易最根本的原理，没有变化的宇宙就像死水一潭，没有创新，没有发展，死气沉沉永无变化，表示宇宙没有生命力。这样的宇宙也没有意义。另一方面，宇宙如果只有变易，没有任何稳定、持久的东西，只是刹那生刹那灭，一个没有任何连续性的宇宙也是不可想象的。故在变易中有常道，在变易中确认不易，同样是重要的。在中国哲学史上，在天地变化中确立天地之心，确立天地之道、天地之理，都有同样的意义。价值的存在意义亦是如此，天心、天理是宇宙论问题，不是实体问题，如何转变宇宙论，便有价值的问题出现。

从本体论到宇宙论，是处理物体之间的依存关系、演化的机制，一切物体皆有其关系的对应物，彼此相互联接和作用，以实现生存。物体间的互相作用和依存导致互利共存，而物体外其他一切关系的综合即是环境。

宇宙论中要涉及的是存在与生成，自然与生命，和谐与冲突，创造与自由，全体与个别，事物是如何相关联系（存在的关联性）与存在的个体性的平衡，个体的同一性可用来阐述一个国家、民族的历史连续性，也可以用来阐述一个小规模社群乃至个人的连续性。理即规律的稳定性使万物形成即成物和现实世界得以成立，对规律的寻求是针对变化而建立稳定性的努力，怀特海追求创造性与稳定性的和谐宇宙。熊十力注意了存在的个体性，但忽略了存在的相关性、稳定性，而二者的平衡在怀特海看来是哲学的关键。[66]

《易传》说成之者性，性是事物稳定成形的重要作用，继之者善，善是事物历史连续性的力量。天道天理是流行的秩序，仁是最根本的天道天理，本体在大用流行显现为秩序是为道、理。本体禀受为人为物即是性，仁是根本的人性。气是流行的质料，此质料非逻辑概念，是流动的能量，也可转化为固定的形质体。

八

有学者认为，甲骨文已有仁字，如《殷墟书契前编》2.19.1，该字从人从二，已用来表示人与人的亲和关系；金文的仁字从尸，尸是人的一种写法；战国简的仁字从身从心，表示战国时代开始把仁作为心之德。但这些文字学者的说法都不能代替仁字的语用学历史实践。西周春秋时期"仁"字的使用请参看我的《古代宗教与伦理》、《古代思想文化的世界》，就不在这里叙述了。

---

[66] 陈奎德：《怀特海哲学演化概论》，上海人民出版社，1988年，166页。

仁在中国古代哲学中是一种德行，也是最高的德行。仁是儒家特别倡导的伦理态度，其性质是仁慈博爱。仁也是一种社会的理想，当然是儒家的社会理想。在儒家思想的立场上，仁内在地要求把自己实现为社会秩序和政治实践。仁又代表了中国儒学的最高精神境界，此种境界在北宋程颢的"仁者以天地万物为一体"的表达中建立了典范。同时，仁也是天地的生机，天地之心，是宇宙的道体，因此宋代以来，仁在中国儒学史上已经得到了充分的发育，仁已经无争议地成为中国哲学的核心观念，在当代社会核心价值的思考中仍然不失其重要的地位。

从哲学来说，仁的本体论如何可能？仁的本体论会引出什么样的价值？从仁的伦理本质来说，仁代表指向他人的爱。这种爱是个人对于他人的爱，而不是指向自己的爱。因此，就道德修养而言，可以说仁的实践是属于为己之学，但就伦理关系而言，仁代表指向他人的伦理、他者的伦理。因此，仁正如其字形从人从二一样，其本身就预设了人与他人的关系，并以此为前提。

所以一切伦理都是面对他人世界，是对人与人关系的原则，而仁是儒家哲学中最重要的他人伦理和关系伦理。

从仁的立场来看，在本体论宇宙论上必须建立事物的相互关联，必须建构一个与他者关联的共同体，建构一个关联世界，而不能如近代哲学只强调个体的主体性，忽视社会的主体性。那种把他人看作自己的地狱的看法，完全不能建立人与人、群体与群体、民族与民族、文化与文化之间沟通基础。萨特思想开启了后现代分散化、离散化个体主义的思维，在这种思维中，世界存在只是一个个孤立的个体，每个个体都无法和其他的个体或群体沟通。当然，如列维纳斯指出，黑格尔哲学中没有自我也没有他者，而只有总体，这也是不行的。但是列维纳斯虽然强调了他者的存在，人与神圣他者是一种特殊的关系，而忽略了世界中人与人的关系，不能在哲学上建立"他人"的重要性，不能建立起关系本体。马丁·布伯提出"相遇"，主张面对他者打开封闭的自我，布伯还提出"本体乃关系"，以关系先于实体，实体由关系出，其本体论可称是关系本体论。从认识论回到生活世界，从关系理解生活世界，这才是本源性世界。[67]

可见，与儒家仁体思想较接近的是现代犹太传统的哲学。其中最突出的就是列维纳斯之前的马丁·布伯。布伯虽然不是正统的犹太学者，但他始终渴望通过宗教信仰实现人与人之间的理解与关爱。[68]在东欧地区长生的哈西德教派，强调情感的价值和积极的爱，对布伯一生的思想发生了重大而根本的影响。还值得注意的是，布伯有着他的"东方情结"，有着对东方文明真诚的推崇。[69]他认为犹太人是东方的后来者，是东方精神的代表。他早期曾研究17世纪德国灵知派波墨（Boehme），

---

[67] 马丁·布伯的关系思想可参看孙向晨：《马丁·布伯的关系本体论》，《复旦学报（社会科学版）》1998年4期。
[68] 傅有德等著《现代犹太哲学》，人民出版社，1999年，140页。
[69] 傅有德等著《现代犹太哲学》，人民出版社，1999年，146页。

波墨是神秘主义者，他认为宇宙间存在两种冲动，一种使事物彼此疏离，一种使彼此合一，爱能使我与他者共融于同一世界。这与仁学一体论有接近之处。这并不奇怪，如我多年前指出的，宋明理学家提倡"万物一体"的人大多有神秘经验的基础。[70]

费尔巴哈曾这样说，人与人、我和你的统一就是上帝，[71]仿此，我们可以说我和你的统一、人与天的统一便是仁体、本体。不过包括费尔巴哈，西方多数思想家更注重的是我与上帝的对话，而对人与人的相遇、对话不甚重视。布伯以前的"我与你"的思想即是如此。布伯前期《我与你》的思想也是如此，但他后来的作品更多重视人与人之间的关系，"我—你"的关系成为人与人之间的对话。[72]换言之，布伯把人与上帝间的关系扩展到了整个存在领域，我的整个存在是由我与所有要素的关系决定的，[73]他最终认为真实的实在是"之间（betweenness）"的领域，之间具有最终本体的意义，此即关系本体论。

关于康德的人是什么的问题，在《我与你》中，布伯认为不能从某个抽象的存在推演出人，人是因为另外一个自我的存在而成其为人的。如果没有"我—你"的关系，人就不是人了，人愈是与别人确立起成熟的"我—你"的关系，他就愈具有人

---

[70] 参看我的《有无之境》附录，人民出版社，1991年。
[71] 《现代犹太哲学》，人民出版社，1999年，150页。
[72] 同上，158页。
[73] 同上，159页。

性。[74]只有当个体的人了解别人的所有"他性"(otherness)就如同了解其自己一样,才能突破自己的孤独。[75]

在某一个方面来看,仁正是如此。仁不是自我中心的,当代新儒家喜欢讲儒学就是为己之学,这就儒学强调是个人修身的方面来说是不错的,儒家讲"克己",讲"古之学者为己",都是这方面的表现。但儒学并不能归结为为己之学,内圣外王的说法虽然最早出于庄子书中,宋明理学家也不常用这个概念,但从现代思想的视野和理解来看,孔子讲的修己治人即是内圣外王。故孔子以来儒学本来内在地包含着两个方面。而仁学不仅仅是克己,更是爱人,不仅是为己,也是为他,这在汉儒对仁的伦理界定看得最为清楚,也是汉儒的贡献。所以,直到唐代的韩愈仍然以汉儒为出发点,以博爱论仁,博爱指向的正是他者。在这个意义上,按照我们的诠释,孟子所说"仁者人也"中的人字即是"他人"之意,是人己之人,是人我之人,董仲舒可以说最早肯定了这一点。[76]

列维纳斯在其著作《总体与无限》中提出,把我和他人的原初的伦理关系称作形而上学,以伦理学为第一哲学。很明显,列维纳斯对传统西方哲学的形而上学方向进行了扭转,即形而上学不再要追问存在的问题,而是把人与他者一致看作形

---

[74]《现代犹太哲学》,人民出版社,1999年,166页。
[75] 同上,168页。
[76] "仁者人也"的意义至少有二,一为人之所以为人者,一为人我人己之人。本书强调后者,但并不否定前者。

而上学的根本问题。人与他者的关系在儒家看来就是"仁",从人二的仁字本身就包含了这一伦理学的向度,仁是两人以上的关系,是两人之间及两人以上之间的非亲属性的亲爱关系,是两人或两人以上相互尊重、关怀的关系。故从仁的存在论或仁的本体论角度看,人的存在本质不是个体的独自生存,人的存在本质必定是人与人的关系,由此亦可见仁学本体论或仁学形上学的人论基点。关于仁是二人以上的亲爱关系,这一点在汉代的郑玄对仁的训诂和清代阮元对仁的训解中都清楚表达出来,这种文字学形式下包含的对仁的伦理学理解就是仁是人与人的关系。而近代对此最著名的阐发是梁漱溟对儒家伦理他者取向的明确肯定:"以对方为重"即是仁。这可看成梁漱溟对儒家仁学和儒家伦理的重塑和诠释,他人的优先性在这里得到充分肯定,也使得仁的伦理意义更为全面地被揭示出来。当然,梁漱溟把"以对方为重"是作为伦理关系提出来的,而仁体论则要把这一点从人伦的伦理关系推广到万物的关系。儒家的形上学可以借从列维纳斯的形上学观念中合理地推演出来,所以中国哲学学者看到列维纳斯用伦理学置换形上学的位置而成为第一哲学,立即会看出其立场与儒家思想相当接近,以伦理学作为自己的哲学的基础。人的价值是在与其家庭、与他人发生关联的关系环境中产生的,所以自我不是孤立的,是在共同体中形成的。

  人们从宋明理学强调道德自我修养的意义上讲儒家是为己之学,常常把儒家仅定位为为己之学,其实从伦理上看并不全面。为己和为他是互相渗透的，自我的价值必须扩充为他人的价值，而为他的价值的实现也需要转过来从自我开始。所以儒家的道德修身指向自我，儒家的伦理则指向他人。按梁漱溟的解释，儒家的伦理是为他之学，而非为己，为他具有伦理上的优先性。在梁漱溟表述的意义上，可以说儒家伦理正是列维纳斯所谓的"他者的人道主义"而不是"自我的人道主义"。[77] 当然，儒家与列维纳斯也有不同之处。列维纳斯反对追求同一和整体，后现代主义如利奥塔也是反对追求整体，更注重差异。儒家则努力把注重他者和注重总体统一起来，儒家认为二者是统一的，都是要从克服自己私欲的小己的道德视野加以推广扩充。

所以，仁的伦理从一开始就是走出自我而走向他人的。列维纳斯对西方哲学与海德格尔以存在为形而上学基本问题的路径作了根本颠覆。存在就是与他人共存共在，存在就是学会与他人共生的智慧。伦理学代替了存在论成为第一哲学，成为本体的形上学，当然亦是伦理的形上学。仁学本体论亦可称仁学形上学，正是如此。由于仁学的一体是从面对他人出发的关爱，是从关爱他人出发，而最后达到的一体，因此这种一体不会抹杀他人，也不会以同一和总体抹杀他人，反而把关爱他人

---

[77] 有关列维纳斯的哲学思想，可参看孙向晨《面对他者：莱维纳斯哲学思想研究》（上海三联，2008年）、杨大春编《列维纳斯的世纪或他者的命运》（中国人民大学出版社，2008年，尤其是其中冯俊的论文）。

和注重一体有机地联结在一起,可以解决列维纳斯的忧虑。当然,儒家不仅是重视作为个人的他者,更重视作为他者延伸的共同体,儒家的群的观念,包含了人们共同生活在共同体的理想,个体是共同体中的个体,仁是个体通向共同体的交往方式和规范,人在与他人的交往过程中成为共同生活的整体。仁对共同体的意义是,每个个人都应通过关爱他者来建构一个团结的、和谐的共同体,在这个共同体中,一切需要帮助的人能够得到帮助和关心。共同体中的个人不是仅仅为了自己而生活,而是与他人和共同体分享他的命运。

仁是相恕,恕是他者优先,体察他者的要求,恕是平等而不会自我中心,恕是超出自我,而不是退缩到自我,恕是唯我独尊的反面,是建立关联和谐世界的基础。恕不是强调自我的意向性,而是把自我作为普遍性的一例,恕道不是强调主体性,而是承认他者的主体性。梁漱溟说儒家伦理以对方为重而忘记自己,人在家庭中是伦理地沉浸在整体之中而忘记自我,但人在团体中不是伦理地而是关系地让渡于整体之中,故并不丧失自我。仁构成了本源性的关联世界。

"之间"并不能保证我与他者不是主奴关系,没有伦理意义的"之间"还是抽象的,"关系"也是如此。相通可以变为占有,也可以成为互相尊重。

仁的关系是本源性的,仁的关系是从体起用,所以是自然一体,而不仁则是一体的分离,由于仁体有宇宙论的基础,故仁的关系不需要用西方哲学式的逻辑上的先后去论证。这里提出一个问题,仁体既然实体化而为本体,仁似乎就不能是关系?其实关系是仁之用,虽然不是体,但是有体之用。只是西方哲学热衷的实体与关系的先后在这里就不适合仁体的讨论了。

世界问题的根源是这个世界与道德的分离,以现代性为名否认了几千年来人的道德经验和道德诫令,道德文化的崇高感几乎荡然无存,人只相信科学和技术,却无法对科学技术的成果予以把握,以核子武器为代表的大规模杀伤性武器在资本主义和帝国主义的冲动下根本无法被遏止。个人主义与物质的享乐主义、消费主义成为青年人信奉的主导原则和生活方式。人对事物的道德感受、道德立场、道德意识渐渐失去,儒家所强调的正是道德立场、道德感受、道德视角。

肯定自我存在不是哲学的错误,自我存在是反求诸己的前提或基础,也是承认他者的基础。我们不能因为20世纪西方哲学用以反对主客二分、反对高扬主体性、反对唯我论便把对自我的肯定与他者的共在对立起来。近代西方哲学的问题也许不在主(自我)客(他者)之分,而在于以何种态度对待他者(自然、他人),在于过分高扬了主体自我而使之膨胀为自我中心主义,故对他者只当作利用的对象。对中国哲学来说,也没有必要像西方现代哲学那样,因为近代哲学的过分主体化便把他者神圣化来矫正之。强调神圣他者并不是正常的日常生活中我与他人的应有关系。从马丁·布伯到列维纳斯,他们强调的对他者的责任、尊重都有宗教的背景,并不与儒家的中庸之道一致。克尔凯郭尔所主张的"慎与他人相交,独与上帝往来"更不合儒家的传统。儒家主张极高明而道中庸,道即存在与他人交往之中,道即在人伦日用当中,王阳明说得好:"不离日用常行内,直到先天未画前"。

西方文化在第一次世界大战后出现的关注他者的思想家,多数都有宗教特别是犹太教的背景,罗森茨维格、布伯、列维纳斯,他们所说的他者总是有上帝这个神圣绝对的他者的背景,这使得他们所说的"我—你"是"人与上帝"的关系,绝对的他者也是上帝,他者在根本的意义上是从上帝的观念建立起来的。由人对上帝的态度去建立人对一般他人的态度,这对广大的人文世界并没有真正的普遍性。而问题在于确立对他者的态度,或转换对他者的态度、对世界的态度。从这个角度看,儒家的仁学不预设任何超越的神的存在,才是真正的人道主义,从普遍的他人、人的普通生活来肯定对他人的应有态度,在其中确定意义和价值,因为生活就是道体的呈现,人与他人的关系也是道体的呈现,才是对生活世界的真正肯定。此外,我与它,我与你,在布伯的意义上其实都不是纯关系,而更多是态度,是在一定态度下决定的关系,所以这还不是真正的关系本体,而很大程度上是态度成为本体。儒家讲的亲亲——仁民——爱物,也都是在态度决定之下的关系,它表达的是态度,而主要不是关系,正是在这些态度之间,亲、仁、爱之间有其统一性,此统一性就是仁。亲亲是仁，仁民是仁，爱物也是仁，它们的差别是在统一性下的态度的差别。

作为仁的对象的他者是爱的对象，而非直接是责任的对象。如果说布伯和列维纳斯对待他者的态度是基于信仰的态度，那么，儒家对他者的态度，仁学对其对象作为他者的态度则是伦理的态度，梁漱溟之所以强调伦理，道理也在这里。梁漱溟讲儒家伦理是以对方为重，这个重不是尊重，而是价值的优先。故"以对方为重"是对个人的道德要求，要求个人应如此地尽其义务，而"互以对方为重"是中国文化特征的描述。梁漱溟此说亦属中庸，康德强调的义务往往被人理解为勉强而非自愿，而梁漱溟所说的义务则包含较广，以自觉自愿为主而包括勉强所为，这是现实的、中庸的。仁自身包含责任，"仁以为己任，不亦重乎"，承担责任，尽其责任，只问耕耘，不问收获，此即是仁，也包含了义。

列维纳斯强调他人的绝对外在，故他人对我是绝对的差异性。而仁学认为，最重要的是超出自己的占有欲望，从人与人的相似性出发，而不能从相异性出发。儒学的仁论以人同此心、心同此理为预设，认为这是普遍有效的，甚至是先验普遍有效的。先验不是脱离经验，这里恰恰有着经验现象的支持。这是人与人平等的预设，也是人与人相同的预设，同是身心两方面的同。从这里就可引出他人与我有同等的价值，人应用对待自己的方式对待他人，因为人我的心理是相同的，我之所欲即人之所欲，我之所不欲即是人之所不欲。列维纳斯那种完全不能为我所理解的他人，对儒家来说是不可能的。恕的基础可以说是"同感"（empathy），同感使我们可以进入他人的基本欲求，这种进入他人内心的直接性依赖于人同此心的预设，这个预设既是由一体观念所支持的，也是由人类经验所支持的。当然，在人同此心的观念中，个人的独特性不被显示出来，但个人所有的不只是独特性，仅仅靠个体的独特性人是不能存在的。人既然是社会共同体的产物，是在社会共同体中的存在，人同此心当然就是这种共在的表现，人是在与他人共享这个世界中存在的。[78]

西方哲学往往喜欢在一些自明的前提上反复去证明、论证，其实，与自我存在一样，他者存在不需要论证。重要的是我与他的关系。从仁学的角度来看，我们可以由"恻隐"来做说明。[79] 众所周知，仁之性发为恻隐之心，是宋明理学的基本见解，而把恻隐看做仁的最直接的表现，是孟子以来儒学不变的传统，因此仁和恻隐代表了一种最本质的关系。在恻隐意识或恻隐之心中，自我不仅与他者相通，而且自我的感情感受明显地不是内在的，而是向外的，恻隐不是对于自我的感受，不是我与我的关系，恻隐是对他人存在及境遇的感受和表达。这种感情显示出自我与他人是一体的，故他人的危险处境被自我感同身受，这也就是感受到他人是自我的一部分，他人对我的

---

[78] 海德格尔重视此在，不重视同感，根本上还是因为他不重视伦理的向度。
[79] 萨特是用"羞耻"来论证人的存在结构，我们与之不同。

显现在这里成为存在论的关系，我与他人是紧密地关联在一起的，而不是漠不相关的。于是个体自我就有两个方面，用萨特的话来说，即自为的和为他的。自为的即自我的独立存在，为他的即自我与他人一体而在。他性和自性在这里就成为统一的。孟子所举的孺子将入井的恻隐例子表明，他人对自我的显现不是外在的事件，而是揭示了自我的本质，自我存在的另一特性，就是与他者为一体，这就是仁，自我存在的本质就是仁，仁者人也，人者仁也，说的都是一个道理，人与他者的共在是人的本质，我与他者的关系是共在的关系，不仅共在，而且一体相通，通为一体的仁爱。自我与他人是构成性的关系，此构成性意义就是仁，恻隐是彰显了这一特性。恻隐表示自我对待他人的态度，不是要把他者对象化，而是与他者为一体，把他者视为一体。这种视为一体并不是理性推演的结论，而是从存在本身所发出的直接反应。程明道的《识仁篇》提出我与他者是息息相通的，他说一个人如果麻木不仁，就不能感受自己身体某一部分的疼痛，麻木不仁就是血脉不通，只有把万物都当做自己身体的一部分来感受，这就是万物一体的血脉流通，这就是仁之本体。从这里也可以看出，若以通为仁之象，则通不仅是平等，是自由，通即是把他者感受为自己的一部分而予以关心、关怀、关爱。

而人的恻隐之心来自天地之心，这是自朱子《仁说》以来的共识。用仁体论的话说，仁之心、恻隐之心是仁体的发见和显现。所以儒学的仁体论不可能是海德格尔式的非道德的中性存论，必然如列维纳斯把伦理学作为第一哲学、作为形上学那样是有确定的伦理指向的，意在存在世界中发现伦理的向度。

九

我们坚持"一体共生"，主张一体的整体性即是本体，同时强调整体中各个存在是具体的，有所相互关联的，故整体中有关系，关系中有个体。反过来说，个体有与之关联的其他个体，个体又有与之关联的整体。仁与后现代思想强烈反对整体或总体的概念不同。西方哲学传统特别是黑格尔的哲学忽视个体，强调整体，用整体吞没个体，为了抗拒这个总体，列维纳斯用绝对的他者即上帝来与总体对立，上帝在整体之外。虽然列维纳斯对西方思想的自我中心的立场加以批判无疑是正确的，对他者的重视也有意义，但是他的他者主要是上帝，对于一般的他人则不甚重视，故列维纳斯无法建立人与人的仁的关系，而且他对总体性完全否定也是不可取的。总体与个体是辩证的关系，二者既有差异，亦有统一。虽然他必须找到一个有力的绝对的他者与总体性抗衡，但就伦理学的意义上说，要建立人与人的关系，建立人与人的伦理，更必须重视在具体日常生活中的"他人"。这就可以看出仁的优越性，和仁体的重要性。而且，要把社会的总体性和国家的总体性加以分别，儒学所强调的是伦理社会的总体性。

仁人与他人的共生。我们不单独用共在，"在"的说法更多是西方哲学的意识，而"生"是中国哲学的意识，生亦即是仁，而且共在是存在状况和前提，伦理指向必须是博爱互爱。先秦哲学所谓"并生"已经有了共生的意识，人与人的共生，仁之从人二，就是关注对方、他人的在场，就是面对他人的在场而敞开自身的爱，展现自身的爱，揭示自己的存在，所以仁是将自我——他人的共生作为伦理的基础。在伦理性质上，仁强调伦理关系中他者的优先性。列维纳斯针对现代伦理中自我优先于他人，提出自我与他人不是对等的，他人优先于自我，故我与他人不是对称关系；在伦理学上，自我对他人负责，而不期待任何的互惠。这个立场正是梁漱溟三十年代起就反复强调的、概括的儒家伦理——"以对方为重"。

宋代以来儒学强调克己为仁，突出仁的道德修身的意义，把仁的爱人义淡化了，至少没有突出出来。尽管万物一体说是仁学的新的发展，但他人优先、仁爱优先的立场没有被加以强调，仁的伦理性质没有被清楚刻画出来。今天我们必须把这些内容结合一起，重建仁学的本体论，为儒家哲学奠定坚实的基础，也为一切当代哲学奠基。因此本书既可以看作儒家哲学的重建，也可以看作把儒家精神贯入现代哲学的努力。

舍勒以为爱是宇宙动因，是创造生命的方式，是宇宙的爱之力，[80]这是与仁学相通的。舍勒要把基督思想的爱感优先引

---

[80] 舍勒：《爱的秩序》，三联书店，1995年，21页。

入哲学以重建本体论,以修复现代社会破损了的人心秩序,也与我们的立场接近。仁学与基督教一样,主张仁高于智,爱高于思,仁之要义不是自我实现,而是通为一体。生即是仁表示爱可以是创造性的力量,爱是给予,是展现,是显明,仁是让对象敞开给自己,而自己走向对方,以达到自己完满的价值。因此自我的存在和价值包含着对象的关系,存在是相互关联,相互走向,互爱共生。在仁学的立场上,仁是人类心灵的第一规定,仁爱优于一切,仁是伦理生活的核心,仁是代表相互性的伟大原则。

世俗力量和政治力量不断冲击儒家的道德法则不仅是现代性的一个特性,古往今来都是如此。因为古往今来的仁学都强调仁所生发的道德责任感必须超越利益之上。当代儒者必须坚持在一切公共文化中凸显儒家道德精神,力图使之成为社会文化的主导的精神力量。路德与市民资本主义精神的伦理相妥协,与现实中那种市民资本主义经济道德观相妥协,其结果是对金钱对人心和社会的危害放松了警惕,在一定程度上放纵了人对金钱的追求。在中国,与基督教不同的是,儒家的人道主义可以把它的仁学与社会主义、文化民族主义相结合,因为中国的文化民族主义是对近代西方文化中心论霸权的强势压迫的反抗,也是对民族文化复兴发展的支持。

仁爱是一种奉献,仁爱不是为了个人肉身的幸福和福利,仁爱也不只是一种感情情感,由于仁爱不是来自上帝,仁爱不属于特定宗教,故启蒙现代性没有理由把仁爱放逐出社会公共生活和文化领域。如舍勒亦指出，人的存在既是个人，也是群体，是相互体验，共同活动。[81]他特别反对把爱"仅仅理解为在远古时代即已维系动物群落的心理力量所派生出来的高级形式和发达"，[82]梁漱溟也是如此，所以他最后提出宇宙生命来支持"以对方为重"的理性。舍勒还指出"我们生而相互彼此承担责任，而不只是各人为自己负责"，因此爱可导向集体精神，即群体的共同信仰、共同热爱、共同负责。[83]把爱和群体意识、责任意识联结起来，把群体意识与责任意识作为爱的内在要求，作为爱本身的延伸，这是非常重要的，无论在理论上还是在实践上都是如此。

基督教也说"爱你周围的人，犹如爱你自己"，但仁爱对于个人来说，不需要预设一个施爱和仁慈的上帝存在。仁是一种温暖人心的、能唤起生命之爱的力量，仁是生命力、创造力，是生命创造性，这是儒学的体验，也是发自儒学体验的哲学的世界图景。仁者人也，人必须彼此以人相对待才是仁，人与人之间的爱才能实现。[84]而人与人的相互承认，也就是承认他者是一个处于和我同等地位的主体，才能摆脱了黑格尔所说主奴关系，成为真正的人的关系。这也是"仁者人也"

---

[81] 舍勒：《爱的秩序》，三联书店，95页。
[82] 同上，97页。
[83] 同上，101、104页。
[84] 今道友信也认为真爱是要觉悟到彼此是人，见《关于爱》，三联书店，1987年，63页。

的另一个可诠释的意义。

或问,先生推崇熊十力的体用论,你所说的仁体与熊十力的实体有何不同?答:吾人所论与熊十力的实体论的不同,最根本的,是熊十力前期新唯识论主张唯心论,新唯识论的宗旨是把心说为本体。而我不主唯心论,仁学本体论的本体非心非物,不是心也不是物,这是哲学根本的不同。不过,熊十力五十年代的体用论,改变了三十、四十年代新唯识论的说法,不再以心为本体,认为实体非心非物,这就在哲学思维上与仁学本体论接近了。在这个意义上,我以为,其实熊十力哲学的真正有意义的遗产可能并不在以心为本体,以心为本体是宋明心学的传统,而在其哲学宇宙论的即体即用的结构,他用此结构处理本体和现象,以新的哲学结构诠解了古典的体用不二,这一结构可谓颠扑不破,有功于儒学。李泽厚说现象既是现象也是本体,至少在形式上熊十力已经精密地阐述过此一观点了。不过,熊十力晚年虽然宣称心与物皆非本体,而是势用,但他晚年不会把实体说为仁体。熊十力又总是在照明、升进的意义上讲心,但这样的心只是精神,还不能确定伦理方向,只有仁心才能确定伦理的方向。但是仁心并不是本体,只是本体在人心的发用。在仁体论看来,西方哲学的毛病亦然,海德格尔的烦心必须以仁心来替代才有意义,哈贝马斯的沟通理性也必须以仁心为基础才有伦理的意义。而在仁体论的立场,仁体不即是本心,仁体可发显为仁心、本心。

或问：先生所说的仁体或仁学本体论，若从传统理学的角度看，是近于理学还是近于心学？从先生重视明道以一体论仁、以生生论仁来看，似多有取于大程子，则是近于心学？答：亦不能如此说。明道仁学非常重要，这是没有问题的。但我们的仁学本体论亦是继承伊川、朱子的道体论讲的，心学不重视道体论，而朱子特别重视道体论，道体即是宇宙实体、本体。在这个意义上我们也是接着程朱特别是朱子讲的。总的来讲，仁学本体论的立场已经超越乎理学和心学的对立，超出了新理学与新心学的对立，而欲综合之、融贯之，综合开新，尤其是综合贯通近代以来的儒家哲学诸说。

按道之一字，亦有多种用法，如道兼有本体与流行两义。"语其流行则谓之道"，可见道亦多在流行意义上使用，而并非皆指本体而言，"语其形上则谓之体"，此乃朱子之言，若流行为道，流行之总体亦可为道体，即存在整体、全体为道体。朱子有云："极道体之全而无亏欠"，则道体本来是全，本来是大全整体。人的修养功夫则追求全其道体、全其仁体。道体充满便是诚。

朱子以理为道体，以无形者为道体，此需加以改变，道体既是全体，则理无全体之义，故理不得即视为道体，理只是道体流行之则，若以无形者为道体，仁义单纯引向无形的存在而忽略了有形的存在，而无法成为大全。

或问：先生此论多有取于明道、朱子，而不取乎陆王，谓之新道学,可乎?曰:亦无不可。吾人以超越理学心学对立的形态回归原初的道学根源以论仁体,故亦可说是新道学。此新道学即广义的新儒家,而不是分解意义的新儒家。吾人之新道学在价值上是一元论,即仁的一元论,故不是多元冲突论,这是就中国文明主流儒家而言。若以儒释道三教而言,亦是多元一体,无论是个人修持还是政治实践上,都是如此。

或问:冯友兰先生贞元六书,先生以往论述甚多,而未曾提及《新原道》,而先生此书论述之法,似有近于《新原道》,而不与《新理学》等相同,不知是否?答曰:就某方面言之,客观上似是如此。《新原道》共十章,前九章分述孔孟、杨墨、名家、老庄、易庸、汉儒、玄学、释家、道学,最后为新统,新统讲冯先生自己的哲学。《新原道》以极高明而道中庸为准绳,评论了各家各派的价值。冯先生认为,这个标准不是一种私见,而是中国哲学精神的真正传统。理、气、道体、大全是冯先生哲学的四个主要观念,我们则由仁学本体论的立场发明道体、大全的意义,从仁学本体论的角度论衡儒学史上各家之说。但我们对于儒学史上各家的评述不是仅作为一种批评,亦同时有建构之意,而冯先生更多是以极高明而道中庸的尺度而评论中国历史上的各家各派哲学。我们对汉儒、宋儒仁说的论析,不是要批评其不合仁体论,而是更强调把仁体本身看成一显现的过程,重建、再现和改善其论证,从中引出或发展出对当代仁体论建构有意义的方向。故我们的重点是在使宋儒的仁说成为一种显现、一种论证,而且使传统与现代贯通一体,在这个意义上我们对汉儒和宋儒的阐述是要使之成为仁学本体论论证的重建。[85]

冯先生早年的新理学体系,四个主要观念都是形式的观念,没有积极的内容,是空的概念。此种哲学很难积极地为儒家哲学与儒家伦理作基础。盖冯先生当时并非要继承儒家一家,而欲在现代西方哲学维也纳派的压力下对中国哲学作一调适与诠释。但在新理学第三组命题"存在是流行"的部分,冯先生说"凡存在都是事物的存在,事物的存在在其气实现某理或某某理的流行。实际的存在是无不及实现太极的流行,总所有的流行,谓之道体。一切流行涵蕴动,一切流行所涵蕴的动谓之乾元。"[86]这些论述在哲学上仍然是有意义的。我们今日对于新理学,当去其过度形式化的努力,发挥其对伦理共相的

---

[85] 汤一介教授在2005年曾有一篇文章,题为"中国现代哲学的三个接着讲",该文最后说:"我们说的'接着讲'还一有层意思,就是要重视三、四十年代以中国的哲学家在建设中国现代哲学上所取得的成果,要考虑他们提出的哲学问题,要评论他们的得失。我注意到,现在有一些新一代的哲学家正是这样的。例如陈来教授,我看了他的《现代中国哲学的追寻》,感到他在深化着冯友兰'新理学'的思想,评论'新理学'的得失,并提出了一些应该认真思考的问题。中国现代哲学必须适时地'接着'中外哲学家已有的成果讲,这样它才有生命力,才能对中华民族的伟大复兴和全人类社会做出贡献。"本书确实可以说是现代中国哲学接着讲的一个例子,它是符合现代中国哲学发展的规律的新的尝试。接着讲有不同的形式,接着讲不一定是同一个哲学学派的延续,只要是对既有的哲学传统的回应,不管是接续,还是转折,或是批评,或是发展,都是对这一传统的承接,从而可能构成一种发展。

[86]《冯友兰文集》第五卷,长春出版社,2008年,222页。

阐发，保持其对实际的道体与大全的表述。冯先生说，新理学肯定统一，但并不肯定一切事物之间有内部底关联或内在底关系，所以新理学所讲的统一只是肯定一形式底统一，对关系无所肯定。[87]冯先生用希腊哲学讲朱子理气哲学，在哲学上是有启发的，也是比较哲学应有之义。但若从儒学的角度看，理或太极在冯先生哲学中太被形式化了，大全也太抽象了，四个命题皆无实质内容，这就无法建立儒学的本体，更是与宋代道学的不同，在这些方面我们与冯先生的哲学有所不同。冯先生本应如新康德主义的文德尔班、李凯尔特，继续坚持价值理念的世界，并以此价值世界为实体，而不受维也纳派的影响。冯先生在《新原道》讲道不离日用生活是对的，这个主张是儒家的，但也是禅宗的，故可谓一般地是中国哲学的。冯先生讲最高修养是万物一体，也是对的，但也与道家相通。对儒家而言，万物一体不能是一般意义的万物一体，而必须是"仁"为基础的万物一体，是仁的境界，而非神秘主义的形式，可以说，冯先生偏爱神秘主义境界，而不强调此一境界的仁的意义。所以，冯先生的很多讲法都是就一般的中国哲学来讲的，不是专就儒家来讲的。这是和我们有所不同的。

仁体论的建构既是面对现代儒学形而上学的需要，也是面对中华民族复兴时代重建儒学或复兴儒学的需要，在根本上，

---

[87] 同上，223页。

更是面对当今中国与世界的道德迷乱，因此它最终要落脚在价值、伦理、道德的领域，重建社会和人的道德，如古人所说振纲纪、厚风俗、正人心者。朱子曾说："其语治道，必以明天理、正人心、崇节义、厉廉耻为先，本末备具，可举而行，非特空言而已。"仁学本体论虽然重在讲本体论、形上学，但并不是空言，崇本而能举末，这也是本书最后一章讨论仁与诸价值关系的理由。在伦理的领域，儒家伦理能不能在现代中国重新成为主导的精神力量，成为人们内心的主宰，它与现代市民社会和商业精神的伦理关系是什么，它和近代与自由、平等，与社会主义的关系是什么，这些问题都值得深入探讨，只是我们不能在这里作更多讨论了。但无论如何，中国几千年的历史证明，非宗教的人道主义（仁道）可以成为社会群体的凝聚力和道德基础而无需要超越的信仰，这一点西方要到启蒙和宗教改革之后才能理解。

原仁上第二

仁是什么?这不能不从古来仁说的传统谈起。

推原仁字之说,古人称为"原仁"。仁学本体论之建立发明,不能不从原仁开始。

不管"仁"字最早见于何时,可以肯定的是,仁之说在西周已开其端。《国语》里面提到仁的地方很多,其中"仁,文之爱也"、[1]"爱人能仁",[2]说明西周已经开始以爱言仁,确立了仁的慈爱的基本意义。

不管甲骨文、金文有没有仁字,确定的"仁"的观念始自春秋时代。此前周人德性论的叙述中有些地方已经提到仁德,但多数意义不清,或强调不力。而在春秋各诸侯国,仁的意义

---

[1]《国语》周语下。
[2] 同上。

渐渐明确，其地位也越来越重要。《国语》中的这一段最有代表性：

> 伏施教骊姬夜半而泣，谓公"吾闻申生甚好仁而强，甚宽惠而慈于民，皆有所行之。……吾闻之外人言曰，为仁与为国不同。为仁者，爱亲之谓仁。为国者，利国之谓仁。故长民者无亲，众以为亲。苟利众而百姓和，岂能惮君？[3]

这是说，"仁"的实践有两个层次，就一般人而言，"爱亲之谓仁"，仁即对父母双亲之爱。而就统治阶级的成员而言，"利国之谓仁"。一个政治领导者只爱其亲，还不能算是作到了"仁"，必须有利于国家百姓，才算是作到了"仁"。从这里可以看出，一方面，"爱亲之谓仁"是当时通行的一种对"仁"的理解。另一方面，一个人是否完成了"仁"的德行，是和他的社会位置关联着的，不同的社会位置所要求的"仁"是有所不同的。

《左传》中也记载了一些仁的表达，如"不背本，仁也。"[4]"《诗》曰：'柔亦不茹，刚亦不吐。不侮矜寡，不畏强御'，唯仁者能之。"[5]"子服景伯曰：小所以事大，信也；大所以保小，仁也。"[6]"恤民为德，正直为正，正曲为直，参和为

---

[3]《国语》晋语一。
[4]《左传》成公9年。
[5]《左传》定公4年。
[6]《左传》哀公7年。

仁。"[7]"故君子以其不受为义，以其不杀为仁。"[8]在这些说法中，不同程度上都是从上述仁的意义中引申而来，惟"参和为仁"表达了一种兼综不偏、贵中尚和的意义。

一

仁体广大，但仁体的显现于人，则依历史之演进，而有不同的阶段、形式，从而在历代儒者那里，表现为不同的认识、体会和说法。这些说法并非就是圣贤的"方便说法"，而是仁体的自我显现乃有一个过程。

孔子的仁思想自然以春秋的仁说为基础：

> 君子务本，本立而道生。孝弟也者，其为仁之本与！[9]

为仁即行仁，即是实践，仁的实践以孝弟为根本，是因为仁的本义是亲爱，而亲爱始于对父母双亲之爱，此爱落实在行为即是孝，落实在兄弟即是悌。在孟子："小弁之怨，亲亲也。亲亲，仁也。"[10]孟子在这里提出亲亲与仁的密切联结，亲人有错而不怨，表示与亲人关系的疏远；亲人有错而怨之，正是亲

---

[7]《左传》襄公7年。
[8]《公羊传》襄公29年。
[9]《论语·学而》。
[10]《孟子·告子下》。

爱其亲人的表现。这个说法是对《诗经·小弁》、《凯风》的评论，未必有普遍的意义。无论如何，"亲亲，仁也"，是突出仁所包含的亲亲的意义，也同样意味着亲亲是仁的基础的意义。《礼记》两次引舅犯之言"仁亲以为宝"，也是证明。[11]

因此，《论语》中最著名的例子是："樊迟问仁。子曰：'爱人。'问知。子曰：'知人。'"[12]孔子对爱人为仁的揭示，继承了春秋时代仁的观念，也明确指明了仁和孝悌的关系，孟子对这一点说得很清楚。虽然仁的最基本的体现是爱亲事亲，但在孟子的时代，"仁者无不爱"[13]已经成了儒家的共识，仁是爱人的德行，完全超出了家庭成员之间的亲爱之情，但仁在实践上，又以孝悌为起点。

由于仁是爱人，所以己欲立而立人：

> 子贡曰："如有博施于民而能济众，何如？可谓仁乎？"子曰："何事于仁，必也圣乎！尧、舜其犹病诸！夫仁者，己欲立而立人，己欲达而达人。能近取譬，可谓仁之方也已。"[14]

又由于仁是爱人，所以己所不欲，勿施于人：

---

[11] 见《礼记》之《檀弓》、《大学》篇。
[12] 《论语·颜渊》。
[13] 《孟子·尽心上》。
[14] 《论语·雍也》。

> 仲弓问仁。子曰:"出门如见大宾,使民如承大祭。己所不欲,勿施于人。在邦无怨,在家无怨。"[15]

这些都表明,孔子的仁说早已超出血缘伦理,而是以孝悌为实践基础的普遍的人际伦理,其仁者爱人说、伦理金律说,都具有普世的意义。

后世往往注重克己复礼的说法,即:

> 颜渊问仁。子曰:"克己复礼为仁。一日克己复礼,天下归仁焉。为仁由己,而由人乎哉?"[16]

这是孔子以前已有的传统说法。周代是礼乐文化的时代,所以早期的仁说不能不受到礼文化的笼罩,孔子以前已经有以"克己复礼,仁也"[17]的说法,也有把仁说为"出门如宾,使民如祭"[18]的讲法,这些都是在礼文化笼罩下对仁体显发的局限或障蔽,孔子早年也受到这些传统的影响。但孔子的伟大贡献即在于,他能够突破这些传统礼学对仁说的局限,坚持"仁者爱人"的精义,提出己所不欲,勿施于人,己欲立而立人,己欲达而达人,从根本上确立的仁学的伦理学立场,这个阶段既是

---

[15]《论语·颜渊》。
[16] 同上。
[17]《左传》昭公 12 年。
[18]《左传》僖公 33 年。

认识仁体的基础阶段,也是仁体发显的基础阶段。

总的来说,在仁体的问题上,虽然孔子对于道体即川流之水而有所指点,但只是有所指点而已,并不欲多论深论。[19]孔子对于仁的指点,主要是设定仁的普遍价值,特就德行、工夫而言求仁,这也是宋明儒者一致的看法。盖因此时为儒学建立之初,如梁漱溟所说理性初启,孔子不可能直就本体来揭示,所以强调德行和功夫,以工夫而合本体,以德性而求境界,注重德行的实践,以达到仁的境界。

二

孟子继承了孔子的仁爱说,并做了发展,在孟子的时代,"仁者无不爱也"(尽心上)已经成了儒家的共识,仁是爱人的德行,完全超出了家庭成员之间的亲爱之情。

于是孟子说:

> 君子之于物也,爱之而弗仁;于民也,仁之而弗亲。亲亲而仁民,仁民而爱物。[20]

---

[19] 值得注意的是柏格森亦言:"我们将绵延知觉为一股我们无法逆它而行的水流,它是我们存在的基础。我们还感觉到,它是我们生存的这个世界的根本实质。"《创造进化论》,译林出版社,2011年,36-37页。

[20]《孟子·尽心上》。

关于亲、仁、爱三者，虽然它们都是爱，但其间是否有差别？在这里，孟子尝试给出其间的分别，即亲对应于亲人、仁对应于人民、爱对应于物事。其中透露的信息是，仁是专就一般人为对象而言，这意味着，一方面仁不是专属亲属关系的亲情，可以是面对超越亲属关系的一般人际关系的博爱态度；另一方面仁是对人的博爱而言，不是对物的喜爱而言的，对人的博爱与对物的喜爱是不同的爱。[21]这里的亲、仁、爱都是已发之情，而不是未发之性，可见，古代儒家并不严格区分德性、德行、感情，它们都是德目之所在。

孟子又说：

> 君子以仁存心，以礼存心。仁者爱人，有礼者敬人。爱人者，人恒爱之；敬人者，人恒敬之。有人于此，其待我以横逆，则君子必自反也："我必不仁也，必无礼也，此物奚宜至哉？"其自反而仁矣，自反而有礼矣。其横逆由是也，君子必自反也："我必不忠。"自反而忠矣。其横逆由是也，君子曰："此亦妄人也已矣。如此则与禽兽奚择哉？于禽兽又何难焉！"是故君子有终身之忧，无一朝之患也。[22]

---

[21] "仁于他物，不仁于人，不得为仁；不仁于他物，独仁于人，犹若为仁。仁也者，仁乎其类者也。故仁人之于民也，可以便之，无不行也。"《吕氏春秋·开春论》。

[22]《孟子·离娄下》。

可见孟子的仁说也是以"仁者爱人"为基点的。与孔子不同的是,他把爱人还置于人—己的互动中来考察其实践结果,这就是"爱人者人恒爱之",认为你爱别人的结果是别人一定回报你爱,如果别人未能爱你,说明你可能没有对别人付出爱。这个问题我们在后面还会讨论。

更为突出的是,孟子从仁者爱人出发,把仁规定为人的本性,把恻隐规定为仁之本性的情感发用,提出了著名的四端四心说:

> 孟子曰:"乃若其情则可以为善矣,乃所谓善也。若夫为不善,非才之罪也。恻隐之心,人皆有之;羞恶之心,人皆有之;恭敬之心,人皆有之;是非之心,人皆有之。恻隐之心,仁也;羞恶之心,义也;恭敬之心,礼也;是非之心,智也。仁义礼智,非由外铄我也,我固有之也,弗思耳矣。故曰:求则得之,舍则失之。或相倍蓰而无算者,不能尽其才者也。《诗》曰:'天生烝民,有物有则。民之秉彝,好是懿德。'孔子曰:'为此诗者,其知道乎!故有物必有则,民之秉彝也,故好是懿德。'"[23]

仁者爱人,爱人必从心中发爱,故从仁者爱人必然推出仁是爱

---

[23]《孟子·告子上》。

人之心,《表记》中引孔子言"中心憯怛,爱人之仁也",[24]其实没有证据证明孔子说过此话,但孔门七十子有可能说过这样的话,事实上《礼记》中很多子曰或子言之,就是孔门七十子及其后学托孔子之名而说出来的。表记的话显然和孟子的"恻隐之心,仁也"的思想是一致的。这说明,从"仁者爱人"的思想,进一步内向推及仁之心、仁之性,甚至仁之情,是必然的,由此仁学心性本体的面向就被打开了。比起孔子,孟子不仅强调了四德说,把仁义礼智作为四主德,而且更重要的,是孟子把仁义礼智德性化、内在化,成为人心,成为人的固有的、本有的德性心。恻隐之心是仁的开始和基点,故称端。把恻隐之心加以扩充,便是仁的完成。这也说明,仅仅有恻隐之心,对仁的德行来说还并不就是充分的。

孟子引孔子曰:"道二,仁与不仁而已矣。"孟子说:"仁也者,人也;合而言之,道也。"[25]这是强调仁作为人道的根本原理,仁是人的根本规定。另一方面,也可以说,"仁者人也"指"仁"包含了他人优先的伦理原理。

孟子曰:"仁,人之安宅也;义,人之正路也。旷安宅而弗居,舍正路而不由,哀哉!"又说:"仁,人心也。义,人路也。舍其路而弗由,放其心而不知求,哀哉!人有鸡犬放,则知求之,有放心,而不知求。学问之道无他,求其放心而已

---

[24]《礼记·表记》。
[25]《孟子·尽心下》。

矣。"[26]仁是精神安居之所，精神的家园，故说居仁。义是行动的原则，行为必由之路，故说由义。居与由的分别，似乎是"居"从我自己出发，"由"则循外在的路径而行。在这一点上，早期儒家的仁内义外说，孟子虽然反对其义外论，但义外说对他的某些思想也有影响。从德性论来看，这里的仁是内化的德性，而义仍然是德行之则。孟子反复说义是人路，表明义是行为的原则，带有客观的意义。而仁是人心之德，是主观的品格（德性）。则这里的义便不是指德性而言，而是指原则而言。

三

《系辞》当为战国儒者所作，其中对仁的理解已较为扩大，在宇宙论上，已经接近对仁体的认识：

> 与天地相似，故不违；知周乎万物而道济天下，故不过；旁行而不流，乐天知命，故不忧；安土敦乎仁，故能爱。范围天地之化而不过，曲成万物而不遗，通乎昼夜之道而知，故神无方而《易》无体。[27]〔第四章〕

这里一方面继续了仁与爱的本质性关联，另一方面，其他所有

---

[26]《孟子·离娄上》、《孟子·告子上》。
[27]《周易·系辞》。

的阐述，如周乎万物而济天下、曲成万物而不遗、乐天知命而不忧，都已同时指向着"仁"。而且仁者无忧正是孔子所说的君子之道："子曰：'君子道者三，我无能焉：仁者不忧，知者不惑，勇者不惧。'"[28]而周万物、济天下、曲成万物，表示仁已大步跨出亲亲，走向仁民、爱物、济天下。其实，周乎万物而道济天下、安土敦乎仁，故能爱，范围天地之化而不过，曲成万物而不遗，这些就是仁体的显现，也可以说《系辞》的这些话就是形容仁体的，只是《系辞》的作者限于《易经》的体系和语言，尚未能直接点明这一点。

另一方面，《系辞》把仁和生开始联系在一起：

天地之大德曰生，圣人之大宝曰位。何以守位？曰仁。[29]〔第一章〕

天地之大德曰生，是说生是天地的根本德性，仁就是天地生生不已的生机，《系辞》的说法显示出《系辞》的作者认为天地之生生与仁有关，只是作者还不能真正说明二者的关系。

显诸仁，藏诸用，鼓万物而不与圣人同忧，盛德大业至矣哉！富有之谓大业，日新之谓盛德。生生之谓易，成

---

[28]《论语·宪问》。
[29]《周易·系辞》。

> 象之谓乾,效法之谓坤,极数知来之谓占,通变之谓事,阴阳不测之谓神。[30]

生生就必然显之于仁,富有、日新、生生其实都是仁体的流行大用,也是仁体自身的显发,《系辞》的作者已经接近到仁体的大用的认识,但尚有所未达。

> 元者,善之长也;亨者,嘉之会也;利者,义之和也;贞者,事之干也。君子体仁足以长人,嘉会足以合礼,利物足以和义,贞固足以干事。君子行此四德者,故曰:乾,元、亨、利、贞。[31]

在这里"体仁足以长人",是对应"元者善之长也",把元和仁对应,包含了对仁体的某种认识,"元"是宇宙和世界的根源,以"仁"对应"元",表示仁可以作为宇宙和世界的本体,后来宋明儒学即发扬此理,只是,在《系辞》这里还只是作了简单的提示而已,并未能展开、讲明。当然,由于"元"不仅是宇宙之源,也是众善之根,所以仁不仅是宇宙的根源,也是"善"的根源。

仁德包含着宽容、宽厚、度量宽宏,故古语"仁"与"宽"

---

[30] 同上。
[31] 《周易乾·文言》。

常常连用,如《易传》中也说:"君子学以聚之,问以辩之,宽以居之,仁以行之。"[32]《尚书》亦有类似比列:"克宽克仁,彰信兆民。"[33]后来贾谊也说"宽厚而爱人"。[34]

四

《礼记》多为战国时孔门七十子及其后学的作品,其中对仁也多有阐发,其特色是把仁和义并举阐发,如《中庸》:

> 子曰:"文、武之政,布在方策,其人存,则其政举;其人亡,则其政息。人道敏政,地道敏树。夫政也者,蒲卢也。故为政在人,取人以身,修身以道,修道以仁。仁者人也,亲亲为大;义者宜也,尊贤为大。亲亲之杀,尊贤之等,礼所生也。在下位不获乎上,民不可得而治矣!故君子不可以不修身;思修身,不可以不事亲;思事亲,不可以不知人;思知人,不可以不知天。天下之达道五,所以行之者三,曰:君臣也,父子也,夫妇也,昆弟也,朋友之交也,五者天下之达道也。知仁勇三者,天下之达德也,所以行之者一也。或生而知之,或学而知之,或困

---

[32]《周易·文言》。
[33]《尚书·商书·仲虺之诰》。
[34]《过秦论》。

而知之，及其知之，一也；或安而行之，或利而行之，或勉强而行之，及其成功，一也。"[35]

《中庸》中对仁的理解，与《孟子》的"仁者人也""仁之实，事亲是也"一致，强调仁作为人道的根本原理，而仁的原理的实践，以亲亲为根本。如果说，"仁者人也，亲亲为大；义者宜也，尊贤为大"，还不能简明地概括仁和义的要义，《礼记》的另一个说法"仁以爱之，义以正之"，[36]则清楚地把仁和义的要义阐明了，仁的要义是慈爱，义的要义是正义。《表记》："仁者人也，道者义也。厚于仁者薄于义，亲而不尊；厚于义者薄于仁，尊而不亲。"[37]这也是继续强调仁所具有的"亲而不尊"的特点，也点明了义"尊而不亲"的特点。亲亲本来是子女对父母的亲爱，孔门后学则把亲进一步扩大，如《礼记·经解》"上下相亲，谓之仁"，[38]也就是发展了仁的相亲的含义，从伦理的亲爱推及于政治社会的人际关系。

《中庸》还有一些对仁的理解的表述：

子曰："好学近乎知，力行近乎仁，知耻近乎勇。知斯三者，则知所以修身；知所以修身，则知所以治人；知

---

[35]《中庸》。
[36]《乐记》。
[37]《表记》。
[38]《经解》。

所以治人，则知所以治天下国家矣。凡为天下国家有九经，曰：修身也，尊贤也，亲亲也，敬大臣也，体群臣也，子庶民也，来百工也，柔远人也，怀诸侯也。修身则道立，尊贤则不惑，亲亲则诸父昆弟不怨，敬大臣则不眩，体群臣则士之报礼重，子庶民则百姓劝，来百工则财用足，柔远人则四方归之，怀诸侯则天下畏之。[39]

诚者自成也，而道自道也。诚者物之终始，不诚无物。是故君子诚之为贵。诚者非自成己而已也，所以成物也。成己，仁也；成物，知也。性之德也，合外内之道也，故时措之宜也。"[40]

比较《中庸》与《易传》可见，《易传》把仁学向宇宙论展开，通向宇宙实体；而《中庸》"成己仁也"的说法把仁定位为己之性德，引向内在的性之本体，而把成物看做是智德的作用，是实践智慧向外的作用。这就不能把仁体作整体的呈现了。

义者艺之分、仁之节也，协于艺，讲于仁，得之者强。仁者，义之本也，顺之体也，得之者尊。故治国不以礼，犹无耜而耕也；为礼不本于义，犹耕而弗种也；为义而不讲之以学，犹种而弗耨也；讲之于学而不合之以仁，犹耨

---

[39]《中庸》。
[40] 同上。

而弗获也;合之以仁而不安之以乐,犹获而弗食也;安之以乐而不达于顺,犹食而弗肥也。[41]

《礼记》不仅仁义并提,而且明确肯定"仁者义之本也",明确了仁在诸德中的优先地位。

此外,仁与超越面也有关:

> 宗庙之祭,仁之至也。丧礼,忠之至也。备服器,仁之至也。宾客之用币,义之至也。故君子欲观仁义之道,礼其本也。[42]

当然,《礼记》强调丧祭之礼的重要性,故把丧祭之礼看成仁义之道的表达形式、仪式,认为宗庙之祭祀,是仁的最高仪式表现,把宗教性仪式的表现看做仁的最高表现方式。从仁体来看,这是把仁通向超越面的一种努力。

> 乐者为同,礼者为异。同则相亲,异则相敬,乐胜则流,礼胜则离。合情饰貌者礼乐之事也。礼义立,则贵贱等矣;乐文同,则上下和矣;好恶著,则贤不肖别矣。刑禁暴,爵举贤,则政均矣。仁以爱之,义以正之,如此,

---

[41]《礼记·礼运》。
[42]《礼记·礼器》。

则民治行矣。乐由中出，礼自外作。乐由中出故静，礼自外作故文。大乐必易，大礼必简。乐至则无怨，礼至则不争。揖让而治天下者，礼乐之谓也。[43]

《乐记》的这些看法，把乐与仁爱联结，把礼与正义联结，把仁义的理解扩大到整个礼乐结构整体，扩张了仁义的社会意义和文化意义，使得仁体的显现达到了当时社会文化结构的最大边界。特别是"仁以爱之，义以正之"的思想到汉代受到格外重视。

凡不孝生于不仁爱也，不仁爱生于丧祭之礼不明，丧祭之礼所以教仁爱也。致爱故能致丧祭，春秋祭祀之不绝，致思慕之心也。[44]

这就把丧祭之礼也纳入在仁爱的观念结构中来肯定，来说明丧祭之礼对于仁爱的功能，显示出《礼记》作者对仁与宗教仪式之间关联的肯定。

更值得注意的是《乐记》：

天高地下，万物散殊，而礼制行矣。流而不息，合同而化，而乐兴焉。春作夏长，仁也；秋敛冬藏，义也。仁

---

[43]《礼记·乐记》。
[44]《大戴礼记·盛德第六十六》。

近于乐,义近于礼。乐者敦和,率神而从天,礼者别宜,居鬼而从地。故圣人作乐以应天,制礼以配地。[45]

流而不息,合同而化,此即仁体之流行。天高地下,万物散殊者,此即宇宙论之展开。《礼记》此说当在战国后期,与《易传》约同时,故把仁说展开于宇宙论。尤其是,这里提出的"春作夏长,仁也;秋敛冬藏,义也",开始把仁义赋予了宇宙论的意义,这一种宇宙论的说法对后世影响甚大。又提出"仁近于乐,义近于礼",把仁义与礼乐勾连,使得礼乐所依据的天地鬼神与仁义也都联系起来,进一步扩大了仁的贯通空间。

不仅如此,《礼记》还将仁义与气直接对接,发挥了德气论,更突出了仁的宇宙论意义:

> 天地严凝之气,始于西南,而盛于西北,此天地之尊严气也,此天地之义气也。天地温厚之气,始于东北,而盛于东南,此天地之盛德气也,此天地之仁气也。……德也者,得于身也。故曰:古之学术道者,将以得身也。是故圣人务焉。[46]

天地之仁气是天地温厚之气,是天地的盛德之气,于是仁气便

---

[45]《礼记·乐记》。
[46]《礼记·乡饮酒义》。

成为天地间道德的根源,这种宇宙论的仁气论,不仅把仁德与天地之气连接起来,而且使仁具有了实体的意义,虽然是在气的实体意义上,但仁体的显现由此开辟了新的局面,仁体的宇宙论诸面向被打开了。

关于德行之仁,《礼记》之《儒行》篇论述最全面:

> 温良者,仁之本也;敬慎者,仁之地也;宽裕者,仁之作也;孙接者,仁之能也;礼节者,仁之貌也;言谈者,仁之文也;歌乐者,仁之和也;分散者,仁之施也;儒皆兼此而有之,犹且不敢言仁也。其尊让有如此者。[47]

这是儒行篇总论儒行的一节,对比《国语》卷三周语下单襄公的话:"夫敬,文之恭也;忠,文之质也;信,文之孚也;仁,文之爱也;义,文之制也;智,文之舆也;勇,文之帅也;教,文之施也;孝,文之本也;惠,文之慈也;让,文之材也。"可知,在这里,"仁"作为全德之名已经完全代替了西周以"文"为全德之名,进入了以仁为德之总相的时代。

《大戴礼记》思想与《小戴礼记》相同,如提出:"所谓天下之至仁者,能合天下之至亲者也。所谓天下之至知者,能用天下之至和者也。"[48]这里把至仁与至亲合,应该还是发挥了亲

---

[47]《礼记·儒行》。
[48]《大戴礼记·主言》。

亲仁也的思想。

《大戴礼记》中以爱人为仁的思想也很明确：

> 是故仁者莫大于爱人，知者莫大于知贤。[49]
>
> 孔子遂言曰："古之为政，爱人为大；不能爱人，不能有其身；不能有其身，不能安土；不能安土，不能乐天；不能乐天，不能成身。"公曰："敢问：何谓成身？"孔子对曰："不过乎物？"公曰："敢问：君子何贵乎天道也？"孔子对曰："贵其不已。如日月西东相从而不已也，是天道也；不闭其久也，是天道也；无为物成，是天道也；已成而明，是天道也。"公曰："寡人蠢愚冥烦，子识之心也！"孔子蹴然避席而对曰："仁人不过乎物，孝子不过乎物，是仁人之事亲也如事天，事天如事亲，是故孝子成身。"[50]

此段也见于《小戴礼记》哀公问。在这里，一方面提出了"为政爱人为大"，开了孟子仁政论的先河，这在仁学的发展中也是必然的：仁既然是爱人，则考虑政治上如何发挥仁，就一定会合理地推出以仁爱为政的问题。另一方面，把仁引申到安土、乐天、成身，安土又见于系辞传（安土敦乎仁故能爱），乐天见

---

[49]《大戴礼记·主言》。
[50]《大戴礼记·哀公问于孔子》。

于《孟子》（仁者以大事小，乐天者也），成身应即《中庸》的成己（成己，仁也）；把仁的多重面向揭示出来。成身与成亲相对，成亲是成就双亲，成身是成就自己，成身就是要达到仁的德行和境界。尤其是，在这里仁人事亲如事天，与孟子"存其心，养其性，所以事天也"相通，赋予事亲以重大的宗教意义，把人与天通贯连接起来。

> 以之道则国治，以之德则国安，以之仁则国和，以之圣则国平，以之义则国成，以之礼则国定，此御政之体也。[51]

这是说明，在政治思想中仁是用来致力社会和谐的，礼是用来致力社会稳定有序的。御政即是治国理政，在治国理政方面，仁与其他每个概念一样，都有它自己的功能和作用。

五

先秦诸子诸书中也记述了不少论仁的思想，这些论述分享了儒家对仁的理解，使得仁在先秦诸子中成为一个有理解共识的概念。也就是韩愈所说的，在先秦时期，仁对于各家来说，已经成为一个"定名"，即意义确定的概念。如《庄子》书中多

---

[51]《大戴礼记·盛德》。

处谈到仁:

> 远而不可不居者,义也;亲而不可不广者,仁也;节而不可不积者,礼也;中而不可不高者,德也;一而不可不易者,道也;神而不可不为者,天也。[52]
>
> 夫子曰:"夫道,覆载万物者也,洋洋乎大哉!君子不可以不刳心焉。无为为之之谓天,无为言之之谓德,爱人利物之谓仁,不同同之之谓大,行不崖异之谓宽,有万不同之谓富。"[53]
>
> 孔子西藏书于周室。子路谋曰:"由闻周之征藏史有老聃者,免而归居,夫子欲藏书,则试往因焉。"孔子曰:"善。"往见老聃,而老聃不许,于是翻十二经以说。老聃中其说,曰:"大谩,愿闻其要。"孔子曰:"要在仁义。"老聃曰:"请问,仁义,人之性邪?"孔子曰:"然。君子不仁则不成,不义则不生。仁义,真人之性也,又将奚为矣?"老聃曰:"请问,何谓仁义?"孔子曰:"中心物恺,兼爱无私,此仁义之情也。"[54]
>
> 入先,勇也;出后,义也;知可否,知也;分均,仁也。[55]

---

[52]《庄子·在宥》。
[53]《庄子·天地》。
[54]《庄子·天道》。
[55]《庄子·胠箧》。

> 夫德，和也；道，理也。德无不容，仁也；道无不理，义也；义明而物亲，忠也；中纯实而反乎情，乐也；信行容体而顺乎文，礼也。[56]

在这些叙述中可以看出庄子对仁的理解：仁被理解为在亲亲基础上的推广，从对亲人的爱变为爱人利物的爱；而且借孔子之口，肯定了仁义是人之性。不仅肯定仁义是人之本性，而且以"中心物恺，兼爱无私"，为"仁义之情"，物恺即和乐。这个话是否孔子所说，虽不能肯定，但无疑代表了庄子的理解。这既说明了仁心就是仁爱和乐，也明确从情感的意义上提出了仁义之情。此外，把物品的分均作为仁的体现，也颇有意义，显示出仁的社会政治面向。

明确用"仁爱"解释仁则见于《墨子》书中：

> 仁，仁爱也。义，利也。爱利，此也。所爱所利，彼也。爱利不相为内外，所爱利亦不相为外内。其为仁内也，义外也，举爱与所利也，是狂举也。[57]

但墨子更多地是把仁和利人结合起来，如：

---

[56]《庄子·缮性》。
[57]《墨子·经说下》。

> 子墨子言曰：仁之事者，必务求兴天下之利，除天下之害，将以为法乎天下。利人乎，即为；不利人乎，即止。且夫仁者之为天下度也，非为其目之所美，耳之所乐，口之所甘，身体之所安，以此亏夺民衣食之财，仁者弗为也。[58]

《管子》中也有类似的说法："彼欲利，我利之，人谓我仁。"[59] 这个说法可能是受墨子一派的影响。

《管子》中也有受儒家思想影响的地方，如：

> 管子对曰："信也者，民信之。忠也者，民怀之。严也者，民畏之。礼也者，民美之。语曰'泽命不渝'，信也。非其所欲，勿施于人，仁也。"[60]

"非其所欲，勿施于人"也就是"己所不欲，勿施于人"。这种以"己所不欲，勿施于人"阐发仁的思想显然来自孔子。此外还有一些说法如："以德予人者，谓之仁；以财予人者，谓之良。以善胜人者，未有能服人者也；以善养人者，未有不服人者也。"[61] 也都明显受到儒家的影响。

当然《管子》中也有从法家的立场表达的一些看法，如：

---

[58]《非乐上》。
[59]《管子·枢言》。
[60]《管子·小问》。
[61]《管子·戒》。

"勇而不义,伤兵;仁而不法,伤正。故军之败也,生于不义;法之侵也,生于不正。"《管子·法法》这里不仅指出行仁要注意合法,也表达了一种看法,即"仁"倾向于突破"法"从而破坏正义的平衡。类似的观察也见于《尹文子》:

> 仁义礼乐,名法刑赏,凡此八者,五帝三王治世之术也,故仁以道之,义以宜之,礼以行之,乐以和之,名以正之,法以齐之,刑以威之,赏以劝之,故仁者,所以博施于物,亦所以生偏私。义者,所以立节行,亦所以成华伪。礼者,所以行恭谨,亦所以生惰慢。乐者,所以和情志,亦所以生淫放。名者,所以正尊卑,亦所以生矜篡。法者,所以齐众异,亦所以乖名分。刑者,所以威不服,亦所以生陵暴。赏者,所以劝忠能,亦所以生鄙争。凡此八术,无隐于人而常存于世,非自显于尧汤之时,非自逃于桀纣之朝,用得其道则天下治,失其道则天下乱。过此而往,虽弥纶天地,笼络万品,治道之外,非群生所餐挹,圣人错而不言也。[62]

这里指出,仁既"所以博施于物",同时"亦所以生偏私",因为仁爱是推己及人的扩大,从对双亲的爱扩大到仁民爱物的爱;但正是因为仁是从亲属之爱开始,也就存在着对亲人的偏私,而使仁的扩大受到一定的阻碍。

---

[62]《尹文子》第2卷。

六

最后来简单看看荀子。荀子虽然重视礼，但他首先肯定了先仁而后礼：

> 人主仁心设焉，知其役也，礼其尽也。故王者先仁而后礼，天施然也。[63]

其次荀子也坚持以爱论仁：

> 亲亲、故故、庸庸、劳劳，仁之杀也；贵贵、尊尊、贤贤、老老、长长，义之伦也；行之得其节，礼之序也。仁，爱也，故亲；义，理也，故行；礼，节也，故成。仁有里，义有门。仁非其里而处之，非仁也；义非其门而由之，非义也。推恩而不理，不成仁；遂理而不敢，不成义；审节而不和，不成礼；和而不发，不成乐。故曰：仁、义、礼、乐，其致一也。君子处仁以义，然后仁也；行义以礼，然后义也；制礼反本成末，然后礼也。三者皆通，然后道也。[64]
> 仁者爱人，义者循理。[65]

---

[63]《荀子·大略》。
[64] 同上。
[65]《荀子·议兵》。

子路入，子曰："由，知者若何？仁者若何？"子路对曰："知者使人知己，仁者使人爱己。"子曰："可谓士矣。"子贡入，子曰："赐，知者若何？仁者若何？"子贡对曰："知者知人，仁者爱人。"子曰："可谓士君子矣。"颜渊入，子曰："回，知者若何？仁者若何？"颜渊对曰："知者自知，仁者自爱。"子曰："可谓明君子矣。"[66]

这一段话之值得注意在于，这里提出了三种仁者的人—己关系。儒学一般主张的是仁者爱人，即仁就是爱他人，而这里又提出了另外两种。一种是仁者使人爱己，即仁就是使他人爱自己，这应当是指使百姓爱戴作为领导者的自己；一种是仁者自爱，即仁不是爱他人，仁是爱自己。照荀子这里的排列，认为仁者自爱是最高的认识，仁者爱人是较高的认识，仁者使人爱己是一般的认识。"仁者自爱"这个说法在先秦儒学中是罕见的，它只有在以下的意义上才能成立，即，自爱则是自修其德。这就提出了一个重要问题，仁是不是只是一个指向他人的德行？仁是否包含了人自身的修身？克己复礼为仁的问题，正是在这样的语境中才能看出其意义。

如孟子说：

孟子曰："爱人不亲，反其仁；治人不治，反其智；

---

[66]《荀子·子道》。

礼人不答,反其敬。行有不得者,皆反求诸己。其身正而天下归之。《诗》云:"永言配命,自求多福。"[67]

此说也见于《谷梁传》:

> 故曰:礼人而不答,则反其敬;爱人而不亲,则反其仁;治人而不治,则反其知。过而不改,又之,是谓之过。襄公之谓也。[68]

这里从仁者爱人出发,把道德要求都理解为对他人的态度,从而又要求人们从他人对自己的态度反省自己的德行。"反求诸己"包括自反其仁、自反其智、自反其敬(礼),对自己的德行加以反思、反省。与上一段反其仁、反其礼、反其忠有所不同,在这里是把仁智礼三者加以突出。但"反"的对象既是内心,也是行为,而不是单单指德性而言。

孟子更提出:"仁者如射:射者正己而后发;发而不中,不怨胜己者,反求诸己而已矣。"[69]《礼记》也说:"射者,仁之道也。射求正诸己,己正然后发,发而不中,则不怨胜己者,反求诸己而已矣。"[70]不怨他人、反求诸己的德性修养,在

---

[67]《孟子·离娄上》。
[68]《谷梁传》僖公22年。
[69]《孟子·公孙丑上》。
[70]《礼记·射义》。

孟子的思想之中，就是仁者待人处事的态度。

后来《荀子》中也提倡此说：

> 曾子曰："同游而不见爱者，吾必不仁也；交而不见敬者，吾必不长也；临财而不见信者，吾必不信也。三者在身，曷怨人！怨人者穷，怨天者无识。失之己而反诸人，岂不亦迂哉！"[71]

可见在这一点上孟子和荀子是一致的。

总起来看，西周的"仁"以爱亲为本义，但到孔子已经把爱亲发展为爱人，并把爱人之"仁"化为普遍的伦理金律，故那种强调仁的血缘性解释的观点对孔子而言是不对的。[72] 孟子向外把爱人扩大到爱民、爱物，又向内把仁追溯到恻隐之心，从内外两方面扩大了仁学。《易传》把仁的意义更加扩大，使仁与天地之生生联结起来，把仁与元对应起来，于是仁不仅是

---

[71]《荀子·法行》。

[72] 李泽厚在其《孔子再评价》强调"血缘纽带是仁的一个基础含义"，但他也指出，仁不只是血缘关系的原则，仁也是心理原则，把外在的礼内化为心理情感；仁也是人道原则，仁的主体内容是社会性的交往要求和相互责任，并被建立为贵族、氏族、自由民之间某种博爱的关系；仁也是个体人格，仁成为人不须服从神的个体自觉的世界观、人生观和伟大人格。（参看李泽厚：《中国古代思想史论》，人民出版社，1985年，16–28页）而很多学者只记得了血缘纽带一条，借李泽厚的话把仁归结为血缘纽带原则，这在根本上是不对的。

"善"的根源,也可以是宇宙的根源,开始具有形而上学的意义。《礼记》用"成己仁也"的说法把仁定位为己之性德,引向内在的性之本体,而且把宗教性仪式的表现看做仁的最高表现方式,将人与天贯通,体现了把仁通向超越面的一种努力。《礼记》还将仁义与气直接对接,发挥了德气论,借助于气论更突出了仁的宇宙论意义。荀子则坚持孔子、孟子的主张,认为仁不只是一个指向他人的德行,仁包含了人自我的修身。从仁体的角度看,先秦儒学的仁学已经从多方面显现了仁体本有的广大维度,但还未能真正树立仁体论,这必有待于汉唐宇宙论、本体论之发展,直到宋明儒学始能完全成立。

原仁下第三

"原仁"的主要任务是确定"仁"的伦理意义。不确定仁的伦理意义,也就不能理解仁作为本体的完整意义。本章接续上章继续就此探讨。

众所周知,就伦理学而言,董仲舒仁学思想的一个突出贡献是在批判功利主义的表述中建立了仁的基本道德立场,这就是:

> 仁人者,正其道不谋其利,修其理不急其功,致无为而习俗大化,可谓仁圣矣,三王是也;……是以仲尼之门,五尺童子言羞称五伯,为其诈以成功,苟为而已也,故不足称于大君子之门。[1]

---

[1]《春秋繁露》对胶西王越大夫不得为仁第三十二。

这两句话《汉书》本传作"正其谊不谋其利，明其道不计其功"，后世皆以这二句流传，这种崇仁黜霸和反功利主义的思想在历史上发生了深远的影响。

不过，从仁学的角度，更重要的是，董仲舒提出了以"博爱"论仁：

> 政有三端：父子不亲，则致其爱慈；大臣不和，则敬顺其礼；百姓不安，则力其孝弟。孝弟者，所以安百姓也，力者，勉行之，身以化之。天地之数，不能独以寒暑成岁，必有春夏秋冬；圣人之道，不能独以威势成政，必有教化。故曰：先之以博爱，教以仁也；难得者，君子不贵，教以义也；虽天子必有尊也，教以孝也；必有先也，教以弟也。此威势之不足独恃，而教化之功不大乎！[2]

他在这里以"博爱"论仁，承继发展了先秦儒学之说，后来韩愈继续发明此义，使博爱论仁说获得了更加广泛的影响。董仲舒在这一点上是有其大贡献的。按"博爱"之说惟在《孝经》出现一次，在先秦未有用来说仁者；《汉书》中始出现"博爱仁恕"，乃谷永之言，已在董仲舒之后。[3]另一方面，西汉时期爱慈、博爱的提法往往是王者用以突出仁作为政治教化手段，用

---

[2]《春秋繁露》为人者天第四十一。

[3]《汉书》卷八十五。

以追求亲、和、安的社会政治目标,这样的政治思想倾向也应予以指出。[4] 无论如何,"博爱论仁"说可以看做以董仲舒为代表的汉代儒学对仁的重要理解。

一

汉代儒学的仁学主要表达在董仲舒的《春秋繁露》。在《礼记》乐记篇中曾提出"仁以爱之,义以正之",但并没有说明爱和正的对象。而《春秋繁露》最集中地表达的是,"仁者爱人、义者正我",在仁义的不同对象的对比中阐释他们各自的意义。董仲舒说:

> 晋灵公杀膳宰以淑饮食,弹大夫以娱其意,非不厚自爱也,然而不得为淑人者,不爱人也。质于爱民以下,至于鸟兽昆虫莫不爱,不爱,奚足谓仁!仁者,爱人之名也。[5]

这里严格分别了自爱和爱人。自娱其意是自爱,但不是爱人,所以不是仁,仁是爱他人之名。

---

[4] 宋代道学则把这种王者的博爱仁政改造为士人的博爱境界,即仁者以万物为一体。
[5]《春秋繁露》仁义法第二十九。

> 春秋之所治，人与我也；所以治人与我者，仁与义也；以仁安人，以义正我；故仁之为言人也，义之为言我也，言名以别矣。仁之于人，义之于我者，不可不察也，众人不察，乃反以仁自裕，而以义设人，诡其处而逆其理，鲜不乱矣。是故人莫欲乱，而大抵常乱，凡以闇于人我之分，而不省仁义之所在也。是故春秋为仁义法，仁之法在爱人，不在爱我；义之法在正我，不在正人；我不自正，虽能正人，弗予为义；人不被其爱，虽厚自爱，不予为仁。[6]

与《荀子·子道篇》"仁者自爱"说不同，董仲舒明确主张，"仁之法在爱人，不在爱我；义之法在正我，不在正人"。他认为一切道德无非是对他人或对自我而言的，"仁者人也"的意思，就是着眼于他人，仁是仁爱他人的德行；相对于仁者人也，则是"义者我也"，表示义是纠正自己的德行。仁作为"爱"是爱他人，不是爱自己；义作为"正"是正自我，不是正他人。这个对比的说法是先秦所没有的。自爱而不爱人，这不是仁。仁必须是他者取向的，义则必须是自我取向的。可见，董仲舒对仁义的讨论，重点不是价值上的定义，而是实践的对象，是密切联系着仁的实践的。董仲舒对"仁者人也"的诠释有其重要的理论意义和伦理意义，这一点以前都被忽略了。

---

[6]《春秋繁露》仁义法第二十九。

《春秋繁露》的这些"仁爱义正"的说法主要是从政治上着眼而论的,是有针对性的,所以其中甚至认为,一个人如果只爱自己,那就是亡国之道:

> 亡者爱及独身,独身者,虽立天子诸侯之位,一夫之人耳,无臣民之用矣,如此者,莫之亡而自亡也。春秋不言伐梁者,而言梁亡,盖爱独及其身者也,故曰:仁者爱人,不在爱我,此其法也。[7]

他又说:

> 阖庐能正楚蔡之难矣,而春秋夺之义辞,以其身不正也;潞子之于诸侯,无所能正,春秋予之有义,其身正也;趋而利也,故曰:义在正我,不在正人,此其法也。夫我无之而求诸人,我有之而诽诸人,人之所不能受也,其理逆矣,何可谓义!义者,谓宜在我者,宜在我者,而后可以称义,故言义者,合我与宜以为一言,以此操之,义之为言我也,故曰:有为而得义者,谓之自得,有为而失义者,谓之自失;人好义者,谓之自好,人不好义者,谓之不自好;以此参之,义我也明矣。是义与仁殊,仁谓往,义谓来;仁大远,义大近;爱在人,谓之仁,义在

---

[7]《春秋繁露》同上。

> 我，谓之义；仁主人，义主我也；故曰：仁者，人也，义者，我也，此之谓也。君子求仁义之别，以纪人我之间，然后辨乎内外之分，而着于顺逆之处也，是故内治反理以正身，据礼以劝福，外治推恩以广施，宽制以容众。[8]

君主必须爱人，正己，所以这里的仁义说是儒家政治思想的一种表达。这也是把先秦儒学爱人和正身思想安置于仁义的定义中的一种表达。他不仅指出义不仅是宜，而且是宜和我的合一，还强调，仁与义的区别，关键在仁的对象是人，是他人，义的对象是己，是自我。董仲舒对孟子的仁义说作了重要的诠释和发展。

> 仁而不智，则爱而不别也；智而不仁，则知而不为也。故仁者所爱人类也，智者所以除其害也。[9]
>
> 太公封于齐，问焉以治国之要，营荡对曰："任仁义而已。"太公曰："任仁义奈何？"营荡对曰："仁者爱人，义者尊老。"太公曰："爱人尊老奈何？"营荡对曰："爱人者，有子不食其力；尊老者，妻长而夫拜之。"太公曰："寡人欲以仁义治齐，今子以仁义乱齐，寡人立而诛之，以定齐国。"[10]

---

[8] 同上。
[9]《春秋繁露》必仁且智第三十。
[10]《春秋繁露》五行相胜第五十九。

仁者爱人，义者尊老，这个说法作为一种实例本身是没有问题的，爱人属仁，尊老属义。但如何爱人，如何尊老，营荡的主张是有子而溺爱，这就不是仁；妻子岁数大便破坏男尊的秩序，这便是不义，而不是义。

> 何谓仁？仁者，憯怛爱人，谨翕不争，好恶敦伦，无伤恶之心，无隐忌之志，无嫉妒之气，无感愁之欲，无险诐之事，无辟违之行，故其心舒，其志平，其气和，其欲节，其事易，其行道，故能平易和理而无争也，如此者，谓之仁。[11]

这里的何谓仁，并不是力求对仁下定义，而是从仁者憯怛爱人出发，列举了仁者的基本德性，特别是从心、志、气、欲各方面刻画仁者的精神心态，这也是对先秦儒学如孔子思想的发展和延伸。爱人是一德行，但爱是一个表达情感的词，因此仁本身是带有情感的投射的，而恻隐一类词就更加是指情感，这些词的使用显示"仁"的表达越来越重视其内在情感的特性，宋明儒学在这方面大大发展了仁的内在情感特性。

顺便提及智的问题：

> 何谓智？先言而后当。凡人欲舍行为，皆以其智，先

---

[11]《春秋繁露》必仁且智第三十。

> 规而后为之,……故曰:莫急于智。智者见祸福远,其知利害蚤,物动而知其化,事兴而知其归,见始而知其终,言之而无敢哗,立之而不可废,取之而不可舍,前后不相悖,终始有类,思之而有复,及之而不可厌,其言寡而足,约而喻,简而达,省而具,少而不可益,多而不可损,其动中伦,其言当务,如是者,谓之智。[12]

这是论智所代表的实践智慧。智是对行动的规划,智能够洞见行动的利害祸福的后果,使行动能恰当地合乎原则和境遇。这里所说的智,与孟子中作为道德德性的智不同,更接近亚里士多德所说的那种明智或实践智慧。

二

董仲舒儒学的特色还在于,把仁说建立为天道论,其中董仲舒把仁定位在"天心"的说法,颇具意义:

> 霸王之道,皆本于仁,仁,天心,故次之以天心。[13]

在先秦没有把仁作为天心的说法出现。以仁为天心,也就是以

---

[12]《春秋繁露》必仁且智第三十。
[13]《春秋繁露》俞序第十七。

仁为宇宙之心,这个说法是仁体在宇宙论形态发展的重大一步,也反映了儒家面对汉代统一帝国的出现所采取的理论回应,即重新努力把普世伦理作为宇宙原理,以从道德上制约、范导皇权。这对后来宋代儒者如朱熹等影响很大,所以,这个问题在后面"天地之心"一章还会细谈。

《春秋繁露》中说:

> 天高其位而下其施,藏其形而见其光;高其位,所以为尊也,下其施,所以为仁也,藏其形,所以为神,见其光,所以为明;故位尊而施仁,藏神而见光者,天之行也。故为人主者,法天之行,是故内深藏,所以为神,外博观,所以为明也,任群贤,所以为受成,乃不自劳于事,所以为尊也,泛爱群生,不以喜怒赏罚,所以为仁也。[14]

这个说法,把施加仁爱看作"天之行",天的行为,天的德行,从而要求人君以天为法,效法天的行为,在人间行仁。对人主而言,仁就是泛爱群生,决不以君主个人的喜怒来行赏罚。"泛爱群生"继承了以爱言仁的传统,也继承了孔子"泛爱众而亲仁"(《论语》学而篇)的思想,显示出仁早已从爱亲发展为泛爱群生了。

---

[14]《春秋繁露》,离合根第十八。

又说：

> 凡灾异之本，尽生于国家之失，国家之失乃始萌芽，而天出灾害以谴告之；谴告之，而不知变，乃见怪异以惊骇之；惊骇之，尚不知畏恐，其殃咎乃至。以此见天意之仁，而不欲陷人也。谨案：灾异以见天意，天意有欲也、有不欲也，所欲、所不欲者，人内以自省，宜有惩于心，外以观其事，宜有验于国，故见天意者之于灾异也，畏之而不恶也，以为天欲振吾过，救吾失，故以此报我也。[15]

与"天心"的概念接近的是"天意"，表示天是有意志的。因此，仁是天心，也是天意。所谓天意，照这里所说，就是天之所欲所不欲，这是上天的意志、愿望和要求。董仲舒认为天意会通过灾异来传达给地上的人们。人们必须了解上天的意志是仁。

不仅仁是天心、天意，仁也是人性，而人性来自天之阳气：

> 吾以心之名得人之诚，人之诚有贪有仁，仁贪之气两在于身。身之名取诸天，天两，有阴阳之施，身亦两，有贪仁之性；天有阴阳禁，身有情欲栣，与天道一也。是以阴之行不得干春夏，而月之魄常厌于日光，占全占伤。天之禁阴如此，安得不损其欲而辍其情以应天？天所禁，而

---

[15]《春秋繁露》必仁且智第三十。

身禁之，故曰身犹天也，禁天所禁，非禁天也。[16]

在董仲舒看来，仁必须追溯至宇宙天道。这是说，人心有贪仁之性，人身有贪仁之气，身体的结构是来自于天、与天地阴阳相对应的，故说"身犹天也"；人道与天道是一致的，此即"与天道一也"。人必须遵循与天道一致，天道禁阴，故人道损欲。仁性是善性，仁气自然也是善气，在这里，仁既有了性的意义，也有了气的意义，仁气的意义在后来各家的宇宙论中都有表现。

仁气某种意义上即是阳气，或者说阳气在董仲舒这里已被赋予仁的规定，或者说"仁"在这里已经成为阳气的基本规定之一，这就是所谓"阳气仁""阳气爱""阳气宽"的说法：

> 故曰：阳，天之德，阴，天之刑也，阳气暖而阴气寒，阳气予而阴气夺，阳气仁而阴气戾，阳气宽而阴气急，阳气爱而阴气恶，阳气生而阴气杀。是故阳常居实位而行于盛，阴常居空位而行于末，天之好仁而近，恶戾之变而远，大德而小刑之意也，先经而后权，贵阳而贱阴也。……是故人主近天之所近，远天之所远，大天之所大，小天之所小。是故天数右阳而不右阴，务德而不务刑；刑之不可任以成世也，犹阴之不可任以成岁也；为政而任

---

[16]《春秋繁露》深察名号第三十五。

刑，谓之逆天，非王道也。[17]

如果说阳是天之德，那么也就意味着仁是天之德，这里的天之德与先秦的"天德"观念有所不同，它只代表天的一个方面，而不是整个天的德性。不过即使如此，阳也可以说是天的主导性德，尽管它需要阴的配合。所以董仲舒说天是"好仁"的、"大德"的，大在这里是动词，大德就是崇德，人所要做的就是顺天，而不能逆天。

> 古之造文者，三画而连其中，谓之王；三画者，天地与人也，而连其中者，通其道也，取天地与人之中以为贯，而参通之，非王者庸能当是。是故王者唯天之施，施其时而成之，法其命而循之诸人，法其数而以起事，治其道而以出法，治其志而归之于仁。仁之美者在于天，天，仁也，天覆育万物，既化而生之，有事功无已，终而复始，凡举归之以奉人，察于天之意，无穷极之仁也。人之受命于天也，取仁于天而仁也，是故人之受命天之尊，父兄子弟之亲，有忠信慈惠之心，有礼义廉让之行，有是非逆顺之治，文理灿然而厚，知广大有而博，唯人道为可以参天。天常以爱利为意，以养长为事，春秋冬夏皆其用也；王者亦常以爱利天下为意，以安乐一世为事，好恶喜

---

[17]《春秋繁露》阳尊阴卑第四十三。

怒而备用也。[18]

在这里，更明确地提出，天，仁也。这一命题把仁看作天的本质，已经接近了仁体的思想。就自然界而言，天之仁表现在覆育万物、化生万物、养而成之、有功无己。同时，这里汲取了《中庸》天命之谓性的思想，认为人受命于天，取仁于天，因此人的本性来自于天，性也是仁。天意是赋予世界爱利的，是不断养育万物的，反过来说，爱利就是天意，天意就是仁。所以王者需要体察天意，也要以爱利天下作为自己的意志，完全按照天道的法则办事。人有了天命之仁性，于是有了各种德行。人道之仁与天道之仁保持一致，就是参天了。这样的仁已经是贯通天地人的真正王道了。参通表示天地人三者的贯通，而贯通就意味着一体。

这种天人一贯的思想又见于：

> 天有寒有暑，夫喜怒哀乐之发，与清暖寒暑其实一贯也，喜气为暖而当春，怒气为清而当秋，乐气为太阳而当夏，哀气为太阴而当冬，四气者，天与人所同有也，非人所能蓄也，故可节而不可止也，节之而顺，止之而乱。人生于天，而取化于天，喜气取诸春，乐气取诸夏，怒气取诸秋，哀气取诸冬，四气之心也。……明王正喜以当春，

---

[18]《春秋繁露》王道通三第四十四。

> 正怒以当秋，正乐以当夏，正哀以当冬，上下法此，以取天之道。[19]

在天人合一思想支配下，董仲舒提出人有喜怒哀乐，天亦有喜怒哀乐，季节气候的变化就是天的喜怒哀乐。因此天的喜怒哀乐是体现为气的不同类型，如喜气为暖而当春，怒气为清而当秋，春天的气是喜气，秋天的气是怒气。天有春夏秋冬四气，亦可称为喜怒哀乐四气，这就是天的喜怒哀乐。人的生化来自于天，人的喜怒哀乐便是来源于天的四气，从而成为人的四气之心即喜怒哀乐。

> 春气爱，秋气严，夏气乐，冬气哀；爱气以生物，严气以成功，乐气以养生，哀气以丧终，天之志也。是故春气暖者，天之所以爱而生之，秋气清者，天之所以严以成之，夏气温者，天之所以乐而养之，冬气寒者，天之所以哀而藏之；春主生，夏主养，秋主收，冬主藏；生溉其乐以养，死溉其哀以藏，为人子者也。故四时之行，父子之道也；天地之志，君臣之义也；阴阳之理，圣人之法也。阴，刑气也，阳，德气也，阴始于秋，阳始于春，春之为言犹偆偆也，秋之为言犹湫湫也，偆偆者，喜乐之貌也，湫湫者，忧悲之状也。是故春喜、夏乐、秋忧、冬悲，悲

---

[19] 同上。

死而乐生,以夏养春,以冬藏秋,大人之志也。[20]

天之喜怒哀乐即是春夏秋冬四气,而春气爱,秋气严,夏气乐,冬气哀,这里虽然没有明说,但我们可以了解,爱就是仁,也就是说春气仁,这就和前面提到的仁气说连接起来了。这些仁的说法都是就王道即王者之道而言的,很少有就本性而言的。

仁既是天之心,也是天之气,甚至天就是仁,汉儒董仲舒的这些思想为后来仁体论的展开奠定了基调,确立了方向,而到朱子,才把这些仁体的要素综合起来,明确了仁体的意义。

三

现在来看汉代儒学其他思想,如《新书》、《韩诗外传》等书。先看贾谊《新书》:

> 礼,天子爱天下,诸侯爱境内,大夫爱官属,士庶各爱其家。失爱不仁,过爱不义,故礼者所以守尊卑之经,强弱之称者也。[21]

"过爱不义"和《尹文子》"仁者,所以博施于物,亦所以生偏私"

---

[20]《春秋繁露》王道通三第四十四。
[21]《新书·礼》。

的意见相近，仁是爱，缺少爱就不是仁；但是过多的爱也不是仁，不仅不是仁，而且会导致不义。这个讲法包含了对仁的复杂分析。儒家在推崇仁的同时，其实也一直清楚地认知过犹不及对仁的影响，过多或过分的仁不是中道，而成为不仁。只有到了宋代道学，区分了专言之仁和偏言之仁，才能更全面地处理这一问题。

《新书》下面一条较长，但是其中的德行论述最有代表性，在列出每一个正面的善的德行的提示，后面都列出相反的负面德行，如"兼覆无私谓之公，反公为私；方直不曲谓之正，反正为邪"等。以下我删去负面德行，集录其正面德行如下：

曰："请问品善之体何如？"对曰："亲爱利子谓之慈，子爱利亲谓之孝。爱利出中谓之忠，心省恤人谓之惠；兄敬爱弟谓之友，弟敬爱兄谓之悌，接遇慎容谓之恭，接遇肃正谓之敬，言行抱一谓之贞，期果言当谓之信，衷理不辟谓之端，据当不倾谓之平，行善决衷谓之清，辞利刻谦谓之廉，兼覆无私谓之公，方直不曲谓之正，以人自观谓之度，以己量人谓之恕，恻隐怜人谓之慈，厚志隐行谓之洁，施行得理谓之德，放理洁静谓之行，功遂自却谓之退，厚人自薄谓之让，心兼爱人谓之仁，行充其宜谓之义，刚柔得适谓之和，合得密周谓之调，优贤不逮谓之宽，包众容易谓之裕，欣熏可安谓之熅，安柔不苛谓之良，缘法循理谓之轨，袭常缘道谓之道，广较自敛谓之俭，费弗过适谓之节，僶勉就善谓之慎，思恶勿道谓之戒，深知祸福谓之知，亟见窕察谓之慧，动有文体谓之礼，容服有义谓之仪，行归而过谓之顺，动静摄次谓之比，容志审道谓之儞，辞令就得谓之雅，论物明辩谓之辩，纤微皆审谓之察，诚动可畏谓之威，临制不犯谓之严，仁义修立谓之任，伏义诚必谓之节，持节不恐谓之勇，信理遂惔谓之敢，志操精果谓之诚，克行遂节谓之必。凡此品也，善之体也，所谓道也。故守道者谓之士，乐道者谓之君子，知道者谓之明，行道者谓之贤。且明且贤，此谓圣人。"[22]

这是先秦以来最详细的德目表，共五十六项德行，作者比较重视的是仁义礼信知。在这个德目表中，最重要的是：亲爱利子谓之慈，子爱利亲谓之孝，爱利出中谓之忠，期果言当谓之信，心兼爱人谓之仁，行充其宜谓之义，动有文体谓之礼，深知祸福谓之知，志操精果谓之诚。五十五项中"恻隐为慈"与前面的"亲爱为慈"，两慈重复，疑有错字。"心兼爱人为仁"的提法，吸收了墨子的表达而不回避，表明在汉代，孟学以外的其他儒家已多在仁的观念下肯定兼爱、泛爱、博爱的表述。这是儒家仁学观念展开的一大突破。在这一点上《新书》与《春秋繁露》是一致的。爱人利物是庄子对仁的解说，《新书》应受到了庄子的若干影响。

---

[22]《新书·道术》。

德有六理，何谓六理？道、德、性、神、明、命，此六者，德之理也。六理无不生也，已生而六理存乎所生之内，是以阴阳天地人，尽以六理为内度，内度成业，故谓之六法。六法藏内，变流而外遂，外遂六术，故谓之六行。是以阴阳各有六月之节，而天地有六合之事，人有仁义礼智信之行。行和则乐兴，乐兴则六，此之谓六行。阴阳天地之动也，不失六行，故能合六法。人谨修六行，则亦可以合六法矣。[23]

仁义礼智信乐，是为六行，即六种德行。六行来自天地的六合，六行六合来自六法，六法联系着六理，六理是宇宙的普遍规定，六理决定了宇宙生化的法则。总之，这是一套天人合一的宇宙秩序。六行之外，有六美：

德有六美，何谓六美？有道，有仁，有义，有忠，有信，有密，此六者德之美也。道者德之本也，仁者德之出也，义者德之理也，忠者德之厚也，信者德之固也，密者德之高也。[24]

道仁义忠信密，是为六美。道是诸德的根本，仁则居于诸德之

---

[23]《新书·六术》。
[24]《新书·道德说》。

首。汉代道家思想甚盛,所以儒家的仁义思想与道家的"道德"思想结合一起,这也是时代的特色。照这里的说法,六美都是德的一个方面,德是枢轴,六美都各自与它关联。应该说,这个思想还不是很清楚的。而后来韩愈的《原道》上来就讨论仁义和道德,也是针对汉代以来把儒家的仁义说和道家的道德说混在一起所做的分疏。

  物所道始谓之道,所得以生谓之德。德之有也,以道为本,故曰道者德之本也。德生物,又养物,则物安利矣。安利物者,仁行也。仁行出于德,故曰仁者德之出也。德生理,理立则有宜适之谓义。义者,理也,故曰义者德之理也。德生物,又养长之而弗离也,得以安利。德之遇物也忠厚,故曰忠者德之厚也。德之忠厚也,信固而不易,此德之常也,故曰信者德之固也。德生于道而有理,守理则合于道,与道理密而弗离也,故能畜物养物,物莫不仰恃德,此德之高,故曰密者德之高也。道而勿失,则有道矣;得而守之,则有德矣;行有无休,则行成矣。故曰道此之谓道,德此之谓德,行此之谓行。诸此言者,尽德变;变也者,理也。[25]

仁作为六美之一,其意义何在?"安利物者,仁行也",这个说

---

[25]《新书》同上。

法似不很清楚,与《新书》其他几处以爱或兼爱论仁不同。道是世界的初始原则,德是世界的生养原则,德生于道,而德出仁,德生理,德生物。这些说法含混不清,从仁体论的立场来看,应该说仁即是道,仁即是德,仁即是理,而不能分析割裂。

四

现在来看《韩诗外传》。

《韩诗外传》也以仁爱并用,以亲亲为行仁的始基,以及也提出了"恻隐而爱仁"等,在这些方面与先秦儒学是一致的。而较为特殊的是提出圣仁、智仁的说法:

> 仁道有四:磏为下。有圣仁者,有智仁者、有德仁者,有磏仁者。上知天,能用其时;下知地,能用其财;中知人,能安乐之;是圣仁者也。上亦知天,能用其时;下知地、能用其财;中知人,能使人肆之;是智仁也。宽而容众,百姓信之;道所以至,弗虐以时;是德仁者也。廉洁直方,疾乱不治、恶邪不匡;虽居乡里,若坐涂炭;命入朝廷,如赴汤火;非其民、不使,非其食、弗尝;疾乱世而轻死,弗顾弟兄,以法度之,比于不详,是磏仁者也。[26]

---

[26]《韩诗外传》卷一。

磏即廉。按圣智是战国儒学常用的说法，如子思学派。[27]这里提出仁道分为四种，圣仁与智仁的共同点是知天、知地、知人，不同处是，圣仁能安乐，智仁使人安逸。可见圣仁、智仁都是指人对天道的认识，其实就是先秦《五行篇》讲的圣、智。德仁是能宽，磏仁是能廉，德仁是仁的本义，磏仁是廉洁。这里把圣智德廉与仁连用，殊不可晓，其中以安乐为圣，与《五行篇》相同，可能渊源于子思学派。但无论如何，这里也体现了以仁统四德、仁包四德的意思，即圣智德磏都是仁的一种表现。这和宋儒的仁学思维是一致的。

夫君子恭而不难，敬而不巩，贫穷而不约，富贵而不骄，应变而不穷，审之礼也。故君子于礼也，敬而安之；其于事也，经而不失；其于人也，宽裕寡怨而弗阿；其于仪也，修饰而不危；其应变也，齐给便捷而不累；其于百官伎艺之人也，不与争能而致用其功；其于天地万物也，不拂其所而谨栽其盛；其待上也，忠顺而不解；其使下也，均遍而不偏；其于交游也，缘类而有义；其于乡曲也，容而不乱。

是故穷则有名，通则有功，仁义兼覆天下而不穷，明通天地、理万变而不疑，血气平和，志意广大，行义塞天

---

[27] 参看我讨论子思思想的论文：《竹简五行与子思思想研究》，《北京大学学报》，2007年2期。

> 地，仁知之极也，夫是谓先王审之礼也。若是，则老者安之，少者怀之，朋友信之，如赤子之归慈母也。曰：仁刑义立，教诚爱深，礼乐交通故也。[28]

这一段的前面讲君子在各个方面的德行，后面讲君子德行的效果，就君子作为实践主体而言，仁知之极体现为血气平和，志意广大，行义塞天地，这是孟子式的大丈夫儒的精神；就君子的政治实践的效果而言，仁义兼覆天下，老者安之，少者怀之，朋友信之，这当然是追随孔子的社会理想：《论语》："子路曰：'愿闻子之志。'子曰：'老者安之，朋友信之，少者怀之。'"

> 子曰："不知命，无以为君子。"言天之所生，皆有仁义礼智顺善之心，不知天之所以命生，则无仁义礼智顺善之心，无仁义礼智顺善之心，谓之小人。故曰："不知命，无以为君子。"《小雅》曰："天保定尔，亦孔之固。"言天之所以仁义礼智保定人之甚固也。《大雅》曰："天生烝民，有物有则。民之秉彝，好是懿德。"言民之秉德以则天也。不知所以则天，又焉得为君子乎！[29]

这是用《中庸》"天命之谓性"来解释知命，认为人是天之所生，

---

[28]《韩诗外传》卷四。
[29]《韩诗外传》卷六。

天把仁义礼智赋予人，故人人都有仁义礼智之心；但小人不知命，不能为君子，也就不能保有其仁义礼智之心。仁义礼智就是民之秉彝，就是得自天之所命，人应当依据于天生的仁义礼智之心，效法天。这些思想应当是继承了子思、孟子学派的思想。当然这里把仁义礼智和顺善并列，说明其不完全是孟学的思想，也吸收了其他思想。

五

再来看东汉儒学的仁说。

东汉的王充，批评董仲舒，但他的《论衡》一书中在批评刘子政性阴情阳说时也谈到仁气：

> 恻隐不忍，仁之气也；卑谦辞让，性之发也，有与接会，故恻隐卑谦，形出于外。谓性在内，不与物接，恐非其实。不论性之善恶，徒议外内阴阳，理难以知。[30]

王充虽然不是儒家，但这种以"恻隐不忍"论仁的提法当然是受了孟子的影响，他的仁气说，也应当说是受孟子一派的影响。也说明，仁与作为实体的气经常脱不开干系，这成为仁学思维的一个特点，换言之，儒学需要气为仁论证、解说仁的作

---

[30]《论衡》本性篇第十三。

用、甚至显现仁的实体性格。

而以"不忍"论仁也见于《白虎通》:

> 五性者何?谓仁、义、礼、智、信也。仁者,不忍也,施生爱人也;义者,宜也,断决得中也;礼者,履也,履道成文也;智者,知也,独见前闻,不惑于事,见微者也;信者,诚也,专一不移也。故人生而应八卦之体,得五气以为常,仁、义、礼、智、信是也。六情者,何谓也?喜、怒、哀、乐、爱、恶谓六情,所以扶成五性。[31]

《白虎通》对仁的定义是"仁者,不忍也,施生爱人也",也同样可看到孟子的影响。说明汉儒确实更关注仁是从什么感情发出来的,而不是把仁仅仅看作一种道德行为。同时这里肯定仁和义礼智信为人"得五气以为常",认为仁义礼智信五常来源于天之五气,在这种提法中仁也是与气连结着的。

《白虎通》还说:"食马者三百余人皆曰:'吾君仁而爱人,不可不死。'还击晋之左格右,免缪公之死。"[32]此处的爱人即是爱民。

> 经所以有五何?经,常也。有五常之道,故曰《五

---

[31]《白虎通》卷八。
[32]《白虎通》德论卷八。

经》:《乐》仁、《书》义、《礼》礼、《易》智、《诗》信也。人情有五性,怀五常,不能自成,是以圣人像天五常之道而明之,以教人成其德也。《五经》何谓?谓《易》、《尚书》、《诗》、《礼》、《春秋》也?《礼解》曰:"温柔宽厚,《诗》教也;疏通知远,《书》教也;广博易良,《乐》教也;洁静精微,《易》教也;恭俭庄敬,《礼》教也;属词比事,《春秋》教也。"[33]

这里的说法与礼记经解不同。温柔敦厚为诗教,则应当以《诗》对应于仁,却又说《乐经》对应仁,二说已自不同。此外,这里讲五性、五常,但五性与五常是什么关系,并未说清。如果五性是仁义礼智信,五常也是仁义礼智信,五气又是什么?

现在来看扬雄的《法言》:

> 道、德、仁、义、礼,譬诸身乎?夫道以导之,德以得之,仁以人之,义以宜之,礼以体之,天也。合则浑,离则散,一人而兼统四体者,其身全乎![34]

《法言》以道德与仁义礼并立,也是汉代儒道结合的一种体现,至于以同音字训解字义,并不真正反映字的原初意义,这种声

---

[33] 同上。
[34] 《扬子法言》问道。

训的手法东汉（典型如《释名》）开始流行，但在西汉也已经使用了。他认为一人之身兼道德仁义礼，才是完全的。天主兼合，故人的德行也应兼和而不离散。

> 或问："君子之柔刚。"曰："君子于仁也柔，于义也刚。"[35]

关于仁义对举的规定，汉代已经有不少，扬雄以柔刚论仁义，是个新的说法，这个说法在德性论上比较容易被接受，如上面引礼记说仁是温柔敦厚，仁自然属柔；《白虎通》说义是决断，则当属刚。

> 人必先作，然后人名之；先求，然后人与之。人必其自爱也，而后人爱诸；人必其自敬也，而后人敬诸。自爱，仁之至也。自敬，礼之至也。未有不自爱敬而人爱敬之者也。[36]

这也是关于仁的自爱和爱人的辩论，与董仲舒不同，扬雄主张自爱是仁的最大发扬，却不提爱人与仁的联系，明显是受荀子的影响。这与孟子提出的先爱人、先敬人，而后人必爱我必敬我的思想不同。

---

[35]《扬子法言》君子。
[36] 同上。

此外还有论仁者寿：

> 或问："龙、龟、鸿、鹄不亦寿乎？"曰："寿。"曰："人可寿乎？"曰："物以其性，人以其仁。"[37]

> 故君子道至气则华而上，凡气从心。心，气之君也，何为而气不随也，是以天下之道者，皆言内心其本也。故仁人之所以多寿者，外无贪而内清净，心和平而不失中正，取天地之美，以养其身，是其且多且治。[38]

最后来看《说苑》。

《说苑》的素材可能有不少来自先秦而在传递过程中加以发挥，因此书成于东汉，故列在这里讨论。

> 仁人之德教也，诚恻隐于中，悃愊于内，不能已于其心；故其治天下也，如救溺人，见天下强陵弱，众暴寡；幼孤羸露，死伤系虏，不忍其然。[39]

这一条中，以恻隐说仁德，治天下如救溺水人，见幼孤羸露而不忍，显然继承了孟子的思想。

---

[37] 同上。
[38] 《春秋繁露》循天之道第七十七。
[39] 《说苑》贵德。

> 孔子曰:"里仁为美,择不处仁,焉得智!"夫仁者,必恕然后行,行一不义,杀一无罪,虽以得高官大位,仁者不为也。夫大仁者,爱近以及远,及其有所不谐,则亏小仁以就大仁。大仁者,恩及四海;小仁者,止于妻子。……孟子曰:"推恩足以及四海;不推恩不足以保妻子。古人所以大过人者无他焉,善推其所有而已。"[40]

这里提出仁的实践必恕而后行,应当说,突出恕的讲法在孔子以后的仁学中还是很少见的,这里作为孔子的话虽然不能确定,但确实合乎孔子思想。至于杀一无罪仁者不为,孟子荀子都坚持这个主张。值得注意的是,这里把恕用"善推其所有"来解释,即是用孟子的推恩思想发挥孔子的恕,从而发展仁的实践。

> 季康子谓子游曰:"仁者爱人乎?"子游曰:"然。""人亦爱之乎?"子游曰:"然。"康子曰:"郑子产死,郑人丈夫舍玦佩,妇人舍珠珥,夫妇巷哭,三月不闻竽琴之声。仲尼之死,吾不闻鲁国之爱夫子,奚也?"子游曰:"譬子产之与夫子,其犹浸水之与天雨乎?浸水所及则生,不及则死,斯民之生也必以时雨,既以生,莫爱其赐,故曰:譬子产之与夫子也,犹浸水

---

[40]《说苑》贵德。

之与天雨乎？"[41]

这里用子游的话，肯定仁者爱人、人亦爱之，与《法言》讲人必自爱，而后人爱，是不同的。

> 忠于事君，仁于利下，推之以恕道，行之以不党，伊吕是也。[42]

这指出了"仁"不是用来针对君上的德行，而是用来爱利下属下民的德行，这是就统治阶级的德行而言的。而且这里也明确用"推之以恕道"来使仁的实践具体化。

> 夫仁者好合人，不仁者好离人，故君子居人间则治，小人居人间则乱；君子欲和人，譬犹水火不相能然也，而鼎在其间，水火不乱，乃和百味。是以君子不可不慎择人在其间！[43]

仁者好合人，好和人，这是仁者的特性和气质，这个说法很能表出仁者的人际取向，在仁论中并不多见。先秦两汉的资料中

---

[41]《说苑》贵德。
[42]《说苑》至公。
[43]《说苑》杂言。

这是唯一的。

> 颜渊问于仲尼曰:"成人之行何若?"子曰:"成人之行达乎情性之理,通乎物类之变,知幽明之故,睹游气之源,若此而可谓成人。既知天道,行躬以仁义,饬身以礼乐。夫仁义礼乐成人之行也,穷神知化德之盛也。"[44]

成人的问题在先秦如孔子那里已经作过讨论,而这里把仁义等作为成人的基本德行,变为成人问题的重要内容,这是先秦所没有的。

关于仁义对举,汉儒的说法是:

> 君子以其不杀为仁,以其不取国为义。
> 义士不欺心,仁人不害生。〔说苑谈丛〕
> 君子于仁也柔,于义也刚。
> 仁者爱人,义者正我。
> 仁者爱人,义者尊老。
> 失爱不仁,过爱不义。
> 心兼爱人谓之仁,行充其宜谓之义。
> 仁者,不忍也,施生爱人也;义者,宜也,断决得中也。

---

[44]《说苑》辨物。

先秦的说法是:

> 仁近于乐,义近于礼。
> 仁以爱之,义以正之。
> 仁,爱也,义,利也。
> 仁,内也,义,外也。
> 仁者爱人,义者循理。

总之,汉代的仁说思想,以仁者爱人为出发点,而更重视仁的政治实践意义;强调仁是对他人的爱,突出了他者的重要性;以恻隐不忍论仁,确认仁的内在情感是恻隐,而不仅仅把仁作为德行;汉儒已经在仁的观念下肯定、容纳了兼爱、泛爱、博爱作为仁的表达,以仁包容了所有中国文化内的爱的表达,使得仁爱包容了以往各家所提出的普世之爱;最后,与汉儒的宇宙论相联系,仁被视作天或天心、天意,仁被作为气的一种形态,使得仁深深介入到儒家的宇宙论建构,已经具有了形而上的意义。汉代儒学仁说的这些内容,在后来的仁学发展中发生了深刻的影响,奠定了成熟的仁体论的重要基础。

六

最后,既然我们已经叙述到东汉,让我们谈谈郑玄对"仁"的注解,以及清儒阮元对郑玄的发挥,以作为结束。

关于郑玄及阮元论仁，可以使我们回到开始的话题，仁的伦理意义。

郑玄在《礼记·中庸》的"仁者人也"下注曰："人也读如相人偶之人，以人意相存问之言。"下有孔颖达疏云："仁谓仁爱，相亲偶也，言行仁之法在亲偶。"[45]郑玄在许慎之后，但他的解释非常独特。

阮元在其《揅经室集》的《论语论仁论》中特别从《论语》中择取所有涉及"仁"字的章节、文句，逐一列举于前，再旁征博引论证于后，以致力于阐发"仁"字的本义。阮元一开始便给出了结论：

"诠解'仁'字，不必烦称远引，但举《曾子·制言篇》'人之相与也，譬如舟车然，相济达也。人非人不济，马非马不走，水非水不流'；及《中庸篇》'仁者，人也'；郑康成注'读如相人偶之人'；数语足以明之矣。"[46]

对仁字的解释，阮元主张郑玄的解释，并以郑玄的"相人偶"说法为基点，结合曾子的"人相与"和孟子的"仁者人也"，用这三条资料建立他的仁字解释。其实，相人偶即相互亲敬，这一点阮元始终未明确说清。

---

[45]《礼记正义》。
[46] 阮元：《揅经室集》上，中华书局，2006年，176页。

他接着说:

> 春秋时,孔门所谓仁也者,以此一人与彼一人相人偶而尽其敬礼忠恕等事之谓也。相人偶者,谓人之偶之也。凡仁,必于身所行者验之而始见,亦必有二人而仁乃见。若一人闭户斋居,瞑目静坐,虽有德理在心,终不得指为圣门所谓之仁矣。盖士庶人之仁,见于宗族乡党,天子诸侯卿大夫之仁,见于国家臣民,同一相人偶之道,是必人与人相偶而仁乃见也。郑君"相人偶"之注,即曾子"人非人不济",《中庸》"仁者人也",《论语》"己立立人"、"己达达人"之旨。[47]

阮元认定春秋时代的仁字是指两人相人偶的关系,这完全是发挥郑玄的注解所作的解释,其实郑玄的注解只是后世的一个孤证,不足以为据。

> 圣门论仁,以类推之,五十八章之旨,有相合而无相戾者。即推之诸经之旨,亦莫不相合而无相戾者。自博爱谓仁立说以来,歧中歧矣。吾固曰:孔子之道,当与实者、近者、庸者论之,则春秋时学问之道显然大明于世而不入于二氏之途。吾但举其是者,而非者自见,不必多其

---

[47] 阮元:《揅经室集》上,176页。

辞说也。"[48]

阮元认为《论语》五十八章论仁，皆与相人偶之说相合。他认为，自以博爱论仁之说流行以来，仁说越来越分歧，仁字本义被淹没了。看来他不以博爱说为然，其实以爱言仁是春秋以后一直到汉代的仁说主流。

阮元又说：

> 许叔重《说文解字》："仁，亲也。从人二。"段若膺大令《注》曰："见部曰：'亲者，密至也。'会意。《中庸》曰：'仁者，人也。'《注》：'人也，读如相人偶之人，以人意相存问之言。'《大射仪》：'揖以耦。'《注》：'言以者，耦之事成于此意相人耦也。'《聘礼》：'每曲揖。'《注》：'以人相人耦为敬也。'《公食大夫礼》：'宾入三揖。'《注》：'相人耦。'《诗·匪风·笺》云：'人偶能烹鱼者。人偶能辅周道治民者。'"元谓：贾谊《新书·匈奴篇》曰："胡婴儿得近侍侧，胡贵人更进得佐酒前，上时人偶之。"以上诸义，是古所谓人耦，犹言尔我亲爱之辞。独则无耦，耦则相亲，故其字从人二。《孟子》曰："仁也者，人也。"谓仁之意即人之也。元案：《论语》："问管仲，曰：人也。"《诗·匪风·疏》引郑氏《注》曰："人

---

[48] 阮元：《揅经室集》上，177页。

偶，同位之辞。"此乃直以人也谓仁也，意更显矣。又案："仁"字不见于虞、夏、商《书》及《诗》三《颂》、《易》卦爻辞之内，似周初有此言而尚无此字。其见于《毛诗》者，则始自《诗·国风》"洵美且仁"。再溯而上，则《小雅·四月》"先祖匪人，胡宁忍予"。此"匪人""人"字实是"仁"字，即人偶之意，与《论语》"人也。夺伯氏邑"相同。盖周初但写"人"字，周官礼后始造"仁"字也。郑《笺》解"匪人"为"非人"，孔《疏》疑其言之悖慢，皆不知"人"即"仁"也。[49]

《说文》"仁亲也"，与古书相传相合，并未背离仁字古义。阮元引中庸郑玄注，认为仁就是"读如相人偶之人，以人意相存问之言"，这就把本来很清楚的仁字之义搞得不清楚了。又引古书中"偶"的解释，结论是"古所谓人耦，犹言尔我亲爱之辞"，其实他所引证的材料只能解释为相耦是相敬之义，与亲爱无关。他也并没有证明，为何古人本有"亲爱"之词，却又要用"人偶"这种意义不清的词去表达。接着阮元自己提出对仁的文字学解释，"独则无耦，耦则相亲，故其字从人二"，这个结论以相亲解释仁，离仁字本义相距不远，但他的推理是牵强的。

在考证"仁"字的本义，并逐一阐释《论语》所有章节文句中有关"仁"字的涵义之后，阮元最后说：

---

[49] 阮元：《揅经室集》上，178–179页。

> 元此论乃由汉郑氏相人偶之说训仁，学者或致新僻之疑，不知仁字之训为人也，乃周秦以来相传未失之故训，东汉之末犹人人皆知，并无异说。康成氏所举相人偶之言，亦是秦汉以来民间恒言，人人在口，是以举以为训，初不料晋以后此语失传也。大约晋以后异说纷歧，狂禅迷惑，实非汉人所能预料。使其预料及此，郑氏等必详为之说，不仅以相人偶一言以为能近取譬而已。[50]

在此，阮元既未长篇大论地批评后世学者特别是宋儒的观点，也未连篇累牍地阐述自己的思想主张，而只是通过对《论语》中常见的"仁"字这一关键词语的考证和归纳，以求凸显"仁"字的本义。这种对经籍文字的训诂，表面上贯彻了清儒"客观"的考证精神，如阮元自言："余之说经，推明古训，实事求是而已，非敢立异也。"其实，他的结论与仁字的使用历史不合，只是以东汉郑玄的一种说法为据，甚至连《说文解字》"仁亲也"也不顾及，完全忽略了自西周以来至汉代"仁"字的语用历史，就字论字，这种非历史的方法貌似科学，在方法上其实是站不住的。

不过，如果我们把他的结论看成他自己对仁的一种理解，而不是字源意义的学术结论，则有其重要意义。阮元特别强调，仁字左边是人，右边是二，表示二人之间的亲爱关系，所

---

[50] 阮元：《揅经室集》上，194页。

以一定有两个以上的人才能谈到仁,一个人独居闭户,是谈不到仁的,仁是人与人之间的相互关系。阮元的这一讲法是对仁的交互性关系的阐明,是有其思想意义的。而阮元此说是对郑玄的发挥,汉儒以仁对他人,义对自我相区分,故重点强调仁的他人义,而视仁的亲爱义为当然之义而不更强调。郑玄的讲法其实是对西汉儒者强调仁是对"他人"的伦理的一种继承。

仁体第四

仁体的观念，至北宋开始显发，其原因是佛道二氏在本体论、心性论上的建构和影响，使得新儒家即道学（亦称理学）必须明确做出回应，以守护儒家的价值，发展儒学的生命，指点儒学的境界，抵御佛教的影响。在这个意义上说，是佛道二氏使得儒家的仁体论被逼显出来，也是仁体本身在理学时代的自我显现的一个缘由。

一

北宋程明道最先指出仁体：

> 学者识得仁体，实有诸己，只要义理栽培。如求经

义，皆是栽培之意。[1]

"仁体"的提出，是其《识仁篇》思想的自然展开，在明道自己而言，也可以说要回答"仁是什么"的问题。自然，明道注重的主要不是"仁是什么"，而是"如何识仁"。他更多把注意力放在后者，故在他的言论中，"如何识仁"往往遮挡了"仁是什么"。他从《识仁篇》的"学者须先识仁"，到这里的"学者识得仁体"，显示出他的识仁思想内在包含了仁体的思想。当然，他侧重于认识论而讲仁体（此处所说的认识论是广义的），注重"识得"仁体的问题；他强调的所谓"识得"不是指仅仅在理论上、在知解上了解仁体，而是必须真实体现在自己的身心之上，还要用义理不断栽培自家身心，这才是"实有之"。就是说人要把仁体变为实有，变为自己真实拥有的东西，这样才能真正理解仁是什么。明道的这句话，意味着，实体的仁体既是人识得的实在对象，也可以成为个人拥有的东西，实体是可贯通到人的身心的实在。明道虽然没有详言作为实体的仁体，但应包含此意。当然，也可以说，识得仁体的活动，当其彻底而完整时，其自身也就获得了本体论的意义，仁体认识自己，回归自己，充分展现、呈现自己。这和"精神现象学"有共通的地方。但与黑格尔不同的是，我们不说实体即主体，而说主体即实体。另一方面，虽然明道不强调仁体的实体意义，但他

---

[1]《宋元学案》卷十三《明道学案》，中华书局，1986年，561页。

对仁体的体验意义和境界意义的关注，是对佛教精神境界的积极回应，对宋明时代儒学的仁学在境界上的开显，有其重大的意义。后来宋明儒者，大多是朝向境界与体验的方面来了解"识得仁体"的内涵。这是时代对仁体显现的限定。

《明道学案》在《识仁篇》之下载刘宗周评论，说：

> 又曰：《识仁》一篇，总只是状仁体合下来如此，当下认取，活泼泼地，不须着纤毫气力，所谓"我固有之"也。然诚敬为力，乃是无着力处。盖把持之存，终是人为；诚敬之存，乃为天理。只是存得好，便是诚敬，诚就是存也。存正是防检，克己是也；存正是穷索，择善是也。若泥不须防检穷索，则诚敬存之当在何处？未免滋高明之惑。子静专言此意，固有本哉![2]

《识仁篇》后半部讲诚敬存养的功夫，以往我们做过详细分析，就不在这里重复。心学的特点是把仁体内在化，总是倾向于把仁体说成为心体，刘宗周说当下认取，就是这个意思，在当下的心体上认取仁体，明代阳明学也多是如此。刘宗周说《识仁篇》"状仁体合下来如此"，在《识仁篇》中的确是有"状仁体"的表述：

> 学者须先识仁。仁者，浑然与物同体。义、礼、知、

---

[2]《宋元学案》第一册，541-542页。

信皆仁也。识得此理,以诚敬存之而已,不须防检,不须穷索。若心懈则有防,心苟不懈,何防之有?理有未得,故须穷索。存久自明,安待穷索?此道与物无对,大不足以名之,天地之用皆我之用。孟子言"万物皆备于我",须反身而诚,乃为大乐。若反身未诚,则犹是二物有对,以己合彼,终未有之,又安得乐?订顽意思,乃备言此体。以此意存之,更有何事?"必有事焉而勿正,心勿忘,勿助长",未尝致纤毫之力,此其存之之道。若存得,便合有得。盖良知良能元不丧失,以昔日习心未除,却须存习此心,久则可夺旧习。此理至约,惟患不能守。既能体之而乐,亦不患不能守也。[3]

与《识仁篇》完全类似的明道语录是另一段:

仁者,以天地万物为一体,莫非己也。认得为己,何所不至?若不有诸己,自不与己相干。如手足不仁,气已不贯,皆不属己。故"博施济众",乃圣之功用。仁至难言,故止曰"己欲立而立人,己欲达而达人,能近取譬,可谓仁之方也已"。欲令如是观仁,可以得仁之体。[4]

---

[3] 同上书,540页。
[4] 同上书,552页。

照后来儒者看来，这两段话就是"状仁体"之言。自然，仁者浑然与物同体，仁者以天地万物为一体，都是仁者的最高境界，这一点我在《宋明理学》一书中已经反复指出。一般认为，在明道"识仁"这句话里，只是说仁者要识得仁体，本来并没有刻画仁体的存在，但应看到，仁的浑然与物同体，也同时包含着实在的意义。不能说天地万物本来根本不是一体，只是仁者将其看作一体而已，那就不是诚了，而是不诚了。应该说程明道在《识仁篇》这里强调仁体的境界义、功夫义，但蕴含着本体义。此本体义即是说，仁体本来是浑然与物同体，因此仁体是与物无对的，大不足以名之，天地的大用都是此本体的大用。从万物一体的语录这一段来看，也就是从手足不仁、气已不贯的说法来看，仁者以天地万物为一体，是因为天地万物本来是一体，仁体即是天地万物浑然的整体。这种一体性就其实体的意义说，与"气"密不可分，因为气贯通一切，是把一切存在物贯通为一体的基本介质。

　　正因为有实体和境界的双重意义，所以明道两次强调对仁体的这种了解与张载是一致的，他说："《订顽》意思，乃备言此体"，又说："《订顽》一篇，意极完备，乃仁之体也。学者其体此意，令有诸己，其地位已高。到此地位，自别有见处，不可穷高极远，恐于道无补也。"《订顽》即《西铭》。张载的天人合一境界，是以其气一元论为基础的，不是脱离了实体的一元论而独立的境界论，《西铭》的民胞物与的境界，是以一气贯通的实体论为前提的。明道说《西铭》备言此体，此体即是仁体，他认为张载的天人合一的境界即是仁的境界,说明明道与张载的实体论是相通的。

不过,程门以下,对这个问题看法不同,体会不同,认识也不同。如二程高弟龟山与其门下便有讨论:

> 李似祖、曹令德,皆龟山弟子。尝问何以知仁,龟山曰:"孟子以恻隐之心为仁之端。平居但以此体究,久久自见。"因问二子寻常如何说隐,似祖曰:"'如有隐忧','勤恤民隐',皆疾痛之也。"曰:"孺子将入于井,而人见之者必有恻隐之心。疾痛非在己也,而为之疾痛,何也?"似祖曰:"出于自然,不可已也。"曰:"安得自然如此。若体究此理,知其所从来,则仁之道不远矣。"二子退,或从容问曰:"万物与我为一,其仁之体乎?"曰:"然。"[5]

龟山弟子请问龟山"何以知仁",知仁与识仁相通,孔子时代只说知仁,未言识仁,而知与识都与见有关,故龟山回答说,以日常的恻隐之心体究,久久自见。久久自见就是久久自然能知仁。孔子说过"观过斯知仁矣",孟子说恻隐之心是仁之端,所以孔门所说的知仁的问题,在孟子学中,可以通过恻隐之心来了解。这是龟山以日常生活的恻隐之心来知仁的说法的来源和依据。然而,这个问题并未就此完结,恻隐之心来自何处?龟

---

[5]《龟山学案》,《宋元学案》第二册,973页。

山认为，能知恻隐之心之所从来，才能真正了解仁之道。这说明，只讲恻隐之心，在儒家思想里面还不是究竟之论。那么，恻隐之心来自何处？若照朱子的哲学，恻隐之心当然来自仁之本性，恻隐是仁之发用，但龟山并未说明他的答案。不仅没有说明他的答案，他还进一步提出了"仁之体"的问题，这就是，在他看来，仁之体，就是"万物与我为一"，这显然是程明道"仁者以天地万物为一体"的思想，因为在明道，已经说明能理解"仁者以天地万物为一体"，便"可以得仁之体"。这是龟山一派的仁体思想。而"万物与我为一"，有两种意义，一个是境界的意义，指万物一体的精神境界；另一个是本体的意义，指万物存在的不可分的整体就是仁体。

下面再看程门后湖湘学派的看法：

彪居正问："心，无穷者也，孟子何以言'尽其心'？"曰："惟仁者能尽其心。"居正问为仁。曰："欲为仁，必先识仁之体。"曰："其体如何？"曰："仁之道，弘大而亲切。知者可以一言尽；不知者，虽设千万言，亦不知也。能者可以一事举；不能者，虽指千万事，亦不能也。"曰："'万物与我为一'，可以为仁之体乎？"曰："子以六尺之躯，若何而能与万物为一？"曰："身不能与万物为一，心则能矣。"曰："人心有百病一死，天下之物有一变万生，子若何而能与之为一？"居正竦然而去。他日，某问曰："人之所以不仁者，以放其良心也。以放心求心，可乎？"曰："齐王见牛而不忍杀，此良心之苗裔，因利欲之间而见者也。一有见焉，操而存之，存而养之，养而充之，以至于大。大而不已，与天同矣。此心在人，其发见之端不同，要在识之而已。"[6]

这就是胡宏（五峰）与门下的问答。孔子曾说"孝弟也者，其为仁之本与"，"能行五者于天下，为仁矣"，故学生请问孔门为仁的功夫。五峰认为，要为仁，也就是行仁、实践仁，首先要识仁之体；也就是说，要为仁，先要识仁。不仅先要识仁，而且要识"仁之体"，这显然也是继承了明道"学者先须识仁"的思想和仁之体的思想。那么什么是仁之体，或者仁之体是怎样的呢？胡宏的回答是："仁之道，弘大而亲切。知者可以一言尽；不知者，虽设千万言，亦不知也。能者可以一事举；不能者，虽指千万事，亦不能也。"宏大自然其大无外，甚至大不足以言之，这是状仁体作为本体的弘大无垠。但仁体虽然宏大，却又是亲切表现于人伦日用，事事物物上可以见到仁体。在这里胡氏门人提了一个与龟山门人对龟山提出的一模一样的问题："万物与我为一，可以为仁之体乎？"这应当是受了龟山的影响。但胡宏不像龟山那样对此给予肯定，而是反对这种以"万物与我为一"为仁之体的说法，他认为人的身体有局限，不能与万物为一；人的心灵有病有死，也不能跟上万物的变化

---

[6]《五峰学案》，《宋元学案》第二册，1375页。

生生。这都是从宇宙论说的，不是从境界论说的。胡宏的说法表明"万物与我为一"确实不限于境界意义，而有本体的意义，只是他不赞同人在直接意义上能够达到这种本体的意义。但是他也认为，人心不会永远局限在六尺之躯内，而可以扩大至仁体。其方法是在日常生活中抓住良心的发见苗头，加以操存之养；人的任何利欲之心中都会有良心的苗头，只要抓住它、存养它，把它扩大，久而久之，就会扩大到"与天同体"，这时的心体就同于仁体了。可见南宋的湖湘学派与龟山一派不同，在万物一体的仁体说上有不同的主张。

二

其实，有关仁体之说，在南宋湖湘一派和龟山一派之后，乾道淳熙年间也曾引起讨论，朱子、张南轩、吕东莱都参加了这个讨论，这个讨论便是由胡五峰的仁说所引起。

朱子曰：某案"欲为仁，必先识仁之体"此语大可疑。观孔子答门人问为仁者多矣，不过以求仁之方告之，使之从事于此而自得焉尔，初不必使先识仁体也。又"以放心求心"之问甚切，而所答者反若支离。夫心，操存舍亡，间不容息，知其放而求之，则心在是矣。今于已放之心不可操而复存者置不复问，乃俟异时见其发于他处，而后从而操之，则夫未见之间，此心遂成间断，无复有用功处。

及其见而操之，则所操者亦发用之一端耳，于其本源全体，未尝有一日涵养之功，便欲扩而充之，与天同大，愚窃恐无是理也。〇南轩曰：必待识仁之体，而后可以为仁，不知如何而可以识也。学者致为仁之功，则仁之体可得而见；识其体矣，则其为益有所施而无穷矣。然则答为仁之问，宜莫若敬而已矣。〇东莱曰：仁体诚不可遽语。至于答放心求心之问，却自是一说。盖所谓"心操存舍亡，间不容息，知其放而求之，则心在是"者，平时持养之功也。所谓"良心之苗裔，因利欲而见，一有见焉，操而存之"者，随时体察之功也。二者要不可偏废。苟以此章欠说涵养一段，未见之间，此心遂成间断，无复用功处，是矣；若曰于已放之心置不复问，乃俟其发见于他处而后从而操之，语却似太过。盖见牛而不忍杀，乃此心之发见，非发见于他处也。又谓所操者亦发用之一端，胡子固曰此良心之苗裔，固欲人因苗裔而识根本，非徒认此发用之一端而已。[7]

针对五峰为仁必先识仁之体的说法，朱子认为，孔子只讲求仁之方，即求仁的功夫方法，孔子从未要人"先"识仁体，所以这种先识仁体的说法，朱子是不以为然的。朱子这里是就功夫先后而言，绝不是否认仁体。其实五峰的说法来自明道"先须识仁""识得仁体"，在程门是有来源的。但在理学中，重视功

---

[7]《五峰学案》，《宋元学案》第二册，1375–1376页。

夫实践毕竟是最重要的立场，故人们往往对强调仁体的优先性或识得仁体的优先性，会提出质疑。也就是说，他们不认为本体是重要的，也不认为认识本体是重要的，而认为只有实践是最重要的，这在传统儒学或道学的立场上也是很自然的。不过，朱子质疑的是先识仁体，并不是否认仁体的本然自在。接着朱子对五峰的心说也提出了质疑，认为他没有正确解释孟子所引孔子以操存舍亡论心的主旨。这个心说之辩后来一直继续到朱子45岁与吕子约、石子重等的讨论，其开始则起于对五峰《知言》的疑议讨论。心说的问题，请参看我以前的讨论，不在这里详细讨论了。[8]但可以指出，朱子在这里就心体而识仁体的问题上，提到了"本源全体"与天同大，此"本源全体"既指心体，也指仁体。固然，朱子认为心体涵养得纯粹清明，便可扩而充之，达到与仁体同大，其中需要的积累功夫是很深厚的；但无论如何，本源全体不能限于一心，"本源全体"自有其宇宙论、本体论的意义，人们对于本源全体的认识是以此全体本体的本然自在为前提的。张南轩则关注为仁和识仁的关系，他也不赞成其老师胡五峰的说法，认为离开为仁的实践而求先识仁体是不可能的，学者只要努力为仁，在为仁的实践中自然可以见得仁体，见得仁体则会更促进为仁的实践。吕祖谦认为，仁体确实不可能一下子识得见得，应该以下学功夫的积累为基础，说明东莱也不否认仁体的存在；在功夫上，他主张存

---

[8]《朱子哲学研究》第十章"心说之辩"，三联书店，2010年。

养与省察二者不可偏废，调和龟山一派的存养说和湖湘学派的省察说。总之，乾道初年朱张吕的讨论，都肯定了仁体，但都反对先识仁体，强调下学功夫是识得仁体的基础。

上面说的是朱子四十岁出头时，与张、吕二人讨论的主张。朱子后来对明道以来的仁体说也有评论：

> 问："明道说'学者识得仁体，实有诸己，只要义理栽培'一段，只缘他源头是个不忍之心，生生不穷，故人得以生者，其流动发生之机亦未尝息。故推其爱，则视夫天地万物均受此气，均得此理，则无所不当爱。"曰："这道理只熟看，久之自见如此，硬桩定说不得。如云从他源头上便有个不忍之心，生生不穷，此语有病。他源头上未有物可不忍在，未说到不忍在。只有个阴阳五行，有阖辟，有动静；自是用生，不是要生。到得说生物时，又是流行已后。既是此气流行不息，自是生物，自是爱。假使天地之间净尽无一物，只留得这一个物事，他也自爱。如云均受此气，均得此理，所以须用爱，也未说得这里在。此又是说后来事。此理之爱，如春之温，天生自然如此。如火相似，炙谷底自然热，不是使他热也。"因举《东见录》中明道曰"学者须先识仁。仁者，浑然与物同体，义礼智信皆仁也"云云，"极好，当添入《近思录》中"。[9]

---

[9]《朱子语类》95卷程子之书一，2447页。

《近思录》中已载有"仁者以天地万物为一体"一段,但没有选录《识仁篇》即"学者须先识仁,仁者浑然与物同体"一段,朱子晚年承认应当补入。在理解明道"学者识得仁体"这句话上,学生认为仁体作为源头即是不忍之心,亦即恻隐之心,这是不少理学家都如此理解的。但朱子认为仁体作为源头不是心体,恻隐之心不能作为源头,源头是阴阳五行的动静、开阖、变化,源头乃是宇宙生化流行,宇宙大化流行无所谓忍或不忍。本体自然发生大用,不是本体"要"生出大用,"要"生出就是有意志了。朱子又强调,仁体之源头即阴阳二气五行流行、生生不息。有流行,便有生成,生成在流行之后。有了流行,自然生成万物,有了流行,自然发生爱,爱是仁体自然而有的发用。朱子甚至说,假使天地间一无所有,只要有气,即使没有任何其他可爱的对象,它也会自然生出爱来。因此,在逻辑上,理和气的对待配合,乃是后来的事,不是仁体的源头了。不过有理有气之后,仁之理所发的爱,正像春天所带有的温暖,都是天生自然的,不是有目的的,因此目的论是没有意义的。这一段讨论仁体及其"源头"的话,颇能看出朱子对仁体的宇宙论面向、对仁体的实体论面向的重视。特别是他把气作为仁体的实体,把生生和爱都看作气的不息流行的自然结果,这一宇宙观是宋代哲学仁体论的一个重要形态。可见,在南宋时,仁体的讨论决非止于仁之自身、自体、本来意义,而已经涉及包括宇宙论、境界论的多层意义了。

朱子与学生讨论：

问："曩者论仁包四者，蒙教以初底意思看仁。昨看《孟子》'四端'处，似颇认得此意。"曰："如何？"曰："仁者生之理，而动之机也。惟其运转流通，无所间断，故谓之心，故能贯通四者。"曰："这自是难说，他自活。今若怎地看得来，只见得一边，只见得他用处，不见他体了。"问："生之理便是体否？"曰："若要见得分明，只看程先生说'心譬如谷种，生之性便是仁'，便分明。若更要真识得仁之体，只看夫子所谓'克己复礼'；克去己私，如何便唤得做仁。"曰："若如此看，则程子所谓'公'字，愈觉亲切。"曰："公也只是仁底壳子，尽他未得在。毕竟里面是个甚物事？'生之性'，也只是状得仁之体。"〔道夫〕[10]

朱子的学生杨道夫向朱子报告对仁的体会，虽然道夫侧重在心与仁的关系，但他说仁是生之理，是动之机，其实不能说不符合朱子思想。因为在朱子哲学中，仁确乎是生生之理，同时，仁也是活动流通的内在动因，是宇宙活动力的动源，是生命力的源泉，动之"机"就是动力因。从"生之理"和"动之机"两方面理解仁，还是有所见的。不过，由于他比较强调运转流

---

[10]《朱子语类》95卷程子之书一，2418–2419页。

通、贯通无所间断，朱子在这里没有完全肯定这个表达。朱子说这只是用，不是体。也就是说仁有体有用，只讲生机流动，只是用，而还不是体。那么什么是体？理是体吗？朱子在这里也没有做此肯定，他说要学生去体会二程所说的"心譬如谷种，生之性便是仁"，才能了解仁之体。照此说法，仁之体应该是万物生生的本性。这可以说是朱子仁体思想表达的一种。在这个问题上，朱子有不同的表达方式。

朱子与仁体有关的讨论，除了"心如谷种，生之性便是仁"外，还有"仁者天地生物之心"的讨论：

> 问"仁者天地生物之心"。曰："天地之心，只是个生。凡物皆是生，方有此物。如草木之萌芽，枝叶条干，皆是生方有之。人物所以生生不穷者，以其生也。才不生，便干枯杀了。这个是统论一个仁之体。其中又自有节目界限，如义礼智，又自有细分处也。"问"偏言则一事，专言则包四者"。曰："以专言言之，则一者包四者；以偏言言之，则四者不离乎一者。"[11]

儒学史上，二程的"心譬如谷种，生之性便是仁"是北宋才出现的说法，汉代以来儒学中常见的则是"仁者天地之心"的说法，这一说法可以说是汉唐仁学的典范，它既有其古代思想的渊

---

[11]《朱子语类》卷第一百五，铜录。

源,又始终在汉以后儒学中反复出现。在宋代儒学中,仁作为天地之心,始终是以"生"为中介或以"生"为普遍背景而成立的,是以生与仁相互定义为前提的,于是说天地之心是生,和说天地之心是仁,是可以互换的,是一致的,没有根本不同。但二者必须互补,只讲仁,不讲生,就不能把仁体贯通到宇宙论。只讲生,不讲仁,会流于生命论,缺少了价值方向。朱子在这里提出,所谓仁者天地之心,就是天地生物之心;天地之心只是生,有了生长、生成,才有了万物生生不息,因此万物的生生总体,便是"统论一个仁之体"。

当然,不只是心学,朱子门下也有不少人习惯于从恻隐之心去体认仁体。如:

> 识得仁体,谓满腔子是恻隐之心。既体认得分明,无私意夹杂,又须读书,涵泳义理,以灌溉滋养之;不尔,便枯燥入空门去。[12]

这个说法也是以心体认取仁体,其所说是以满腔子恻隐之心说心体,以体认恻隐之心体认心体之仁,认为此即识得仁体。朱子自己并不认可这种说法,这个说法多偏在心学一边,而朱子始终强调"源头"的意义。体认仁体的功夫可由恻隐之心而入,但不等于仁体便是恻隐之心,这两者之间是要有所分别的,而

---

[12] 《木钟学案》,《宋元学案》第三册,卷65,2103页。

理学家们往往不注意这些分别。

三

明代理学中,有关仁体的讨论多了起来,不论是心学还是理学,他们都乐于谈到这个问题。王阳明也提到过仁体,如《传习录》下:

> 仁者以万物为体。不能一体,只是己私未忘。全得仁体,则天下皆归于吾。仁是"八荒皆在我闼"意,天下皆与,其仁亦在其中。如"在邦无怨,在家无怨",亦只是自家不怨,如"不怨天,不尤人"之意。然家邦无怨,于我亦在其中,但所重不在此。[13]

阳明的这个说法,不是强调仁体的存在意义,而强调仁体的功夫意义,"全得仁体"便是指功夫,即保全和实现本来的仁体。由于阳明学是心学,其所说的仁体即是心体。心学以为人生皆有此心体,皆有此仁体,而人为私欲所蔽,故需要功夫来恢复其本体。但阳明以仁体说心体,与宋元心学有所不同,即此心必是与万物为一体,亲民爱物。

王阳明答黄宗贤、应原忠(辛未):

---

[13]《传习录》下263条,《传习录注疏》,上海古籍出版社,237页。

> 圣人之心，纤翳自无所容，自不消磨刮。若常人之心，如斑垢驳杂之镜，须痛加刮磨一番，尽去其驳蚀，然后纤尘即见，才拂便去，亦自不消费力。到此已是识得仁体矣。若驳杂未去，其间固自有一点明处，尘埃之落，固亦见得，亦才拂便去。至于堆积于驳蚀之上，终弗之能见也。此学利困勉之所由异，幸弗以为烦难而疑之也。[14]

阳明所谓识得仁体，乃是一般人指在心上作刮磨的功夫，此功夫能将心上的斑垢驳杂去除干净，便是识得仁体，此后才染纤尘，拂之便除，不费力气。其所谓识得仁体即是恢复心之本体。

来看阳明弟子董澐所论：

> 《震泽语录》载：学者问天下归仁，先须从事四勿，久当自见。先生曰："固是。然自要便见得。"范伯达问曰："天下归仁只是物，物皆归吾仁。"先生指窗问曰："此还归仁否？"范默然。其后陈齐之有诗云："大海因高起万沤，形躯虽异总同流。风沤未状端何若？此际应须要彻头。"盖仁之体段洁净精微，所谓"上天之载，无声无臭"，不容一毫粘带，粘着即死而仁隐矣。今所以不能便见得者，止因粘带之念不忘，起心思索即差千里。范之所以默然者，病在于转念生疑，遂死于此。窗未尝不归吾仁，而

---

[14]《王阳明全集》上，卷四文录一，上海古籍出版社，146页。

吾自扞格之耳。粘带不生，即风沤未状时景象。盖情顺万事而无情，即是粘带不生。苟畏事而求无事，则粘带益多矣。[15]

《震泽语录》当即震泽记善录，乃宋儒王信伯语，朱子最不喜之，以为其中多佛说。阳明门人董澐颇重视王信伯语录，尤其是王信伯与陈齐之的酬答。天下归仁是孔子的话，是克己复礼后的效验。但在《震泽语录》中，却强调要先见得天下归仁。这是明道识仁说的影响。针对把"天下归仁"解说为"物皆归吾仁"，王信伯指窗问"此还归仁否"，似反对此种物皆归吾仁的解说。而同时的陈齐之便有诗予以讨论。董澐的评论则讨论到仁体的问题，他说仁之体段洁净精微，所谓"上天之载，无声无臭"。我们知道宋明理学多以"上天之载，无声无臭"刻画本体，表达形上学实体，所谓体段即是所刻画出者。因此这里讲的仁之体段，即是他对仁体的看法。陈齐之的诗也包含了这样的意义，大海比喻仁体，万沤乃是万物万事，事物的形态虽然千差万别，但都是仁体的显现。

《震泽语录》范元长曰："此只是道体无穷。"先生曰："道体有多少般？在人如何见。须是涵泳方有自得。"陈齐之有诗云："闲花乱蕊竞红青，谁信风光不暂停。向此果

---

[15]《碧里疑存》，《浙中王门学案四》，《明儒学案》，上册，中华书局，293页。

能知逝者，便须触处尽相应。"盖所谓道体，即是仁也。仁只是一团生生之意，而其要本于慎独，慎独而还其无声无臭之天，则万物一体而纯亦不已矣。……性者，天地万物之一原，即理是也。初本无名，皆人自呼之。以其自然，故曰天；脉络分明，故曰理；人所禀受，故曰性。生天生地，为人为物，皆此而已。至虚至灵，无声无臭，非惟无恶，即善字亦不容言。然其无善无恶处，正其至善之所在也，即所谓未发之中也。穷推本始，虽在天亦有未发之中，即未赋物时是也。既赋即有不齐，乃阴阳奇偶，自然之象。天地无心，而成化杂然并赋，岂有美恶之分？要之，美恶之名，亦起于人心违顺爱憎之间云尔。故性之在人，不能无美恶，然人生而静以上，所谓天之性者，理之本然，不以美恶而增损，虽甚恶之人，亦未尝不自知之也。人能全其无善无恶、人生而静之本体，斯真性矣，斯至善矣。[16]

范元长乃伊川门人，他认为孔子川上之叹，是表达道体无穷的意思。王信伯指出道体有很多面向，要在人如何去看。陈齐之作诗评论这段语录，提出现象界变化多端，但要真正理解子在川上曰逝者如斯夫，也并不容易。董澐就此认为，道体就是仁体，仁是生生之意，也是无声无臭之天，也是纯亦不已的万物

---

[16]《碧里疑存》，《浙中王门学案四》，《明儒学案》，上册，中华书局，294页。

一体。"纯亦不已"是《中庸》的话,宋明理学常常用这个话形容道体。故道体是无声无臭、也是纯亦不已,即是形而上的实体,而道体亦即是仁体。人与天本为一体,故人的慎独修养就是要恢复到万物一体。这一段下半部的讨论以无善无恶为人生而静的本体,则是发挥王阳明无善无恶心之体的成说了。

江右王学重视实践,邹颖泉说:

> 学莫切于敦行,仁岂是一个虚理?礼仪三百,威仪三千,无一而非仁也。知事外无仁,仁体时时流贯,则日用之间,大而人伦不敢以不察,小而庶物不敢以不明。人何尝一息离却伦物,则安可一息离却体仁之功?一息离便非仁,便不可以语人矣。颜子视、听、言、动,一毫不杂以非礼,正是时时敦行,时时善事吾心。[17]

邹东廓之子颖泉,其论仁体亦有可观。盖如张阳和所谓仁体(见下节),乃是就宇宙论意义而言,但仁体并非只是一宇宙论之实体,仁体不离日用常行,故颖泉所说"仁体时时流贯于日用之间",的确是一个仁学本体论的重要观点,孟子说"明于庶物,察于人伦",而大到人伦大节,小至普通事物,都是仁体的显现。有仁体,便有体仁,体仁即是在视听言动一切事事物物上体察敦行以见仁体之无不在。他又说:

---

[17]《颖泉先生语录》,《江右王门学案一》,《明儒学案》,上册,中华书局,346页。

> 夫仁何物也？心也。心安在乎？吾一时无心，不可以为人，则心在吾，与生俱生者也。求吾之与生俱生者，安可以时日限？试自验之。吾一念真切，惟求复吾之真体，则此欲仁一念，已浑然仁体矣，何有于妄？何处觅矜？无妄无矜，非仁体而何？至于用力之熟，消融之尽，则不能不假以岁月耳。今高明既信我夫子"欲仁仁至"之语，则即此处求之足矣，不必更于古人身上生疑，斯善求仁矣。[18]

但颖泉作为阳明学者，终究是强调心为仁体，认为一念真切，已是仁体，此念无妄无矜，便是仁体。这种说法容易导致以意念为心体，其于性体已经脱离，所说"一念便是浑然仁体"，何其轻易，其于仁体，则更远了。

江右的归寂派也重视仁体，如罗念庵：

> 《识仁篇》却在识得仁体上提得极重，下云与物同体，则是己私分毫搀和不得。己私不入，方为识得仁体，如此却只是诚敬守之。中庸者，是此仁体，现在平实，不容加损，非调停其间而谓之中也。急迫求之，总成私意；调停其间，亦难依据。惟有己私不入，始于天命之性，方能觌体。[19]

---

[18]《颖泉先生语录》,《江右王门学案一》,《明儒学案》, 上册, 中华书局, 349 页。
[19]《江右王门学案三》,《明儒学案》, 上册, 中华书局, 394 页。

罗念庵说识仁篇是重点在识得上，而与物同体才是仁体。值得注意的是，他又说中庸是此仁体的状态，中庸不是调停，而是仁体现在平实的状态，所谓现在平实，就是既不急迫去求，也不调停折中，没有任何私意掺杂其中。觌体当然是见体，不过他在这里所说的觌体似不是专指仁体，而是指天命之性。

念庵弟子万思默在心性修持外，发明生活是仁体之说：

> 孔子一段生活意思，惟颜子得之最深，故于言而悦，在陋巷而乐，却以如愚守之。其余则多执滞。若非曾点说此段光景，孔子之意，几于莫传。以三子照看，便见点意活，三子意滞，于此反照自身，便知自己精神。是处一切不应执着，识此便是识仁。盖生活是仁体，夫子言语实落又却圆活，要善体会。如言敬，云"出门如见大宾，使民如承大祭"，敬有甚形状，借宾祭点出甚实落，然如字又不着宾祭上，令人照看，便可悟敬的意思。如云"言忠信，行笃敬"，以忠敬属言行，煞是着实，却云"立则见其参于前，在舆则见其倚于衡"，是见何物参倚？亦是令人当下自见，有个不着在言行上的时时存主。盖夫子处处指点心体，令人自见现前一个如有立卓体段，乃天所以与我者，所谓仁也。[20]

---

[20]《万思默约语》，《江右王门学案六》，《明儒学案》，上册，中华书局，505-506页。

万思默专讲生活儒学，他提出"生活是仁体"，确实值得表彰，他的这一思想与颖泉所说"仁体时时流贯于日用之间"是一致的。同时，他指出，仁体与生活的关系是著实与不著的辩证关系，一方面仁体体现在生活、行为，这是著实，也叫做实落，表示仁体不脱离实事；另一方面仁体的体现又有不著的一面，即不定死在哪一具体实事上，仁体也不是仅仅实事而已。"有个不着在言行上的时时存主"，这表达了他对仁体超越具体事物的本体性的了解。

另外，江右其他人士也多论及直指仁体的问题，如：

> 问："夫子言仁，何不直指仁体，而必曰复礼，何也？"曰："《乾》之元亨利贞，即我性之仁义礼智。元者善之长也，亨者嘉之会也。盖乾元资始统天，荡荡难名。至于亨，当《巽》、《离》之交，云行雨施，品物流行，枝叶华，苍翠丹绿，杂然并陈，所谓万物皆相见也。即此相见者，而资始统天之元，灼然宇宙，悟此而复礼归仁，不待费辞矣。故《系传》曰：'显诸仁。'"[21]

罗大纮江右后学，按他对仁体的理解，仁体必从元亨讲，必从乾元统天讲，乾元实体当然是浩浩荡荡，无声无嗅，难以名状，亨则是生长生成，流行可见，从可见的流行悟及宇宙实体

---

[21]《匡湖会语》，《江右王门学案八》，《明儒学案》，上册，中华书局，550页。

即仁体，这就是归仁了。他接着说：

> 仁之浑然全体，难于思求，而其条理，则有可觉悟，故复礼即归仁。仁一而已矣，在目为视，在耳为听，发于声为言，运于身为动，此仁之条理，所为礼也。舍礼之外无仁，舍视听言动之外无礼，故一日之间，能于视听言动忽然觉悟，而仁之全体呈露矣。问："何以见天下归仁？"曰"人但看得仁大，看得视听言动小，不知仁体随在具足，即视而仁之体全在视，即听而仁之体全在听，言动亦然。始以视明之：今人在室见一室，在堂见一堂，在野见四境，仰视而见高天之无穷，俯视而见大地之无尽，见亲则爱，见长则敬，见幼则慈，见入井之孺子则恻隐，见衅钟之牛则不忍，孰非与吾之视为一体者？即此一觉，而天下归仁，不待转盼矣。五官之貌，言视听思也，五伦之亲，义序别信也，人皆生而具之，日而用之，所谓故也，时时从此体认，从此觉悟，事亲知人，可以知天，聪明圣智，达乎天德，是为温故而知新。"[22]

罗大纮所说"仁体随在具足"，与邹颖泉所说"仁体时时流贯于日用之间"，与万思默专讲"生活是仁体"，都有一致之处。"随在"自然是无所不在，随生活而在，随日用而在，随视听言动

---

[22] 同上。

而在。而且他提出随在具足,即视而仁之体全在视,即听而仁之体全在听,即仁民爱物仁之体全在仁民爱物,仰视而见高天之无穷,俯视而见大地之无尽,见亲则爱,见长则敬,见幼则慈,见入井之孺子则恻隐,无往而不是与我为一体的。具足便是物物一太极,一物一事上皆具足太极之全体。因此这种对仁体的觉悟,既是知人,也是知天,是达乎天德。这种对仁体的理解方式应是受朱子学的影响。但强调仁体流贯于生活世界,则是明代思想的特点。

耿天台弟子潘雪松说:

> 须从大处悟入,却细细从日用琐屑,一一不放过。三千三百,皆仁体也,圣人所以下学而上达。[23]

日用琐屑,皆是仁体,这也是生活儒学的提法,《明儒学案》列天台属泰州学派,泰州学派也是发扬"生活是仁体"的主要派别。

四

黄百家有《求仁说》,他文尾处说:

> 王塘南曰:"圣学主于求仁,而仁体最难识。若未能

---

[23]《暗然堂日录》,《泰州学案四》,《明儒学案》,下册,中华书局837页。

识仁,只从孝弟上恳恻以求尽其力。当其真切于孝弟时,此心油然蔼然而不能自已,则仁体即此可默会。"[24]

虽然,程明道在北宋理学创立之初,已经明确提出"识得仁体"的问题,但即使到了心性之学已十分深入的明代后期,人们仍然认为仁体最难识得。在这种情况下,心学家亦多从道德实践指点,如王塘南要人在孝悌实践上尽力,他说人在真切实践孝悌时,仁心蔼然不能自已,在这个时候就会体会到仁体。这个说法也还是从心体来认取仁体。这种由道德实践去接近本体的思路,与康德实践理性所说是一致的。

但仍有从不同方面来理解仁体的思考,如张阳和:

> 仁之为物,未易名状,故孔门罕言仁,凡所言者,皆求仁之功而已。其曰"仁者,人也。仁,人心也"。此则直指仁体矣。生生不已者,天地之心也。人之生,以天地之心为心,虚而灵,寂而照,常应而常静,谓其有物也,而一物不容,谓其无物也,而万物皆备。无物,无我,无古今,无内外,无始终,谓之无生而实生,谓之有生而实未尝生,浑然廓然,凝然窅然,仁之体倘若是乎![25]

---

[24] 王塘南此段语录见于《江右王门学案五》,《明儒学案》,上册,488页。
[25] 《寄查毅斋》,《不二斋论学书》,《浙中王门学案五》,《明儒学案》,上册,中华书局,326页。

张阳和受朱子影响甚大,所以这个说法,显然已经超出了论心的范畴,已经是状仁体之言,即所谓"直指仁体"。那么如何直指仁体呢?阳和就天地之心直指仁体,这个说法也是有所见的。他所说的"虚而灵,寂而照,常应而常静,谓其有物也,而一物不容,谓其无物也,而万物皆备"是指人之心;而他所说的"无物,无我,无古今,无内外,无始终,谓之无生而实生,谓之有生而实未尝生,浑然廓然,凝然聱然",是指天地之心,也就是仁体。天地之心,生生不已,这是人心和人生的根源。阳和此说,可谓见体之言。

李见罗对阳明学颇有反省,他说:

> 天地人物,原是一个主脑生来,原是一体而分,故曰:"天地人物皆己也。"人己如何分析得?是故立不独立,与人俱立,达不独达,与人皆达,视人犹己,视己犹人,浑然一个仁体,程子所谓"认得为己,何所不至"是也。若曰:"己立己达后,方能了得天地万物。吾未立何暇立人?吾未达何暇达人?"即此便是自私自利,隔藩篱而分尔我,与天地万物间隔不相关接,便不仁矣。所谓"若不为己,自与己不相干"是也。[26]

这便是发挥仁体共在之意。天、地、人、物本是一体,一体而

---

[26]《止修学案》,《明儒学案》,上册,中华书局,692页。

分才有天地人物之别。就一体而言，天地人物是不可分的。因此孔子说己欲立而立人，己欲达而达人，因为立不能独立，达也不能独达，必须与人俱立，与人俱达，对待别人如同对待自己，对待自己如同对待别人。因为天地人物"浑然一个仁体"，故天地人物共在，共在就是仁体的基本特质。

何克斋说：

> 昨所解明道先生《识仁书》，虽章意颇明，然解中未及仁之源头处。盖求仁须识得源头，则发用流行处，自昧不得。所谓源头，先儒已明言之矣。横渠张子云："虚者仁之源。"康节邵子云："恻隐来何自？虚明觉处真。"张子所谓虚，邵子所谓虚明觉处，乃仁之源头也。欲识此源头，须端坐澄心，默察此心虚明本体。识得虚明本体，即是仁体，即是未发之中矣。所谓静亦定者此也，由此随感而应，疾痛之事感而恻隐生，不义之事感而羞恶生，交际感而恭敬生，善恶感而是非生，千变万化，莫非仁之用也，故曰义礼智信皆仁也。又曰经礼三百，曲礼三千，无一事非仁也。然用未尝离了虚明本体，如明鉴之应物，妍媸毕见，空体自如，此即动亦定也。故程子谓体用一原，显微无间，但于静中识得个源头动处，方得不迷耳。[27]

---

[27]《泰州学案四》，《明儒学案》，下册，中华书局，847页。

何克斋曾学于阳明弟子欧阳南野，他在讨论识仁篇时提出，理解识仁篇，不能仅仅讲明每一段每一节，重要的是要识得"仁之源头"，如果能识得仁之源头，则自然能明了仁的发用流行。什么是仁的源头呢？他认为先儒已经明言过，如张载说过"虚者仁之源"。这也是有意义的。但何克斋把"虚者仁之源"的"虚"解释为此心虚明本体，以虚明本体为仁体，这是不对的，虚明本体只是心之照见万物的能力，此能见能照乃随感而应，而感应之中有理在焉，只讲在静中养个虚明本体，既不是南野主张，也不是阳明之意，更不是张载之意。张载所谓虚乃是太虚，故"仁之源头"应是指其宇宙论的实体而言，要求从本体上认识仁体。

阳明学之外，甘泉门下亦论及仁体的意义，如湛甘泉弟子吕怀：

> 天以生物为心，生生不息，命之所以流行而不已也。聚散隐显，莫非仁体，性之所以与心俱生也。循是出入，是实有不得已而然者。道之无内外，无终始也，直立天地，贯始终内外而一之者，人之所以为仁也。毫发与道不相入，便是不仁，便自不贯，便属灭息。是故君子尽心知性知天，存心养性事天，皆所以为道仁身，俟此命之流行也。[28]

---

[28]《答唐一庵》,《论学语》,《甘泉学案二》,《明儒学案》, 下册, 914页。

吕怀对仁体的体会值得关注，他说"天以生物为心，生生不息，命之所以流行而不已也，聚散隐显，莫非仁体。"那就是说，天之生生不息，命之流行不已，化之聚散隐显，都是仁体。他认为仁体便是道，道体无内外，无始终，直立天地，贯通内外始终而成为一体。他还认为仁体必能贯，即贯一切而一之。这是人之所以为仁的根源。而人要尽心知性存心养性，以知天事天俟命，为道仁身，与仁体合一。

李谷平，明代正嘉时儒者，他说：

曰："孔子之学，惟以仁为训。""何也？"曰："天地之一动一静，人心之一动一静，一本也，仁也。求仁之学，万古圣贤之正脉也。"曰："仁之体何如？"曰："仁道至大，不可求之言语，不可求之训诂，吾夫子在川上曰：'逝者如斯夫！不舍昼夜。'此仁之体也。盖一动一静，天命之流行也，惟其动静，此所以不穷。颜子之见卓尔，孟子之谓'必有事焉而勿正'，是皆有见于一动一静之妙也。非知道者，孰能识之？孟氏之后，千有余岁，惟伊、洛得闻之，此道明之会也。明道先生曰：'天地之间，只有一个感与应而已，更有甚事？'又曰：'天地万物之理，无独必有对，皆自然而然，非有安排也。每中夜以思，不知手之舞之，足之蹈之。'此是'天理二字，自家体贴出来'者也。伊川先生曰：'有感必有应，凡有动皆为感，感则必有应，所应复为感，所感复有应，所以不已也。'程夫子兄弟所谓感应,亦有见于一动一静之妙也。一动一静,生生不已,仁之体在我矣。"[29]

李谷平自称其学本之明道而来,他对伊川等宋儒讲"主一"不以为然,认为孔子之学只是以仁为训,后来儒者也只应讲仁学。他认为,天地与人心,乃为一本,一本即是一体,此一体便是仁,便是仁体。那么仁之体如何表达呢?他说仁道至大,无可言说,夫子川上之叹"逝者如斯夫",这就是指示仁体。他强调天命流行,一动一静,变化无穷,妙在其中,故伊川说非知道者孰能识之。可见他是把天地之动静感应、生生不已看做仁体。

总之,历史上的儒学,自宋代以来,已经十分注重"仁体"的观念,在他们的运用中,大体上说,心学是把仁体作为心性本体,而理学哲学家则把仁体作为宇宙的统一性实体。在宋明理学的理解中,仁体是万物存在生生、全体流行的浑然整体,故天、地、人、物共在而不可分。仁体不离日用常行,即体现在生活和行为,无论是识仁还是体仁,人在生活中的践行和修养就是要达到仁者的境界,回归到与仁同体。

---

[29]《求仁问答》,《谷平日录》,《诸儒学案下一》,《明儒学案》,下册,1270页。

道体第五

中国哲学虽然没有因系动词而产生的 Being 的问题,没有讨论过什么是"是",什么是"存在"的问题。但是应该说中国哲学本有"实体"的问题。一般认为在西方哲学,古代对实体的讨论以亚里士多德为代表。亚里士多德在他的著作中既认为个别的具体事物是实体,又认为只有一般的形式是实体,他还认为最高的实体是永恒不动的、无生无灭的万物运动的最后动因即神。不过,亚里士多德所谓实体,是指事物的"是什么",故其实体既不实,也没有体。[1] 希腊哲学的实体(ousia)译为拉丁语后,在中世纪哲学一直到近代哲学中,实体的意义发生了演变,与亚里士多德的规定已自不同。如实体的概念在笛卡尔的理解是:"所谓实体,我们只能看做是能自己存在,而其存在并不

---

[1] 张志伟:《西方哲学十五讲》,北京大学出版社,2004年,106页。

需要别的事物的一种事物。"可见其含义一般是指能够独立存在的、作为一切属性的基础和万物本原的东西。实体在保持自身不变的同时,允许"由于自身变化"而产生不同的性质,而实体是变中不变的东西,是生成变化的基础,实体具有属性、样式等。

张岱年先生早就指出,中国古代也有本、本根、体、本体、实体等名词,在中国哲学的历史上本体、实体的观念都有发展演变的过程。他认为,所谓实体,含义有二,一是指客观的实在,二是指永恒的存在。[2]

中国哲学,在宋明理学中已经广泛使用"实体"的概念,其内涵与中世纪及近代西方哲学的实体概念有接近之处。我们今天讨论儒学的仁学本体论,必须回顾历史上儒学使用的实体观念,梳理历史上儒学处理仁与实体的关系的想法,以了解仁体显现的不同历史方式。

一 实体

朱子便是中国哲学实体论的代表,他在其著名的《中庸章句》中说:

> 道之本原出于天而不可易,其实体备于己而不可离。[3]

---

[2]张岱年:《中国哲学的本体观念》,《张岱年全集》第五卷,487页。
[3]《中庸章句》第一章。

这是解释《中庸》首章大意的,朱子认为,道之本原作为实体,一方面是出于天,一方面是备于己。实体是宇宙的本原,但万物亦皆备此实体于己身。

朱子与其弟子讨论《周易》时多论及实体:

> "天尊地卑,乾坤定矣",上句是说天地造化实体,以明下句是说《易》中之事。"天尊地卑",故《易》中之"乾坤定矣"。杨氏说得深了。《易》中固有屈伸往来之乾坤处,然只是说乾坤之卦。在《易》则有乾坤,非是因有天地而始定乾坤。[4]

这是说《周易》系辞传讲天地乾坤,是论天地造化实体,不是讲社会人事;不是讲《周易》这本书,而是讲造化实体。造化即宇宙自然的生化,所以中国哲学所说的实体一般是就天地造化而言的,是一个宇宙论的概念。但中国哲学受佛教哲学的影响,统体又可以全在于个别之中,使固有的天人合一也多了一种哲学的意义,即天道实体同时亦在人性之中。当然,朱子始终没有真正明确意识到,实体亦即是仁体。《朱子语类》记录:

> 问:"第一章第一节,盖言圣人因造化之自然以作《易》。"曰:"论其初,则圣人是因天理之自然而画之于

---

[4]《朱子语类》五,卷第七十四,易十上系上,中华书局,1986年,1876页。

书。此是后来人说话,又是见天地之实体,而知《易》之书如此。[5]

这也是说,《周易》六十四卦是圣人见天理之自然而画出来的,而《系辞传》所说,不是仅就周易卦画体系发挥,而是后来的人,有见于天地变化的实体,然后把对天地实体的体会和周易卦画体系相结合,而表达出来的理论陈述。此实体亦指天地变易流行的总体。《朱子语类》又载:

"鼓之以雷霆,润之以风雨",此已上是将造化之实体对《易》中之理。此下便是说《易》中却有许多物事。[6]

这仍然是认为,《系辞传》所说,是把造化的实体与《周易》的易理相对比起来,发明易的体系的哲学意义。此实体也是就造化而言,属于造化的范畴。

在朱子弟子的论述中,也常常说"指其实体而形容其流行发见"、"虽未尽见是理自然流行之妙,而于本然实体固已识之"等,以实体为本然实体,亦即本体。认为与实体相对的是流行,有实体必有其流行,必有其发见,这些用法就带有体用论的意义了。就是说中国哲学中有实体论,但中国的实

---

[5] 同上,1875页。
[6] 同上,1878页。

体论不是关注实体的属性、样式,而是关注实体的发用、流行。而如何处理实体和大用的关系,是直到中国现代哲学都在努力解决的问题。

明代哲学多用到实体概念。

李见罗答董蓉山:

> 夫天载,实体也;无声无臭,赞语也,后之专言无声无臭者,皆是道赞语,而遗其实体者也。故谈至善,而专指为无声无臭者,亦犹是也。[7]

"上天之载,无声无臭"是《诗经》上的话,为《中庸》所引用。宋明理学多以这两句话为表达本体、实体的语言,而这里的一段提出,上天之载是直指实体,但无声无臭则是赞美实体。因而人们不应该过分关注赞语,不应该过分专注无声无臭,而忽略了实体本身。因为实体是有,而无声无臭是无,把善当做"无"来发明,是不对的。在这里,实体也是实在的意思,与西方哲学相通。

> 本体即实体也,天理也,至善也,物也,而谓求之外,可乎?致知云者,盖知此实体也,天理也,至善也,物也,乃吾之良知良能也,不假外求也。但人为气习所蔽,故生而

---

[7]《论学书》第31卷,止修学案,《明儒学案》上册,中华书局,1985年,680页。

蒙,长而不学则愚。故学问思辨笃行诸训,所以破其愚,去其蔽,警发其良知良能者耳,非有加也,故无所用其丝毫人力也。如人之梦寐,人能唤之惺耳,非有外与之惺也。[8]

这是湛甘泉答阳明书,其"本体即实体也"的断语,甚有意义,他的讲法是针对"本体即主体"的王阳明心学,在甘泉看来,本体是实体,也是天理,不能把本体仅仅理解为内心,那样就太狭窄了。

然于不睹不闻,而必曰"其所",是有实体也;于无声无臭,而必曰"上天之载",是有实体也,何堕于无?这个不睹不闻之实体,程子所谓"亦无有处有,亦无无处无",乃心之本体,不落有无者也。须于勿助勿忘之间见之,要善体认。吾于《中庸测难》已说破,惟诸君于心得中正时,识取本体,自然见前,何容想象![9]

照甘泉看,"其所"表示有对象,《中庸》中所说"其所不睹","其所不闻",都是指有实体存在。同样,《中庸》中讲"无声无臭",必同时讲到"上天之载",也是肯定有实体存在。因此实体是一个与"无"对立的概念,而表示实有。当然,根据天人

---

[8]《论学书》第37卷,甘泉学案一,《明儒学案》下册,887页。
[9]《语录》第37卷,甘泉学案一,《明儒学案》下册,898页。

合一、即外即内的理学思维,此实体亦同时是心之本体。

> 太极生生之机,无一息不流行,无一息不停止。流行者,造化发育之妙,停止者,实体常住之真。流行而不止息,是动而无静;止息而不流行,是静而无动。动静一时俱有,合而言之也。[10]

这是甘泉弟子唐一庵的话,他是以太极为最高实体,但体必有用,故太极有生生、流行之用。太极之用,流行不息,无一息之或停。但太极实体自身则不动,无一息不停止。本体静而不动,大用动而不息,故说实体是常住之真,流行是发育造化。实体不流行,就是周敦颐所说的"静而不动";流行而不止息,就是周敦颐所说的"动而无静"。合而言之,便是太极生生之机。这是宇宙论的实体论。

> 曾点言志,朱子许其天理流行。夫遇一事,必有一则,处之当而熟,则圣人矣,一以贯之也。岂有物见目前而可玩哉?水之流,鸢之飞,鱼之跃,皆实体也;犹父之慈,子之孝,皆天命之性,人不率之,愧于物矣。岂若黄花般若为禅机哉?[11]

---

[10]《语录》第40卷,甘泉学案四,《明儒学案》下册,968页。
[11]《士翼》第48卷,诸儒学案中二,《明儒学案》,下册,1159页。

这是崔后渠的话,他是与王阳明同时的朱子学者,这里说水之流、鸢之飞、鱼之跃,都是实体,这是引朱子对《中庸》的费隐说的解释。《中庸》:"鸢飞戾天,鱼跃于渊。言其上下察也。"朱子注云:"诗大雅旱麓之篇。鸢,鸱类。戾,至也。察,著也。子思引此诗以明化育流行,上下昭著,莫非此理之用,所谓费也。然其所以然者,则非见闻所及,所谓隐也。""费,用之广也。隐,体之微也。"费是广大的现象,是可见的;隐是形上的本体,是不可见的。照朱子所说,鸢飞鱼跃就是化育流行,是显用,但崔后渠认为,鸢飞鱼跃便是实体,现象与实体一致。这是强调现象和物的重要。

或曰:"天地水火恐未足以尽造化之蕴,不如以阴阳统之。"予窃以为阴阳者虚名也,天地水火者实体也,二而一者也。谓天地水火未足以尽造化之蕴,此特未之察耳。盖人知水之为水,而不知寒凉润泽皆水也;人知火之为火,而不知温热光明皆火也。天宰之以神,地载之以形,水火二者交会变化于其间,万物由是而生,由是而死,造化之能事毕矣。自此之外,岂复有余蕴乎?[12]

明代气学者亦不少,何柏斋以实体与虚名相对,把天地水火与阴阳加以分别,认为天地水火是实体,阴阳不是实体,阴阳不

---

[12]《阴阳管见》第49卷,诸儒学案中三,《明儒学案》,下册,1167页。

过是水火的别名,万物的生死都源于水火二者的交会变化。这里的实体当然是就物质实体意义上讲的。

> 天内外皆气,地中亦气,物虚实皆气,通极上下,造化之实体也。是故虚受乎气,非能生气也;理载于气,非能始气也。[13]

王廷相的气学更发明了张载的气论,他说气是造化的实体,即气是宇宙的唯一实体,理是气的属性,而不是实体。他是明代儒学中最喜欢用实体概念的思想家。

二 道体

"道体"是宋明理学中更常见的一个概念,其意义较为复杂,并非单一。朱子编《近思录》,逐篇纲目:一道体,二为学大要,三格物穷理,四存养,等等。这里的道体显然是指本原、本体,说明朱子哲学有明确的把本原、本体作为哲学体系基础的意识。从朱子学的立场来说,道体即是实体,也是最高实体。我们在本节也是就这个意义上的道体概念略作展示和分析。朱子最著名的关于道体的论述见于其《论语集注》。《论语·子罕篇》:"子曰,逝者如斯夫,不舍昼夜。"《集注》此段下注曰:

---

[13]《慎言》第49卷,诸儒学案中三,《明儒学案》,下册,1180页。

天地之化，往者过，来者续，无一息之停，乃道体之本然也。然其可指而易见者，莫如川流。故于此发以示人，欲学者时时省察，而无毫发之间断也。[14]

集注此段之下又引列程子曰："此道体也。天运而不已，日往则月来，寒往则暑来，水流而不息，物生而不穷，皆与道为体，运乎昼夜，未尝已也。是以君子法之，自强不息。及其至也，纯亦不已焉。"又曰："自汉以来，儒者皆不识此义。此见圣人之心，纯亦不已也。纯亦不已，乃天德也。有天德，便可语王道，其要只在谨独。"[15]

可见在理学中，道体的概念最早当为程颐所提出的，朱子则加以发明。照程颐看来，水流不息、物生不穷，都是与道为体，即都是作为道之流行的载体。他认为汉以来的儒者都不懂得道体的观念及其意义，这个说法很值得注意。不过，在程颐的讲法中，既有"道体"的概念，又有"与道为体"的观念，而这两者的意义并不一致。朱子认为程颐主要表达的是"与道为体"的思想。

问："伊川曰'此道体也。天运而不已'，至'皆与道为体'，如何？"曰："'形而上者谓之道，形而下者谓之

---

[14]《论语集注》子罕第九。
[15] 同上。

器',道本无体。此四者,非道之体也,但因此则可以见道之体耳。那'无声无臭'便是道。但寻从那'无声无臭'处去,如何见得道?因有此四者,方见得那'无声无臭'底,所以说'与道为体'。"〔义刚〕[16]

按朱子解释程颐之说,是认为道本来没有形下之体,"日往月来,寒往暑来,水流不息,物生不穷"这四者并不是道之体,但因此四者可以见道之体,从此可见可闻的四者,可以见得"无声无臭"形而上的道之体本身。这是解释程颐的思想。

问:"《注》云:'此道体之本然也。'后又曰:'皆与道为体。'向见先生说:'道无形体,却是这物事盛载那道出来,故可见。"与道为体",言与之为体也。这"体"字较粗。'如此,则与本然之体微不同。"曰:"也便在里面。只是前面'体'字说得来较阔,连本末精粗都包在里面;后面'与道为体'之'体',又说出那道之亲切底骨子。恐人说物自物,道自道,所以指物以见道。其实这许多物事凑合来,便都是道之体,便在这许多物上,只是水上较亲切易见。"[17]

关于"与道为体"的意思,朱子曾解释说:"道无形体,却

---

[16]《朱子语类》三,卷第三十六,论语十八子罕篇上,975–976页。
[17] 同上,975页。

是这物事盛载那道出来，故可见。'与道为体'，言与之为体也。"此体字朱子亦解释为形体之义。[18]朱子又说"盖物生水流，非道之体，乃与道为体也。"[19]道是微，水流是显，因显可见微。

问："《注》云：'此道体也'。下面云：'是皆与道为体。''与'字，其义如何？"曰："此等处要紧。'与道为体'，是与那道为体。道不可见，因从那上流出来。若无许多物事，又如何见得道？便是许多物事与那道为体。水之流而不息，最易见者。如水之流而不息，便见得道体之自然。此等处，闲时好玩味。"〔炎〕[20]

朱子还说过"道之本然之体不可见，观此则可见无体之体"。可见在程颐的说法里，道本无体，是无体之体，必须借助事物作为体才能为人所了解。但朱子已经与程颐不同，他不再说道之本然之体不可见，而直指川流，认为这就是道体之本然，他进而认为，天地之生化流行，就是道体之本然，可见他已经从程颐的观念摆脱出来，进至实体的观念了。所以朱子的学生也看出，"与道为体"和"道体之本然"是不同的。

---

[18] 同上，975页。
[19] 同上。
[20] 同上。

问:"泛观天地间,'日往月来,寒往暑来','四时行,百物生',这是道之用流行发见处。即此而总言之,其往来生化,无一息间断处,便是道体否?"曰:此体、用说得是。……淳举《论语集注》曰:"往者过,来者续,无一息之停,乃道体之本然也。"曰:"即是此意。"〔淳。以下论体、用。〕[21]

往来生化,无所间断,便是道体,便是道体之本然。换句话说,"日往月来,寒往暑来","四时行,百物生",川流不息,这些不能仅仅看做是流行发见,即此而总言之,便是道体。

问:"'"上天之载,无声无臭",其体则谓之易',如何看'体'字?"曰:"体,是体质之'体',犹言骨子也。易者,阴阳错综,交换代易之谓,如寒暑昼夜,阖辟往来。天地之间,阴阳交错,而实理流行,盖与道为体也。寒暑昼夜,阖辟往来,而实理于是流行其间,非此则实理无所顿放。犹君臣父子夫妇长幼朋友,有此五者,而实理寓焉。故曰'其体则谓之易',言易为此理之体质也。"(程子解"逝者如斯,不舍昼夜",曰:"此道体也。天运而不已,日往则月来,寒往则暑来,水流而不息,物生而不穷,皆与道为体。"《集注》曰:"天地之化,往者过,来

---

[21]《朱子语类》一,卷第六性理三,101页。

者续,无一息之停,乃道体之本然也。"即是此意。〔铢〕[22]

在这个意义上,道体就是"其体则谓之易"的体,乃变化生生流行不已之总体。至于此体之中寓有理,这是理学思维特别重视的地方。

三 仁与道体

朱子曾说:

> 仁义如阴阳,只是一气。阳是正长底气,阴是方消底气;仁便是方生底义,义便是收回头底仁。要之,仁未能尽得道体,道则平铺地散在里,仁固未能尽得。然仁却是足以该道之体。若识得阳,便识得阴;识得仁,便识得义。识得一个,便晓得其余个。〔道夫〕[23]

朱子所说的"该",即是蕴含。由于朱子未能完全确立起仁体的实体观念,所以他一方面说仁未能尽得道体,另一方面又说仁足以该道之体。所谓未能尽得道体,是说作为方生的气的仁,是生气流行的一个阶段,不是生气流行的全体。所谓足以该道

---

[22]《朱子语类》六,卷第九十五程子之书一,2422页。
[23]《朱子语类》一,卷第六性理三,121–122页。

之体,是说在方生阶段以后的各个流行阶段,其实也都是一气流行,仁也贯穿在其中。其实作为方生之气的仁即偏言之仁,一气流行的仁体则是专言之仁。这是朱子仁学不彻底的表现。若真识得,仁便是尽得道体,仁亦足以该贯道体。

因言:庄子,不知他何所传授,却自见得道体。盖自孟子之后,荀卿诸公皆不能及。如说:"语道而非其序,非道也。"此等议论甚好。度亦须承接得孔门之徒,源流有自。[24]

朱子的这个说法很有意思,他在《近思录》把道体置于首位,可见道体的重要性。然而在他看来,除了孔子直指道体外,孟子以后,荀子等都未见道体。只有庄子的哲学中,有见得道体处。其实这个观察,程颐已经指出,他说:"庄子说道体,尽有妙处,如云'在谷满谷,在坑满坑'。"认为这就是道体无所不在的思想。朱子认为,庄子中偶发的道体之论,必是庄子曾从学于孔门之徒,是庄子从孔门中得来。无论如何,他对庄子的道体说还是颇为肯定的。

先生曰:"又某所说过底,要诸公有所省发,则不枉了。若只恁地听过,则无益也。"……久之,云:"二三子

---

[24]《朱子语类》二,卷第十六大学三传十章释治国平天下,369页。

以我为隐乎？吾无隐乎尔。吾无行而不与二三子者，是丘也。"又云："天有四时，春夏秋冬，风雨霜露，无非教也。地载神气，神气风霆，风霆流形，庶物露生，无非教也。"……又曰："程子说：'庄子说道体，尽有妙处，如云"在谷满谷，在坑满坑"。不是他无见处，只是说得来作怪。'大抵庄老见得些影，便将来作弄矜诡。"[25]

朱子认为对于道体的问题，他是"无隐乎尔"，都已经指明，毫无隐瞒。在这里，他表示，天有四时，春夏秋冬，风雨霜露，神气风霆，风霆流形，庶物露生，无非道体，这正如庄子形容道体一样，可见，在道体的问题上，朱子也有得于庄子，他对庄子的解读也与常人不同。

不过，先秦儒学中，孔子而外，《中庸》也被理学家认为是谈到道体的。这就是《中庸》十二章："天地之大也，人犹有所憾。故君子语大，天下莫能载焉。语小，天下莫能破焉。诗云'鸢飞戾天，鱼跃于渊'，言其上下察也"。朱子解释说：

鸢飞鱼跃，道体随处发见。谓道体发见者，犹是人见得如此，若鸢鱼初不自知。察，只是著。天地明察，亦是著也。君子之道，造端乎夫妇之细微，及其至也，著乎天

---

[25]《朱子语类》三，卷第三十三论语十五雍也篇四，849页。

地。至,谓量之极至。〔去伪〕[26]

理学认为,《中庸》引诗"鸢飞鱼跃",就是道体流行。二程曾说,鸢飞鱼跃,活泼泼地,是子思指点本体的。朱子认为,鸢飞鱼跃就是指道体流行,随处发见。语其大天下莫能载,语其小天下莫能破,这就是道体,而道体无所不在,流行充满。

> 广谓"'洋洋乎发育万物,峻极于天!'此是指道体之形于气化者言之。'优优大哉!礼仪三百,威仪三千',此是指道体之形于人事者言之。虽其大无外,其小无内,然必待人然后行。"曰:"如此说,也得;只说道自能如此,也得,须看那'优优大哉'底意思。盖三千三百之仪,圣人之道无不充足,其中略无些子空阙处,此便是'语小,天下莫能破'也。"[27]

照朱子弟子辅广的看法,《中庸》二十七章讲道之大,说"洋洋乎发育万物,峻极于天!优优大哉!礼仪三百,威仪三千",都是讲道体的表现,发育万物是指道体之形于气化,威仪三千是指道体之形于人事,而道体本身是其大无外、其小无内的。朱子肯定了这种解释,并说"道自能如此"。

---

[26]《朱子语类》四,卷第六十三 中庸二 第十二章,1534页。
[27]《朱子语类》四,卷第六十四 中庸三 第二十七章,1590页。

朱子在他的论学书信里也有不少谈到道体的地方,如:

> 其病在乎略知道体之浑然无所不具,而不知浑然无所不具之中,精粗本末、宾主内外盖有不可以毫发差者。[28]

这是说道体是浑然整体,而各种现象则无所不具于其中。当然,朱子更强调的是浑然道体中的各种现象是有分别、有条理的,不是模糊一团。

> 一阴一阳虽属形器,然其所以一阴而一阳者,是乃道体之所为也。故语道体之至极,则谓之太极;语太极之流行,则谓之道。虽有二名,初无两体。[29]

这是朱子道体观的另一种说法,这个意义上的道体乃是宇宙的根底,事物运动的根据和所以然,就道体作为宇宙的最根本的根源来说,道体即是太极。就太极的流行展开而言,太极就是道体。朱子哲学认为作为所以然的太极有流行,这是其哲学的特识。

> 盖道体之大无穷,而于其间文理密察有不可以毫厘差者,此圣贤之语道所以既言"发育万物,峻极于天"以形容

---

[28]《朱子文集》卷三十三答吕伯恭。
[29]《朱子文集》卷三十六答陆子静。

其至大,而又必曰"礼仪三百,威仪三千"以该悉其至微。[30]

这和前面一条类似,认为《中庸》"发育万物,峻极于天"是形容道体至大无外,《中庸》"礼仪三百,威仪三千"则是说道体包含的事物至微至细。所以道体既是大而无穷的,也包含着最细小的事物,这些事物有分别和条理,决不可混淆。所以仅仅把道体理解为至大的本体还是不够的。

夫道体之全,浑然一致,而精粗本末、内外宾主之分粲然于其中,有不可以毫厘差者。此圣贤之言所以或离或合、或异或同而乃所以为道体之全也。今徒知所谓浑然者之为大而乐言之,而不知夫粲然者之未始相离也,是以信同疑异,喜合恶离,其论每每陷于一偏,卒为无星之秤、无寸之尺而已,岂不误哉![31]

道体是浑然之全体,而人对道体的认识则往往从各种角度出发,而有所不同,而这些对道体的不同见解合起来看便达到对道体之全的认识。朱子总是强调,不能仅仅对道体大全浑然整体有所见便满足,而忽略了道体包含的万物之间的细微差别。在本体论上说,朱子的这种说法表达了对整体和部分的联系性

---

[30]《朱子文集》卷三十八答赵提举。
[31]《太极图说解义》,《朱熹集》补编。

的确认,而其出发点则更是功夫论的,怕人只去寻求对浑然整体道体的体验,而忽略了细小事物的实践。

朱子又说:

> 鸢飞鱼跃,道体无乎不在,当勿忘勿助之间,天理流行,正如是尔。若谓"万物在吾性分中,如鉴之影",则性是一物,物是一物,以此照彼,以彼入此也。横渠先生所谓"若谓万象为太虚中所见,则物与虚不相资,形自形,性自性"者,正讥此尔。[32]

道体的存在特征是"无所不在",理学的习惯是,就道体作为理而言,这种无所不在又称之为"天理流行"。他又说:"《中庸》引此诗以发明道体之无所不在,所谓费而隐也。"[33]理学的道体论都借助中庸的"费隐"说来说明实体的存在样式,费即是显现,隐就是潜隐,前者是在场,后者是不在场。"费而隐"的而字表示,道体是既在场又不在场的。

> 人外无道,道外无人。然人心有觉,而道体无为;故人能大其道,道不能大其人也。[34]

---

[32]《朱子文集》卷四十五答廖子晦。
[33]《朱子文集》卷七十二《张无垢中庸解》。
[34]《论语集注》卫灵公第十五。

四

朱熹的弟子黄勉斋指出：

> 承诲以朋友讲问之详，甚幸甚喜。干之愚陋，何足以折衷之？所说大抵皆善。人心道心之说，恐如契兄所云者为是。李所谓人心气也，余所谓性之正者，皆未精确也。道体之说，此更宜讲究。谓但指隐而言者，岂所以为道体之全邪？体字不可以体用言，如今所谓国体、治体、文体、字体，亦曷尝对用而言邪？所谓道体者，无物不在，无时不然，流行发用，无少间断。如曾晳者，真是见得此理，然后从容自得，有以自乐。今之局促迫狭，寻行数墨辄拘碍者，岂亦于此有未洒然者邪？主敬、致知两事，相为经纬，但言敬而不能有所见者，恐亦于此有所未思耳。[35]

黄勉斋是朱子的传人，他对道体的了解当然由朱子而来，他说"道体者，无物不在，无时不然，流行发用，无少间断。"又认为真能见得道体，便能从容自得，有以自乐。但要见得道体，必须主静、致知，用朱子提倡的功夫。

"子在川上"一章，孔子只是说天地间道理流行，无

---

[35]《宋元学案》第三册卷六十三《勉斋学案》，中华书局1986年，2028页。

有穷尽,如水之更往迭来,昼夜常恁地,初无一朝停息,即此是道体,大意亦可见。《集注》云:"自汉以来,儒者皆不识此义。"如何?[36]

陈埴(木钟)为朱子弟子,他也特别强调,汉以来儒者都不识道体之义,川流往来,无一时停息,即此是道体。这也完全是朱子的说法。不过,他的解释偏于道理的自体,所以他说的道体偏在道理流行,这虽然也是朱子之说,但道理说终不能代替实体说。

下面看看阳明学,前曾引董沄说:

> 盖所谓道体,即是仁也。仁只是一团生生之意,而其要本于慎独,慎独而还其无声无臭之天,则万物一体而纯亦不已矣。至此则洁净精微而粘带不生,杳无朕作而宛然可见。圣人非见水,乃自见其心也。天下无性外之物,而触处相应,虽遇盘石亦不舍昼夜矣,岂必川哉?性者,天地万物之一原,即理是也。初本无名,皆人自呼之。以其自然,故曰天;脉络分明,故曰理;人所禀受,故曰性。生天生地,为人为物,皆此而已。至虚至灵,无声无臭,非惟无恶,即善字亦不容言。然其无善无恶处,正其至善之所在也,即所谓未发之中也。穷推本始,虽在天亦有未

---

[36]《宋元学案》第三册,卷六十五《木钟学案》,2094页。

发之中，即未赋物时是也。既赋即有不齐，乃阴阳奇偶，自然之象。天地无心，而成化杂然并赋，岂有美恶之分？要之美恶之名，亦起于人心违顺爱憎之间云尔。故性之在人，不能无美恶，然人生而静以上，所谓天之性者，理之本然，不以美恶而增损，虽甚恶之人，亦未尝不自知之也。人能全其无善无恶、人生而静之本体，斯真性矣，斯至善矣。[37]

他说道体即是仁，实有所见，他又说仁是一团生生之意，也很合于道学传统。他主张慎独以体仁，而这种体仁及其结果是"还其无声无臭之天，万物一体纯亦不已"，这正是说的回归本体实体，此实体即是万物一体的本体仁体。

天命一也，自道体之大而无外曰天；自道体之运而无息曰命。先天者不违帝则，知命者自率性真，一尽其道者也。不能自尽其道，则是人也，具形体而已矣。是以有天人之分也。天也，命也，岂别为一体？吾可得追慕而企及之耶？不过自求自得而已矣。既自求自得，而天也命也，又果何所指耶？神之无方可拟，不曰天乎？诚之无间可息，不曰命乎？是曰"天命之谓性"。[38]

---

[37]《碧里疑存》《浙中王门四》，《明儒学案》上册，294页。
[38]《语录》，《泰州学案一》，《明儒学案》，下册，725–726页。

王心斋弟子徐樾用道体来解说天和命,这不能不说是用道学的观念来诠释古代思想,他说自道体之大而无外曰天;自道体之运而无息曰命,以道的运行无息为命,这也合乎朱子学中对命的说法,把道体至大无外作为天的定义,也很有哲学的智慧。

> 不睹不闻,莫见莫显,原就时言,而道即在其中。彼丢过时,而专以不睹不闻为道体,则可睹可闻,鸢飞鱼跃,独非道体耶?若是,则工夫专在于寂,动处感处可以任意,纵有差错,无妨矣。[39]

冯从吾为关学学者,反对为学专归于静坐,所以主张不睹不闻是道体,可睹可闻、鸢飞鱼跃,亦无非道体;静是道体,动亦是道体。

> 《易》曰:"立人之道曰仁与义。"其名易知,其理未易明也。自道体言之,浑然无间之谓仁,截然有止之谓义;自体道者言之,心与理一之谓仁,事与理一之谓义。心与理一,则该贯动静,斯浑然矣;事与理一,则动中有静,斯截然矣。截然者,不出乎浑然之中,事之合理,即心与理一之形也。心与理,初未尝不一也,有以间之则二

---

[39]《论学书》,《甘泉学案五》,《明儒学案》,下册,1002页。

矣。然则何修何为而能复其本体之一邪？曰敬。[40]

罗钦顺为朱子学者，他提出一种说法，"自道体言之，浑然无间之谓仁"，意谓浑然无间便是仁，便是道体。或者说，道体表现在浑然无间便是仁。他又提出"道体"和"体道"，认为就道体之自身本身而言，浑然无间便是仁，就人对道的体仁而言，心与理合一才是仁。他还认为，心与理合一是人心的本体。

总之，儒学史上已经广泛使用实体概念，朱子则是古代实体论的代表。宋明时代的实体论认为实体是宇宙的本原，而万物亦皆备此实体于己身。此实体即是本体，实体必有流行发用，故实体论往往是体用论，处理实体和大用的关系。宋明心学派主张本体即是主体，强调实体即心体。理学尤其是朱子学重视道体概念，以道体为最高实体，朱子还认为天地大化流行就是道体之本然，强调实体与现象的一致，而其道体大全的概念是把生生变化不已的流行总体作为道体，在哲学上已经开出新的境界。明代阳明学中对道体说也有发展，即以道体即是仁，这就把道体引入了仁论中，使二者合二为一，走向仁体论。

---

[40]《困知记》,《诸儒学案中一》,《明儒学案》, 下册, 1126 页。

天心第六

"天地之心"是中国古代文献中常见的术语。天地之心即是宇宙之心,指宇宙所具有的主导的性质、内在的倾向、指向,是它决定了宇宙万象的发展,又是宇宙万象及其运动的根源和依据,它也是宇宙动能和生命力的中心,所以称为宇宙的心灵、天地之心。所以,天地之心是一个宇宙论的问题。那么,宇宙的心灵和宇宙流行是什么关系呢?

其实,在中国哲学中,天地之心的概念并不意味着这个天地之心有意识、能知觉、能思维,或是一种精神。"天地之心"可以只是指天地、宇宙、世界运行的一种内在的主导方向,一种深微的主宰趋势,类似人心对身体的主导作用那样成为宇宙运行的内在主导,同时天地之心也是宇宙生生不已的生机和动源。冯友兰在《新理学》书中讨论过"宇宙底心",他提出,程朱讲天地生物之心,表示他们认为有宇宙底心,但这个宇宙的心不是知觉,而是生。这种宇宙的心的特性,与人心知觉不同。[1]他又认为,心学是把个体的知觉灵明的心作为宇宙的心。照其新理学,宇宙的心是一个逻辑概念,把所有实际的心,总而观之、统而观之,以作一个概念,即是宇宙的心,此外宇宙没有他自己的心。[2]但是古代的宇宙观并不是逻辑概念,而有其自己的作为实在的观念。

"天地之心"的说法最早见于《周易》彖传:

复,其见天地之心乎?[3]

这是"天地之心"在中国哲学中最经典的说法。复卦的卦象是冬至一阳来复,彖传的作者认为冬至一阳生,从这一点便可见天地之心。此以生生不息之动力之源说仁,仁乃生生不可遏止之内在倾向和根源,亦是创造之真几。

另一个古代的说法是《礼记》中的说法:

故人者,天地之心也,五行之端也。[4]

以人为天地之心,在《礼记》本是认为人是五行之气的精华,

---

[1] 《新理学》,《冯友兰文集》第四卷,长春出版社,2008年,75页。
[2] 同上,77页。
[3] 《周易·彖传》。
[4] 《礼记·礼运》。

是万物之灵，是掌握善恶的主体，是实践仁德、引导世界向善的主体。

汉代儒学的特色之一，是把仁说建立为天道论，其中董仲舒把仁定位在"天心"的说法，最具意义：

> 春秋之道，大得之则以王，小得之则以霸。故曾子、子石盛美齐侯，安诸侯，尊天子，霸王之道，皆本于仁，仁，天心，故次之以天心。[5]

天心与天地之心的概念虽然略有分别，但基本一致，我们在这里不做根本区分。天心和天地之心都是指宇宙的心。董仲舒以仁为天心，这是汉代儒学宇宙论的重大发展。值得注意的是，汉代以前已有了两种天地之心的讲法，一种是复见天地之心，另外一种就是以人为天地之心的讲法。这应该是自然主义与人文主义两种不同的哲学意识在天地之心问题上的反映。人者天地之心更多是从价值的角度突出人在宇宙中的意义，而复见天地之心是从天地自然运行的生机和规律。而"仁天心"的提法超越了先秦哲学的这两种思想，把仁规定为天的意志，虽然这个天心并不是思维的精神，但天心主导着天运生成的基本趋势，而天地人间都体现着仁的作用和指引。仁被视为寓藏于天地万物内的深微的价值的原理，这实际上就是一种古代仁体

---

[5]《春秋繁露》俞序第十七。

论，古代仁体论更多归属于宇宙论，与近世实体的仁体论形态结构有所不同。但仁的宇宙论与仁的本体论是一致的，都是把仁上升为形而上学的实在。

一

北宋前期对《周易》的思想诠释是儒学的共同关注，也因此，天地之心的思想对宋儒影响甚大，宋儒对天地之心的运用也最为广泛。首先看欧阳修：

> 童子问曰："'《复》，其见天地之心乎'者，何谓也？"曰："天地之心见乎动。《复》也，一阳初动于下矣，天地所以生育万物者本于此，故曰'天地之心'也。天地以生物为心者也。其《象》曰'刚反，动而以顺行'是矣。"童子曰："然则《象》曰'先王以至日闭关，商旅不行，后不省方'，岂非静乎？"曰："至日者，阴阳初复之际也，其来甚微。圣人安静以顺其微，至其盛，然后有所为也，不亦宜哉！"[6]

欧阳修这一思想对宋代仁学有重大的影响。他认为，所谓复见天地之心，是强调要通过对复卦及其初九的卦象认识天地运动

---

[6]《宋元学案》卷四，《庐陵学案》，中华书局1986年，187页。

变化的生机和动因；因为，从一阳来复所见到的天地之心，必然或只能和万物生长的本性有关，此天地之心必然和天地的生生本性有关，这是天地生育万物的根本，如果说天地有心，那么天地之心就是宇宙的繁盛生育万物的内在导向，是所有生命生长的根源。

我们知道，程颐对复卦的解释特色在于主张由"动"见天地之心：

> 既有知觉，却是动也，怎生言静？人说《复》以静见天地心，非也。《复》之卦下面一画便是动也，安得谓之静！自古儒者皆言静见天地之心，惟某言动而见天地之心。[7]

讨论动是天地之心还是静是天地之心，或者动见天地之心还是静见天地之心，这个意义上的天地之心都是指宇宙运动的根本法则，而与人没有关联。

邵雍之子邵伯温说：

> 道生一，一为太极。一生二，二为两仪。二生四，四为四象。四生八，八为八卦。八生六十四，六十四具而后天地万物之道备矣。天地万物莫不以一为本，原于一而衍之以

---

[7]《伊川学案上》,《宋元学案》第一册，中华书局，1986年，593页。

> 为万，穷天下之数而复归于一。一者何也？天地之心也，造化之原也。[8]

这里不仅以《周易》为主要资源，也借助老子的生成论"道生一、一生二"来扩展天地之心的思想，主张一就是天地之心，一也是造化之源，即宇宙的根源。由于一又是太极，于是太极便是天地之心，在这个意义上，天地的主宰和天地的根源合二为一了。而天地的主宰和天地的根源也便是本体的角色。

邵伯温又说：

> 一动一静者，天地之妙用也；一动一静之间者，天地人之妙用也。阳辟而为动，阴合而为静，所谓一动一静者也；不役乎动，不滞乎静，非动非静，而主乎动静者，一动一静之间者也。自静而观动，自动而观静，则有所谓动静；方静而动，方动而静，不拘于动静，则非动非静者也。《易》曰："《复》，其见天地之心乎！"天地之心，盖于动静之间有以见之。夫天地之心于此而见之；圣人之心即天地之心也，亦于此而见之。虽颠沛造次，未尝离乎此也。《中庸》曰："道，不可须臾离也。可离，非道也。""退藏于密"，则以此洗心也；"吉凶与民同患"，则以此斋戒也。夫所谓密，所谓斋戒者，其在动静之间乎！

---

[8]《百源学案下》，《宋元学案》第一册，474–475页。

> 此天地之至妙者也。圣人作《易》，盖本乎此。世儒昧于《易》本，不见天地之心，见其一阳初复，遂以动为天地之心，乃谓天地以生物为心。噫，天地之心何止于动而生物哉！见其五阴在上，遂以静为天地之心，乃谓动复则静，行复则止。噫，天地之心何止于静而止哉！为虚无之论者，则曰天地以无心为心。噫，天地之心一归于无，则造化息矣。盖天地之心，不可以有无言，而未尝有无，亦未尝离乎有无者也；不可以动静言，而未尝动静，亦未尝离乎动静者也。故于动静之间，有以见之。然动静之间，间不容发，岂有间乎！惟其无间，所以为动静之间也。[9]

此说的意义是不赞成欧阳修主张的"天地以生物为心"，他也不赞成程颐主张的"动而见天地之心"，而认为如果主张天地以生物为心，就是注重以"动"为天地之心。但他也不赞成以静为天地之心，他认为天地之心应在动静之间见之，即在动和静转换、交接的时候见之，当由静变为动的瞬间见之。动静之间便是几，便是神，所以这种看法主张天地之心不可以有无动静言。这样的看法，不从价值和道德着眼，仅仅从动静着眼，过于虚玄，应受道家影响较大。

《宋元学案》在濂溪学案有一按语可以参考："百家谨案：《明儒学案蒋道林传》：'周子所谓动者，从无为中指其不泯灭

---

[9]《百源学案下》，《宋元学案》第一册，474页。

者而言。此生生不已，天地之心也。诚、神、几，名异而实同。以其无为，谓之诚；以其无而实有，谓之几；以其不落于有无，谓之神。'"[10]明代的蒋道林认为天地之心与神、几，名异而实同，这个说法用来对上述邵雍一派的思想理解较为适合。以上这些论述，都是把天地之心作为宇宙动静问题来讨论，没有和仁联系起来。

当然，即使在邵雍一系的思想里面，也关注仁人，如：

> 夫人者，天地万物之秀气也。然而亦有不中者，各求其类也。若全得人类，则谓之曰全人之人。夫全类者，天地万物之中气也，谓之曰全德之人也。全德之人者，人之人者也。夫人之人者，仁人之谓也，惟全人然后能当之。[11]

人是天地万物的秀气，这就是古代人者天地之心的观念。《礼运》篇在谈到人者天地之心的前面一段即说"故人者，其天地之德，阴阳之交，鬼神之会，五行之秀气也。"[12]所以这样的说法也可以说和天地之心的思想有一定的关系。

南宋张九成论《西铭》，其中谈到天地之心时提及天地之仁：

---

[10]《濂溪学案上》，《宋元学案》第一册，485页。
[11]《百源学案上》，《宋元学案》第一册，385页。
[12]《礼记·礼运》。

张横渠曰：乾吾父，坤吾母。吾乃乾坤之子，与人物浑然处于中间者也。吾之体不止吾形骸，塞天地间如人、如物、如山川、如草木、如禽兽昆虫，皆吾体也。吾之性不止于视听言貌，凡天地之间若动作、若流峙、若生植飞翔潜泳，必有造之者，皆吾之性也。既为天地生成，则凡与我同生于天地者，皆同胞也。既同处于天地间，则凡林林而生，蠢蠢而植者，皆吾党与也。……吾能乐天地之命，虽患难而不忧，此天地纯孝之子也。达天地之心，是不爱其亲者，故谓之悖德。害天地之仁，是父母之贼也。世济其恶，是天地不才之子。践履天地之形，以貌言视听思之形，为恭从聪明睿之用，是克肖天地之德也。天地之事不过乎化，天地之志不过乎神，知化穷神，则善述善继天地之事志者也。天地之心无幽明之间，不愧屋漏之隐者，乃无忝于天地。心性即天地，夙夜存心养性，是夙夜匪懈以事天地也。[13]

此段先论天地之事实，然后论当然之价值，连续一贯，有融通气象。他认为，万物山川草木都是吾之体，万物流行动作都出自吾之性，在这样的理解下，吾之体、吾之性都不再是个体的身体或本性，而是通于万物的共生之体、之性，天地的一切生成物都是共生同体的同胞。他继承了张载，用同胞来加强了这

---

[13]《宋元学案》卷十七，《横渠学案》（上），666页。

种共生的密切关联。因此,天地之心是体现这种共生、吾与的心,天地之仁是体现这种共生、互爱的仁。这样的思想明显发展了张载《西铭》的伦理观。

《宋元学案》引尹和靖语,把《西铭》和二程的同体思想结合一起:

> 又曰:人本与天地一般大,只为人自小了。若能自处以天地之心为心,便是与天地同体。《西铭》备载此意。颜子克己,便是能尽此道。[14]

这个说法,认为与天地同体,就是要以天地之心为心,这不是宇宙论的说法,而是功夫论的说法了。与天地同体的说法,当来自二程仁者与物同体之说,如果是这样,以天地之心为心,便是"仁"的实现功夫。"同体"就是共生,而比共生更突出了一体之中各个部分的密切关系,因为,个体与个体之间不仅是时空意义上的共时性共生,而且表示个体与个体之间是由一种统一性联结而成的一体,互相密切关联。

二

南宋继续了天地之心的讨论,但与伦理学、功夫论的联

---

[14]《宋元学案》卷十八,《横渠学案》(下),773页。

系更多。

> 《复卦》下面有一画，乃是乾体。其动以天，且动乎至静之中，为动而能静之义，所以为天地之心乎！[15]

胡五峰从弟胡广仲以复卦初九一阳爻为乾体，不为无见，其实复卦一阳生即是仁体起用，值得注意的是，北宋至南宋初的诸儒多从静而能动、动而能静，即从运动变化之端论天地之心，可见天地之心在这一时期主要扮演了运动根源的角色。

五峰《知言》又云："凡人之生，粹然天地之心，道义全具，无适无莫。"[16]这也是把人心与天地之心联系起来，认为人生之初，满腔子天地之心，充满道义。但从北宋到南宋，这一时期的儒学并没有把天地之心和"仁"明确联系起来。

朱子的《仁说》是南宋仁论的代表，他所说的人心与天地之心的联系，比胡五峰更多了哲学宇宙论的一层转折，最重要的是朱子以"仁"定义天地之心，把天地之心作为仁说的基础。其开首一段最为明确：

> 天地以生物为心者也。而人物之生，又各得夫天地之心以为心者也。故语心之德，虽其总摄贯通，无所不备，

---

[15]《宋元学案》卷四十二，《五峰学案》，《宋元学案》第二册，1385页。
[16]《胡宏集》，中华书局，1987年，332页。

> 然一言以蔽之,则曰仁而已矣。请试详之。盖天地之心,其德有四,曰元亨利贞,而元无不统;其运行焉,则为春夏秋冬之序,而春生之气无所不通。故人之为心,其德亦有四,曰仁义礼智,而仁无不包;其发用焉,则为爱恭宜别之情,而恻隐之心无所不贯。故论天地之心者,则曰"乾元"、"坤元",则四德之体用不待悉数而足;论人心之妙者,则曰"仁,人心也",则四德之体用亦不待举而赅。盖仁之为道,乃天地生物之心,即物而在。情之未发而此体已具,情之既发而其用不穷。诚能体而存之,则众善之源,百行之本,莫不在是。此孔门之教所以必使学者汲汲于求仁也。[17]

朱子继承并强调了北宋儒者"天地以生物为心"的思想,加以发展,而提出了"人物之生,又各得夫天地之心以为心"的思想,即人之心来自天地之心,二者有着直接的继受关系;天地之心是生物,人之心是仁爱,而从生生到仁爱的转接,自北宋以来,就被看做天人合一、不证自明的了。其次,朱子定义了天地之心之德为元亨利贞,以元为统,于是人心之德对应而为仁义礼智,以仁为统。元亨利贞的发用为春夏秋冬,生气贯通四者;仁义礼智的发用为爱恭宜别之情,恻隐亦贯通四者。最后朱子强调,仁之道即是天地生物之心,体现于每一个事物而

---

[17]《仁说》,《朱子文集》卷六十七。

无所不在。换言之，此亦可谓仁体现于每一个事物而无所不在，贯通一切。朱子的仁体思想在这里得到了相当的表达。在朱子，并不是简单回到董仲舒的仁天心的思想，而是把北宋儒学对周易的讨论中的天地以生物为心，以生物为天地之心的思想和"仁"联系起来，用"仁"去规定易学讨论中的天地之心的意义。

朱子曾答张栻书云：

> 盖其复者，气也，其所以复者，则有自来矣。向非天地之心生生不息，则阳之极也，一绝而不复续矣，尚何以复生于内而为之阖辟之无穷乎！[18]

可见天地之心是指天地运动的内在动力因，是宇宙生生不息的内在根据和根源，这与作为法则、规律的理的含义是不同的。

《仁说》是朱子中年所著，《语类》记载了其晚年讲学的思想：

> 道夫言："向者，先生教思量天地有心无心。近思之，窃谓天地无心，仁便是天地生物之心。若使其有心，必有思虑，有营为。天地曷尝有思虑来！然其所以四时行，百物生者，盖以其合当如此便如此，不待思维。此所以为天地之道。"曰："如此，则《易》所谓'《复》其见天地之心'，

---

[18]《答张敬夫》，《朱子文集》卷三十二。

'正大而天地之情可见',又如何?如所说,只说得他无心处尔。若果无心,则须牛生出马,桃树上发李花,他又却自定。程子曰:'以主宰谓之帝,以性情谓之乾。'他这名义自定。心便是他个主宰处,所谓天地以生物为心。中间钦夫以为某不合如此说,某谓天地别无勾当,只是以生物为心。一元之气,运转流通,略无停间,只是生出许多万物而已。"问:"程子谓:'天地无心而成化,圣人有心而无为。'"曰:"这是说天地无心处。且如四时行,百物生,天地何所容心。至于圣人,则顺理而已,复何为哉。所以明道云:'天地之常,以其心普万物而无心;圣人之常,以其情顺万事而无情。'说得最好。"问:"'普万物',莫是以心周遍而无私否?"曰:"天地以此心普及万物,人得之遂为人之心,物得之遂为物之心,草木禽兽接着遂为草木禽兽之心,只是一个天地之心尔。今须要知得他有心处,又要见得他无心处,只恁定说不得。"[19]

朱子认为,既可以说天是有心的,也可以说天是无心的,这两个说法并不是不相容的。若使天有心,则必有思虑、有营为,天地曷尝有思虑来?这是说到天地没有思维、没有思虑,这是无心的一面。另一方面,若果无心,则须牛生出马,桃树上发李花,他又却自定,这是说万物的生成是有主宰的,主宰就是

---

[19]《朱子语类》一,卷一,4页。

有方向，不是混乱的，这说明天地有心。天地有心表现在天地之心既促进生物，生气流通，永不停息；同时在天地生物过程中又有其法则，有其常理，人须要顺理而为。

《语类》又载：

> 问"仁者天地生物之心"。曰："天地之心，只是个生。凡物皆是生，方有此物。如草木之萌芽，枝叶条干，皆是生方有之。人物所以生生不穷者，以其生也。才不生，便干枯杀了。这个是统论一个仁之体。其中又自有节目界限，如义礼智，又自有细分处也。"问"偏言则一事，专言则包四者"。曰："以专言言之，则一者包四者；以偏言言之，则四者不离乎一者。"[20]

统论仁体，即是人物生生不穷，此便是天地之心，便是仁。生成是宇宙的根本，而生成就是在仁的作用下实现的，仁是天地之心，而天地之心惟主生成，此外更无其他。朱子强调，这样的立场是统论仁体的整体性立场。

> 因说此章，问曰："今不知吾之心与天地之化是两个物事，是一个物事？公且思量。"良久，乃曰："今诸公读书，只是去理会得文义，更不去理会得意。圣人言语，只

---

[20]《朱子语类》七，卷一〇五，2634页。

> 是发明这个道理。这个道理，吾身也在里面，万物亦在里面，天地亦在里面。通同只是一个物事，无障蔽，无遮碍。吾之心，即天地之心。圣人即川之流，便见得也是此理，无往而非极致。但天命至正，人心便邪；天命至公，人心便私；天命至大，人心便小，所以与天地不相似。而今讲学，便要去得与天地不相似处，要与天地相似。"[21]

宋儒既讲复见天地之心，又讲人者天地之心，还讲人心即天地之心，朱子发挥张载及尹和靖的思想，提出吾之心即天地之心，这是就仁之本体而言，从本体上看，"这个道理，吾身也在里面，万物亦在里面，天地亦在里面。通同只是一个物事，无障蔽，无遮碍。"在本体上吾之心与天地之心是一致的，吾心之理与事物之理与天地之理是一致的，万物是通同一体的，因此在理上看是天人合一的。但就现实而言，人心便与天地之心不相似，天命正公大，人心私邪小，这就是气质障蔽遮碍导致的现实心灵状态，人必须努力使自己的心与天地之心相似。朱子在这里也提到，子在川上曰，就是见得此理无所不在，无所不圆满而在。这就是本体论的说法。

> "'心，生道也。人有是心，斯具是形以生。恻隐之心，生道也。'如何？"曰："天地生物之心是仁；人之禀

---

[21]《朱子语类》卷第三十六 论语十八 子罕篇上，977页。

赋,接得此天地之心,方能有生。故恻隐之心在人,亦为生道也。"〔谟〕[22]

这里,朱子不再用元亨利贞说,而直接指出天地生物之心就是仁,"接着"、"接得"都是指禀受,禀受天地之心而成为自己的心,故仁爱恻隐之心就是天地生生之道。在朱子,更重视把"天地之心"作为仁性的来源,为心性论谋求宇宙论的根源。

问:"程子说性一条云:'学者须要识得仁体。若知见得,便须立诚敬以存之。'是如何?"曰:"公看此段要紧是那句?"曰:"是'诚敬'二字上。"曰:"便是公不会看文字。它说要识仁,要知见得,方说到诚敬。末云:'吾之心,即天地之心;吾之理,即万物之理;一日之运,即一岁之运。'这几句说得甚好。人也会解得,只是未必实见得。向编《近思录》,欲收此段,伯恭以为怕人晓不得,错认了。程先生又说'性即理也',更说得亲切。'"[23]

二程曾说,一人之心即天地之心,一物之理即万物之理,一日之运即一岁之运。(遗书十五)。又说,所谓人者天地之心,只

---

[22]《朱子语类》卷九十五程子之书一,2440页。
[23]《朱子语类》卷九十七,2483页。

谓只是一理。(遗书十五)。朱子认为这几句说得好,只是朱子记忆有差,故把一人之心即天地之心说成吾之心即天地之心。但这里的思想与上面解说子罕篇的内容是一致的。

> 又问:"'以己及物,仁也;推己及物,恕也。'上句是圣人之恕,下句是贤者之恕否?"曰:"上个是圣人之恕,下个贤者之仁。圣人之恕,便是众人之仁;众人之仁,便是圣人之恕。"[24]〔道夫〕

关于仁与恕的分别,暂不在这里讨论。

湖湘学派自五峰起即多言天地之心,张南轩也继承了这一点:

> 问:"人者,天地之心,经以礼论,而五峰以论仁者,自其体言之为礼,自其用言之为仁。"曰:"仁其体也,以其有节而不可过,故谓之礼,礼运人者天地之心之言,其论礼,本仁而言之也。"[25]

这是说,《礼记》礼运篇的"人者天地之心"是从礼的方面来说的,五峰则用天地之心论仁。这里所指的应当是五峰所说:

---

[24]《朱子语类》卷第二十七 论语九 里仁篇下,690 页。
[25]《宋元学案》卷五十,《南轩学案》,1622 页。

> 仁者天地之心也，心不尽用，君子而不仁者，有矣。[26]

其实五峰并没有作进一步讨论。南轩在这里指出，仁是体，礼是仁的发用中的节次，因而，《礼记》也是以仁为本的。南轩又说：

> 曰："人具天地之心，所谓元者也。由是而发见，莫非可欲之善也。其不由是而发，则为血气所动，而非其可矣。圣人者，是心纯全，浑然天理，'乾知大始'之体也，故曰'乾，圣人之分也，可欲之善属焉'。在贤者，则由积习以复其初；'坤作成物'之用也，故曰'坤，学者之事也，有诸己之信属焉'。今欲用功，宜莫若养其源。先于敬用功之久，人欲寖除，则所谓可者，益可得而存矣。若不养其源，徒欲于发见之际辨择其可不可，则恐纷扰而无日新之功也。"[27]

这是讨论伊川对《孟子》中"可欲之谓善"的解释，南轩主张，易所说的"元"即是天地之心，人具有此心而为人之本心，从本心而发，莫非可欲之善；如果不由此本心而发，从血气之心而发，便不皆是善。

朱子后学也讨论及此，金仁山《复卦讲义》云：

---

[26]《知言·天命》，《胡宏集》，中华书局1984年，4页。
[27]《宋元学案》卷五十，《南轩学案》，1614页。

> 春敷夏长，万物生成，皆天地之迹，不难见也，惟《复》乃见天地之心。夫所谓天地之心者，何也？仁也，生生之道也，语其象则复卦一爻是也。夫当穷冬之时，五阴在上，天地闭塞，寒气用事，风霜严凝，雨雪交作，万物肃杀之极，天地之间，若已绝无生息，而一阳之仁，乃已潜回于地中。吁，此天地生生之所以为化生万物之初乎！异时生气磅礴，品物流行，皆从此中出，故程子谓一阳复于下，乃天地生物之心也。盖其仁意浑然，而万化之全美已具，生气暗然，而一毫之形迹未呈，此其所以为天地之心，而造化之端，生物之始也与！[28]

他认为易经三百八十四爻，都是天地之心所寓；万物形形色色，皆是天地之心所为；而这些都是天地之心的用和迹，只有复卦才最能显现天地之心。这里说得很清楚，天地之心就是仁，亦即宇宙间的生生之道，也就是宇宙间生生不已的生机。宇宙间一切生息之机都来自仁意，这个仁意并不是有人格的天意或主观的情意，而是宇宙之中的浑然生机和闇然生气。

南宋学者发挥"人者天地之心"，莫详于方逢辰的《石峡书院讲义》：

> 先儒论仁，最善名状者，无如谢上蔡，指草木之核，

---

[28]《宋元学案》卷八十二，《北山四先生学案》，2739页。

种之即生，道以为仁，其中一包，皆生理也。虽然，此物借草木之核而言耳。人之核安在？曰心。天地之核安在？曰人。夫生生不息者，天地之心也，然其心不能直遂，必以托诸人。人得天地之气以为形，得天地之理以为性，故万物皆备于我。而天地之所以生生者，实寄吾性分之内，天高地下，一日无人，则天地特块然者耳，故《孟子》曰："仁也者，人也。"二物相配之为合，仁以性言，人以形言，仁固所以为人之理，人则所以载是理而行之者，故曰："合而言之，道也。"然则，天地以此心寄诸人，岂徒然哉！许多道理，皆要从人心上抽进出来，如草木句萌，自有勃然不可遏者，羞恶辞让是非之心，迸裂而出。上蔡曰："活者为仁，死者为不仁。"人心不仁，则天地之心亦死矣，故《孟子》又曰："仁，人心也。"七篇之书，自首至尾，切切焉以陷溺人心为忧，凡教人曰存，曰养，曰尽，曰求，曰心之端，曰心之官，曰根心，曰生心，曰物之长短轻重心为甚，直指人之识痛痒有知觉处示之，非便以知觉痛痒为仁，特欲其切己省察而救活其本心也。不然，死灰而已，槁木而已，顽石而已，此之谓不仁。庄、列之徒，正坐此病。[29]

正如草木之核所包之仁，乃是此物生生不已的生机，由此仁而

---

[29] 同上。

有此物之生长不已,由此可知仁即是万物生生不已的生机,内在于万物之中而为之主宰。他在这里提出一个重要的观点,天地之生机在人,人之生机在心,天地之心不能直接作用于天地万物,必须依托于人心。人得天地之气为形,得天地之理为性,得天地之心为心;人具有天地之所以生生者作为性理,此理从人心上发出,乃是仁心,心仁则天地之心活,心不仁则天地之心死,心不仁天地便不能发育流行。

王应麟说:

> 人者,天地之心也。仁,人心也。人而不仁,则天地之心不立矣。为天地立心,仁也。[30]
>
> 人者,天地之心也。天有四时,风雨霜露,地载神气,风霆流形,无一物而非仁。仁则清明虚静,与天地同流。[31]

他主张,人是天地之心,人靠什么作为天地之心?人是以人心作为天地之心。人心若不仁,则天地之心不立,所谓为天地立心,就是立以仁心。这里的天地之心不是从客观的天地立论,而完全从主观的吾心立论,吾心为仁,则天地之心立,吾心不仁,则天地之心不立。总之完全以人之仁心为天地之心。另一

---

[30]《宋元学案》卷八十五,《深宁学案》,2861页。
[31] 同上,《慈湖书院记》,2865页。

方面，他又认为风雨霜露、风霆流形，无一物而非仁，这就是认为万物流形都是仁体大用，这已经近于仁体论了。

三

明代王学也没有放弃天地之心的观念。如王阳明：

> 夫人者，天地之心。天地万物，本吾一体者也。生民之困苦荼毒，孰非疾痛之切于吾身者乎？不知吾身之疾痛，无是非之心者也。是非之心，不虑而知，不学而能，所谓良知也。良知之在人心，无间于圣愚，天下古今之所同也。世之君子惟务致其良知，则自能公是非，同好恶，视人犹己，视国犹家，而以天地万物为一体，求天下无治，不可得矣。古之人所以能见善不啻若己出，见恶不啻若己入，视民之饥溺犹己之饥溺，而一夫不获，若己推而纳诸沟中者，非故为是而以蕲天下之信己也，务致其良知，求自慊而已矣。尧、舜、三王之圣，言而民莫不信者，致其良知而言之也；行而民莫不说者，致其良知而行之也。是以其民熙熙皞皞，杀之不怨，利之不庸，施及蛮貊，而凡有血气者莫不尊亲，为其良知之同也。呜呼！圣人之治天下，何其简且易哉！[32]

---

[32]《答聂文蔚》，《传习录注疏》，上海古籍出版社，2012年，159页。

王阳明把"人者天地之心"当做万物一体思想的一种说法,心是身体的一部分,与身体的其他部分共成一体。既然人是天地之心,则天地万物与其心共为一整体,正如人的心和其他器官、肢体共同构成其完整的身体一样。王阳明从这种一体说诉诸于身体的感受性,而感受又是心的功能,由此引出天下一家的伦理要求。

阳明早年也说:

> 大人于天,默契其未然者,奉行其已然者。夫大人与天,一而已矣;然则默契而奉行之者,岂有先后之间哉?……是则先天不违,大人即天也;后天奉天,天即大人也;大人与天,其可以二视之哉?此九五所以为天下之利见也欤?大抵道无天人之别,在天则为天道,在人则为人道,其分虽殊,其理则一也。众人牿于形体,知有其分,而不知有其理,始与天地不相似耳。惟圣人纯于义理,而无人欲之私。其礼即天地之体,其心即天地之心,而其所以为之者,莫非天地之所为也,故曰:"循理则与天为一。"[33]

这是以理一分殊论天人合一,认为本来天人合一,人心即天地

---

[33]《山东乡试录·易先天而天弗违后天而奉天时》,《王阳明全集》上,上海古籍出版社,1992年,844页。

之心，但众人由于受到形体身体的限制，只了解分殊，而不了解理一，于是人与天不相似，不能合一。而众人之不了解理一是由于受到人欲之私所阻碍，只有圣人才能自然地天人合一，所以圣人之心自然地就是天地之心，常人则必须达到圣人的境界才能与天地之心相似。

《传习录》载王阳明晚年语：

> 先生曰："你看这个天地中间，什么是天地的心？"对曰："尝闻人是天地的心。"曰："人又什么教做心？"对曰："只是一个灵明。""可知充天塞地中间，只有这个灵明，人只为形体自间隔了。我的灵明，便是天地鬼神的主宰。天没有我的灵明，谁去仰他高？地没有我的灵明，谁去俯他深？鬼神没有我的灵明，谁去辨他吉凶灾祥？天地鬼神万物离去我的灵明，便没有天地鬼神万物了。我的灵明离却天地鬼神万物，亦没有我的灵明。如此，便是一气流通的，如何与他间隔得！"又问："天地鬼神万物，千古见在，何没了我的灵明，便俱无了？"曰："今看死的人，他这些精灵游散了，他的天地万物尚在何处？"[34]

这里再次指出形体对心之灵明的隔蔽，如果没有形体身躯的隔蔽，心之灵明可以通万物为一体，为天地之心，心之灵明被私

---

[34]《传习录》下315条，《传习录注疏》，277页。

欲隔蔽，就不能成为天地之心了，也就不能以万物为一体了。

这个思想又见于王阳明的另一段语录：

> 要其极致，乃见天地无心，而人为之心。心失其正，则吾亦万象而已。心得其正，乃谓之人。此所以为天地立心，为生民立命，惟在吾心。……此大人所以与天地万物一体也。[35]

阳明过于关注心，相对忽视了仁，所以他的对天地之心的阐发，只是着重于心之灵明，强调心之灵明被隔蔽，人与人之间，人与万物之间，便成间隔，间隔就是不能成为一体，没有一体感了。

张阳和从王龙溪学，他说：

> 仁之为物，未易名状，故孔门罕言仁，凡所言者，皆求仁之功而已。其曰"仁者，人也。仁，人心也"。此则直指仁体矣。生生不已者，天地之心也。人之生，以天地之心为心，虚而灵，寂而照，常应而常静，谓其有物也，而一物不容，谓其无物也，而万物皆备。无物，无我，无古今，无内外，无始终，谓之无生而实生，谓之有生而实

---

[35]《稽山承语》第十条，新版《王阳明全集》，浙江古籍出版社，2011年。

> 未尝生,浑然,廓然,凝然,聱然,仁之体倘若是乎![36]

"生生不已者,天地之心也。人之生,以天地之心为心",这与朱子仁说相近,但他未指明生生不已即是仁体,他对仁体的知解只是无物我、无古今,可知其体会乃偏在无的一边,还未亲切。

罗近溪言天心最为有见,如:

> 问:"复之时义大矣,寻常言复者,多自天地万物为言,今堂额谓复心者,则自吾身而言也。"罗子曰:"宇宙之间,总是乾阳统运。吾之此身,无异于天地万物,而天地万物亦无异于吾之此身。其为心也,只一个心,而其为复也,亦只一个复。经云:'复见天地之心。'则此个心,即天心也。此心认得零碎,故言复亦不免分张。殊不知天地无心,以生物为心。今若独言心字,则我有心而汝亦有心,人有心而物亦有心,何啻千殊万异。善言心者,不如把个生字来替了他,则在天之日月星辰,在地之山川民物,在吾身之视听言动,浑然是此生生为机,则同然是此天心为复。故言下着一生字,便心与复即时混合,而天与地,我与物,亦即时贯通联属,而更不容二也已。"[37]

---

[36]《浙中王门学案》五(《寄查毅斋》),《明儒学案》上册,326页。
[37]《语录》,《泰州学案》三(《不二斋论学书》),《明儒学案》下册,801页。

他主张天地无心,以生物为心,又认为此心便是天心,那么复卦所谓见天地之心何所指而言?他认为,在这个问题上"善言心者,不如把个生字来替了他",用生来替换心字,即复见天地之"生",宇宙的一切,浑然是此生生为机,这就是在复卦所见的天心。这一生机论的表达甚好,可惜他也没有点出"此生生为机"便是仁体的大用。

北方王门孟化鲤与孟我疆并称二孟,他有论学书:

> 人者天地之心,而人之心即浩然之气,浩然者感而遂通,不学不虑,真心之所溢而流也。吾之心正,则天地之心正,吾之气顺,则天地之气顺,是故爱亲敬长达之天下,怵惕恻隐保乎四海。愚不肖夫妇之与知与能,察乎天地者以此,君子居室,言行之加民见远,动乎天地者以此。其功在于必有事,其几在于集义。集义者,即乎心之所安,不学不虑,感而遂通者也。时时即心所安,是谓时时集义,时时集义,是谓时时有事,时时有事,是谓时时浩然,时时浩然,是谓时时为天地立心,是谓时时塞天地。缘天地间本如是,其广大亦本如是。其易简或者知气塞天地,而不求诸心,而不本之集义,心非真心,气非浩然,欲希天地我塞难矣。[38]

---

[38]《论学书》,《北方王门学案》,《明儒学案》上册,648页。

他以气说心，认为人是天地之心，而人心即浩然之气，浩然之气感而遂通，心便是正，天地之心于是乎正。吾心浩然之气顺，则天地之气顺，天下之伦理秩序顺。这种思想是宋明理学中常见的思想，也是阳明学中的思想。

甘泉门下亦讲天地之心，如：

"又曰：'复其见天地之心。'体认是反躬而复也，天地之心即我之心。生生不已，便无一毫私意参杂其间，此便是无我，便见与天地万物共是一体，何等广大高明！认得这个意思，常见在，而乾乾不息以存之，这才是欚柄在手，所谓其几在我也。到那时，恰所谓开阖从方便，乾坤在此间也。宇宙内事，千变万化，总根源于此，其妙殆有不可言者，然只是一个熟，如何？"先生曰："此节所问所答皆是，然要用功实见得方有益。中间云'纔体认便心存，心存便见天理'，不若心存得其中正时，便见天理也。如此体认工夫，尤更直截。其后云云，待见天理后，便见得亲切也。"[39]

这是以功夫论的角度看复卦的天地之心说，认为天地之心即我的心，复其见应当理解为体仁反躬，能反躬便与天地万物共是一体。

---

[39]《语录》，《甘泉学案》一，《明儒学案》下册，895–896 页。

李谷平日录云:

> 复其见天地之心乎?人得是心以为心,人之心天地之心也,但私则与天地不相似,一去其私,则我之心即天地之心,圣人之为圣人,全此心而已。[40]

这些说法都是主张对于复见天地之心,不必从宇宙论上去理解,而可以从人心论上去理解,把关注点从天地之心转移到人之心,重要的是人得天地之心以为心,人之心必须去除私意以和天地之心相似,人若能使自家心与天地之心一般,达到这样的境界便是圣人。他又说:

> 人得天地之心为心,仁也,其用,则义也。孔子于《易》曰:"立人之道,曰仁与义。"孟子曰:"仁,人心也。义,人路也。"终之以"学问之道无他,求其放心而已。"此求仁之说也。体用一原,显微无间,立其体,则寂然不动,浑然天理;及其感而遂通天下之故,则致用各异,所谓义也。圣贤之正脉,其在是乎?[41]

这是说,人得天地之心以为心,指的是仁心,仁心是从天地之

---

[40]《谷平日录》,《诸儒学案》下一,《明儒学案》下册,1262页。
[41] 同上,1269页。

心得来的。仁心发为实践，便是用，义是用的层面。这个说法回到孟子人心人路的说法，其实义不能说只是用，在孟子也有四心之说，义也是本心的一面。

宋明时代，仁体论和道体论、实体论都已经相当发达，天地之心的思想与这些讨论往往交叉，故读者可以参看本书其他章节，以求得本章与这些章节所叙述的思想的贯通的了解。

第七 万物一体

冯友兰在其早年的《中国哲学史》中曾在"明道所说的修养方法"一节叙述程明道（程颢，1032—1085）的《识仁篇》，认为在明道思想中，宇宙乃一生之大流，乃一大仁，而人本来与天地万物为一体，有仁德之人即能与天地万物为一体。这个总括是很正确的，它既指出明道以宇宙为一大仁，又指出明道强调人与万物为一体，这是理学仁体论的基本特征。其晚年的《中国哲学史新编》对明道仁说更加意焉。但程颢和程颐论仁的思想不完全相同，冯友兰则始终未提及伊川论仁的思想。这说明冯友兰的关注和偏爱是在程明道的仁论，对伊川的仁说不感兴趣。

张岱年在其早年的《中国哲学大纲》亦述及明道与朱子的仁说，却同样未及伊川（程颐，1032—1107）的仁说，这可能受了冯友兰的影响。不过由于张岱年自50年代以来相当重视中国伦理学思想的研究,故其晚年著作《中国古典哲学概念范畴要论》中,对北宋至朱子的仁说皆给予讨论。他指出:周敦颐、张载都绍述孔子"仁者爱人"的观点,以爱说仁,如周敦颐云"爱曰仁",张载云"以爱己之心爱人则尽仁","仁之至也,爱道之极也";又指出"二程提出关于仁的与前儒不同的解释,程颢以'与物同体'说仁,程颐以'公'说仁。"[1]张岱年的叙述可谓扼要而简明。

一　仁者以天地万物为一体

在我们看来,程颢的仁说主要思想有三:以一体论仁;以知觉论仁;以生意论仁。如:

> 医书言手足痿痹为不仁,此言最善名状。仁者以天地万物为一体,莫非己也。认得为己,何所不至? 若不有诸己,自与己不相干。如手足不仁,气已不贯,皆不属己。故"博施济众",乃圣之功用。仁至难言,故止曰"己欲立而立人,己欲达而达人,能近取譬,可谓仁之方也已",欲令如是观仁,可以得仁之体。[2]

---

[1]《张岱年全集》4卷,河北人民出版社,1996年,622-623页。
[2]《遗书》卷二上,《二程集》,中华书局,1981年,15页。(以下凡引此书,出版单位和年次皆省略)。本文中加重号皆为作者所加,下同,不再注明。

这段话最后讲到了仁之体。不过这个语录突出了仁作为精神境界而不是宇宙原理的实体意义，强调仁的精神境界就是与万物为一体的境界。明道借用日常生活语言中的"手足不仁"的讲法，并将其发展为仁的哲学定义。同时他把这种仁直接和己立立人，己达达人的的伦理联结在一起。他认为，只有这样理解仁，才是理解和体验到"仁之体"。他认为，由此万物一体思想出发的博施济众，是圣的功用，是需要高度肯定的。

基于这种万物一体为仁的思想，他大力赞扬具体体现了儒家万物一体精神的《西铭》，认为张载此篇文字真正把握到了"仁之体"：

> 订顽一篇，意极完备，乃仁之体也。学者其体此意，令有诸己，其地位已高。[3]
>
> 学者识得仁体，实有诸己，只要义理栽培。[4]

《西铭》原名订顽，这里的仁之体或仁体指仁的本质，对仁的境界本质（仁体）的理解和体验叫作"观仁"，也叫作"识仁"：

> 学者须先识仁。仁者浑然与物同体。……此道与物无对，大不足以名之，天地之用皆我之用，孟子言"万物皆

---

[3] 同上，15页。
[4] 同上，15页。

备于我",须反身而诚,乃为大乐。若是反身未诚,则犹是二物有对。……订顽意思,乃备言此体,以此意存之,更有何事?[5]

人能放这一个身在天地万物中一般看,则有甚妨碍?[6]

所谓万物一体者,皆有此理。……人只为自私,将自家躯壳上头起意,故看得道理小了它底。放这身来,都在万物中一例看,大小大快活。[7]

仁的这种境界的基本特征是"浑然与物同体""万物一体",其意义是要把自己和宇宙万物看成息息相关的一个整体,把宇宙的每一部分都看成和自己有直接的联系,看成自己的一部分。这里提到天地之用,如我们在前面指出过的,已经开始具有把仁作为宇宙原理的实体意义了。有了这种境界的人,他所理解的"我"不再是个体私己的自我,这个"我"的身体不再是"自家躯壳",而是"放这身来都在万物中一例看",是"天地为一身"。故又说:

医家以不识痛痒谓之不仁,人以不知觉不认义理为不仁,譬最近。[8]

---

[5]《遗书》卷二上,《二程集》,17页。
[6] 同上,30页。
[7] 同上,33页。
[8] 同上,33页。

> 若夫至仁，则天地为一身，而天地之间，品物万形为四肢百体。夫人岂有视四肢百体而不爱者哉？圣人，仁之至也，独能体是心而已，曷尝支离多端而求之自外乎？故能近取譬者，仲尼所以示子贡以为仁之方也。医书有以手足风顽谓之四体不仁，为其疾痛不以累其心故也。夫手足在我，而疾痛不与知焉，非不仁而何？[9]
>
> 仁者无对，……医家言四体不仁，最能体仁之名也。[10]
>
> 人之一肢病，不知痛痒，谓之不仁。人之不仁，亦犹是也。盖不知仁道之在己也。知仁道之在己而由之，乃仁也。[11]

明道吸收了古代医学把肢体麻木无所知觉叫作"不仁"的观念，把仁的境界解释为，将宇宙万物都视为、感受为自己的肢体而加以爱。表面上，这种讲法包含了把"仁"解释为知觉无所不通的意义，但究而言之，明道主张的作为仁的"知觉"并不是生理上的知痛知痒，而是在心理上把万物体验为自己的一部分的内在验觉。这是仁心的境界，是人之为人的本质，也是圣人的境界。在这个意义上，以万物同体论仁是指出仁的境界的内涵意义，而以知觉论仁，是指出仁作为境界的感受形式。需要指出的是，在明

---

[9]《遗书》卷四，《二程集》，74页。按此段在朱子《论孟精义》中列为伊川语。
[10]《遗书》十一，《二程集》，120页。
[11]《外书》卷三，《二程集》，366页。

道虽然有"与物同体""万物一体""天地一身"三种说法，但万物一体的说法在后代最有影响，如明代心学都是讲万物一体的。

明道不仅从精神境界上讲仁，也把仁看作为宇宙的原理。如果说明道思想中精神境界的仁，其意义为万物一体，那么，他的思想中作为宇宙原理的仁，其意义是"生生不息"。

> 切脉最可体仁。[12]
> 万物之生意最可观，此元者善之长也，斯所谓仁也。人与天地万物一物也，而人特自小之，何耶？[13]
> 观鸡雏此可观仁。[14]

他认为"生"就是周易所说的作为万物根本原理的"元"，也就是"仁"。他还举出观鸡雏和切脉可以体会生生之仁，这些都是把"仁"作为宇宙生生不息的原理。生生之仁与人道之仁并非无关，《遗书》中有云："仁便是一个木气象，恻隐之心便是一个生物春底气象。"[15]以明道主张万物皆有春意观之，此语应为明道所说。这表明生生之仁与一体之仁是相关联的，生生之仁是同体之仁的宇宙论根据。也说明，明道只讲了生生之仁是宇宙原理，还未把万物一体也同时理解为宇宙的本体。虽然他并

---

[12]《遗书》卷三，《二程集》，59页。
[13]《遗书》十一，《二程集》，120页。
[14]《遗书》卷三，《二程集》，59页。
[15]《遗书》二下，《二程集》，54页。

没有给出理论的说明，但仍因指示了一个新的方向，还是具有重大的理论意义。

与先秦至汉唐儒者的论仁相比，程颢显然更突出了仁的理解的境界化、内在化。这种仁说认为博施济众是仁之功用，立人达人是仁之方，而仁之本体是要通过博施济众和立人达人去推知而得，换言之，他认为仁之体是一种境界，而博施济众与立人达人都是这种境界的表达和表现。如果博施济众和立人达人的行为不是出于万物一体的境界，那么这样的博施济众和立人达人也就不能作为仁体的自觉被肯定。然而，程颢的仁说的"仁者以天地万物为一体"，它不像张载的《西铭》那样具体地表达为亲亲、仁民、爱物，表达出以爱为基础的伦理情感，所以朱子对此有所批评，但朱子因为要与佛老坚决划清思想界限，于是忽视了汉代儒学的仁说已经不再强调儒家的仁爱和墨家的"兼爱"的区别，而是用仁包容了一切慈爱的概念和一体的概念。杨时对《西铭》的怀疑也是如此，没有了解兼爱的概念已经被汉代以来的儒学所吸收。

再来看程颐的仁说，其仁说大旨为：惟公近仁；爱人非仁；仁性爱情。

> "唯仁者能好人，能恶人。"仁者用心以公，故能好恶人。公最近仁。人循私欲则不忠，公理则忠矣。以公理施于人，所以恕也。[16]

---

[16]《外书》卷四，《二程集》，372页。

以公解仁，看来起于对《论语》"唯仁者能好人能恶人"的解释，因为在《论语》的这一章里，只有以"用心以公"解释"仁者"才能便当地说明能好人、能恶人的根由。伊川论仁，其主要的观点就是以公解仁。

> 仁者公也，人此者也。[17]
>
> 孔子曰："仁者己欲立而立人，己欲达而达人，能近取譬，可谓仁之方也已。"尝谓孔子之语教人者，唯此为尽，要之不出于公也。[18]
>
> 又问："如何是仁？"曰："只是一个公字。学者问仁，则常教他将公字思量。"[19]

此说便与明道不同，就字义之气象而言，"公"有严肃、严明、严正的理性意义，而"仁"带有温和的、爱的、感情色彩。二程兄弟的对仁的不同解释，似乎正好与他们的人格气象相对应，大程温然，小程严毅。我们从汉代的仁学可知，仁的实践有时会流于偏私，汉儒对此有所反思，以使对仁的理解更为全面，在这个意义上，伊川以公论仁，可以看作对人在行仁的具体实践的流弊的警惕，是有其意义的。不过，伊川虽然以公解仁，

---

[17]《遗书》卷九，《二程集》，105页。
[18] 同上，105页。
[19]《遗书》二十二上，《二程集》，285页。

但他也强调公只是最"近"于仁，还不能说公就是仁，如又说：

> 仁道难名，惟公近之，非以公便为仁。[20]

"惟公近之，非以公便为仁"，这种先放后收的说法在伊川语录中常见，可谓为伊川笔法。看起来，程颐强调"公"是行仁的要法，即公是实践仁的主要方法。在有关公与仁的关系方面，伊川往往有不同的说法。如果说伊川并不把公绝对等同于仁的话，那么伊川更不赞成以爱为仁：

> 仁之道，要之只消道一公字。公只是仁之理，不可将公便唤作仁。公而以人体之，故为仁。只为公，则物我兼照，故仁所以能恕，所以能爱。恕则仁之施，爱则仁之用也。[21]

在这里，伊川认为，"公是仁之理""爱是仁之用"的说法要比其他的说法来得稳健。所谓"公是仁之理"，是说就公与仁的关系看，"公"是一种本质原理，而"仁"是此一原理在人的生活实践的全面体现。但他又说"公而以人体之故为仁"，这等于说"公"并非原理，而只是实践和体现"仁"的功夫。他在这里说明了，只有出于公，仁才能普遍的施与，没有偏重偏差。这样在公的基

---

[20]《遗书》卷三，《二程集》，63页。
[21]《遗书》十五，《二程集》，153页。

础上的仁才能真正做到恕。从儒学的仁论来看,伊川之说并不能全面把握或体现仁,"公"虽然含有普遍而无差别的对待之义,但任何普世原理都要求普遍而无差别的对待,不仅是仁,义礼智皆然。公虽然重视不要有偏私,但毕竟不是仁的本义。至于现代伦理学对某些偏私的肯定,就不在这里讨论了。

在伊川的立场上看,就仁与爱的关系说,仁是爱的所以根据,爱是仁的情感表达。伊川不仅以"爱是仁之用"为由而反对以爱等同仁,而且明确以"仁性爱情"来指出爱不同于仁的理由。他说:

> 问仁,曰:"此在诸公自思之,将圣贤所言仁处,类聚观之,体认出来。孟子曰:'恻隐之心,仁也。'后人遂以爱为仁。恻隐固是爱也,爱自是情,仁自是性,岂可专以爱为仁?孟子言恻隐为仁,盖为前已言'恻隐之心,仁之端也'。既曰仁之端,则不可便谓之仁。退之谓'博爱之谓仁',非也。仁者固博爱,然便以博爱为仁,则不可。"[22]

程颐从性和情的分别来强调爱不是仁,这在心性论上是可以理解的,但这与古代仁学的基本立场是不合的,很容易在伦理方向上歪曲了仁的意义和导向。虽然,公的提出对爱的偏私可能有警惕的意义,但无论如何,否认博爱是仁,是与儒家历来仁说的传统

---

[22]《遗书》十八,《二程集》,182页。

相背离的。事实上,他也还是要承认仁故博爱、仁主于爱。

他有时不用体用说,而是把仁理解为包含上下大小多个方面的意义:

> 圣则无大小,至于仁,兼上下大小而言之。博施济众亦仁也,爱人亦仁也。[23]

这就是说,仁有许多意义,包含许多方面,如博施济众是仁,爱人也是仁,等等。爱人只是仁的一个方面,不是仁的全部,这个说法就比坚决否认韩愈博爱之谓仁的说法要宽容多了。

虽然伊川在这里说爱人亦仁,仁主于爱,但总的说来,他还是主张"爱人"固然与仁有关,但"爱人"是仁的用,却并非即是"仁":

> 谢收问学于伊川,答曰:"学之大无如仁,汝谓仁是如何?"谢久之无入处,一日再问曰:"爱人是仁否?"伊川曰:"爱人乃仁之端,非仁也。"谢收去,先生曰:"某谓仁者公而已。"伊川曰:"何谓也?"先生曰:"能好人,能恶人。"伊川曰:"善涵养。"[24]

---

[23]《外书》卷六,《二程集》,382页。
[24]《外书》十二,《二程集》,433页。此条为祁宽记尹和靖语,其中"先生"即和靖。

> 先生云：初见伊川先生，一日有江南人鲍某守官西京，见伊川问仁曰："仁者爱人便是仁乎？"伊川曰："爱人，仁之事耳。"先生时侍坐，归，因取论语中说仁事致思，久之忽有所得，遂见伊川请益曰："某以仁惟公可尽之。"伊川沉思久之，曰："思而至此，学者所难及也。天心所以至仁者，惟公尔。人能至公便是仁。"[25]

这两条应指同一事，总之伊川不肯以爱训仁，认为爱只是仁的一种特定的表现，不是仁的全面体现，认为公比爱更接近于仁。而他说爱只是仁之用，对于什么是仁之体，却没有论及。不过在这里他提到天心，作为仁的根源，表示他对仁体也有所思考。汉儒以仁为天心，伊川以公为天心，认为仁是公的体现，公还是高于仁。可见伊川的仁说总是贬低爱的意义，不合于儒学史上的主流仁学，在理论上并不清楚，在伦理上更容易取消仁的实践意义。

在《二程粹言》中也有若干论及爱与仁：

> 仁者必爱，指爱为仁则不可。不仁者无所知觉，指知觉为仁则不可。[26]

---

[25]《外书》十二，《二程集》，439 页。此条为吕坚中所记和靖语，似与上条为一事。

[26]《粹言》卷一，《二程集》，1173 页。

> 信不足以尽诚，犹爱不足以尽仁也。[27]
>
> 或问："爱何以非仁？"子曰："爱出于情，仁则性也。仁者无偏照，是必爱之。"[28]

参照前引遗书，可知《粹言》中此三条应当都是程颐所说。

二 以生为仁说

上蔡（谢良佐）继承和发展了明道的仁说，由于上蔡以仁说为其思想的重点，他的仁说成为南宋前期最有影响的道学思想。他说：

> 心者何也？仁是已。仁者何也？活者为仁，死者为不仁。今人身体麻痹不知痛痒谓之不仁，桃杏之核可种而生者谓之桃仁杏仁，言有生之意。推此仁可见矣。[29]

《遗书》有"人心常要活"之语[30]，牟宗三以为是明道语，[31]甚是。上蔡以"活者为仁"，是继承明道仁说，明道强调以"生"

---

[27]《粹言》卷一，《二程集》，1178 页。
[28] 同上，1180 页。
[29]《上蔡语录》，四库全书本（以下皆同，不再注明），卷一，3 页。
[30]《遗书》卷五，76 页。
[31]《心体与性体》，正中书局，1993 年，231 页。

论仁,"生"即包含"活",但"生"是就天地万物本然流行而言;上蔡所说的"活"与"死"相对,虽亦是主张"生意",但上蔡此处是重就人心的知觉状态而言。正是在这个意义上,上蔡后来受到朱子的批评。无论如何,上蔡以知觉通活和有生之意为仁,与明道思想的关系甚为明显。

但上蔡不喜欢以爱论仁,似受伊川影响,不过他的理由与伊川并不相同,其又云:

> 晋伯甚好学,初理会仁字不透,吾固曰:"世人说仁,只管着爱上,怎生见得仁?只如'力行近乎仁',力行关爱甚事?何故却近乎仁?推此类具言之"。晋伯固悟曰:"公说仁字,正与尊宿门说禅一般。"[32]

上蔡不赞成以爱说仁,他指出《论语》中孔子许多论仁的话与爱无关,以此来支持他自己的看法。不过,这只能说明仁有若干意义,爱乃其中之一义。另一方面,谢上蔡指出,爱与修身无关,论语中许多关于仁的说法都是和修身有关,应该着重从修身方面来理解仁。这个说法对宋明理学而言,颇有代表性。因为宋明理学重视修养实践,突出仁作为为己之学的道德意义,故降低仁作为爱人的伦理意义。汉代儒学重视仁者爱人的伦理是因为着重点在指向政治的实践(爱民)。汉儒重视外王,

---

[32]《上蔡语录》卷一,8页。

宋儒重视内圣，这大概是可以这样说的。在这一点上上蔡之说比伊川仅仅从性情之辩来说，有力得多。

上蔡论仁最有名的思想是"知觉言仁"说：

> 有知觉、识痛痒，便唤作仁。[33]

> 问求仁如何下功夫？谢曰："如颜子视听言动上作亦得，如曾子颜色容貌辞气上做亦得。出辞气者，犹佛所谓从此心中流出。今人唱一喏，不从心中出来。便是不知痛痒。古人曰'心不在焉，视而不见，听而不闻，食而不知其味'，不见不闻不知味，便是不仁，死汉不识痛痒了。又如仲弓出门如见大宾，使民如承大祭，但存得如见大宾，如承大祭底心在，便是识痛痒。"[34]

> 仁是四肢不仁之仁，不仁是不识痛痒，仁是识痛痒。[35]

> 心有所觉谓之仁。仁则心与事为一。草木五谷之实谓之仁，取名于生也。生则有所觉矣。四肢之偏痹谓之不仁，取名于不知觉也。不知觉则死矣。事有感而随之以喜怒哀乐，应之以酬酢尽变者，非知觉不能也。身与事接，而心漠然不省者，与四体不仁无异也。……此善学者所以

---

[33] 曾恬《记上蔡语》，《宋元学案·上蔡学案》，中华书局，1986年，935页。
[34] 《上蔡语录》卷一，17页。
[35] 《上蔡语录》卷二，1页。

急急于求仁也。[36]

上蔡以为，桃仁杏仁之"仁"取名于生，所以"仁"要从"生"来把握。而"生则有所觉"，生意味有知觉，故不仁就是不知觉、无所知觉。明道吸取医家论仁的说法，其中包含了知觉言仁的意思；但明道的"知觉"说与"一体"说是联系在一起的，而上蔡强调"知觉"，却较少谈及"一体"。这样一来，如果仅讲心的"觉"，仅讲心的"活"，那就还不能把儒家的仁学和禅学的精神区分开来。另外，如前所说，明道所说的知觉是一种大心同体的内在感受和体验，并不是知痛痒一类的直接感受，而上蔡则明确宣称"仁"是"有知觉、识痛痒"，这就容易使境界混同于感觉。

据《朱子语类》等书所引，上蔡论仁还有以下说法：

> 试察吾事亲从兄时此心如何，知此心则知仁。[37]
> 若不知仁，则只知克己复礼而已。[38]
> 博施济众亦仁之功用，然仁之名不由此得也。……己欲立而立人，己欲达而达人，亦非仁也，仁之方所而已。知方所斯可以知仁，犹观"天地变化草木蕃"斯可以知天

---

[36]《论语精义》引，（据《四库全书》198册，上海古籍出版社，1990年本，以下凡引此书不再注明），卷六下，13页。
[37]《朱子语类》，477页。
[38]《朱子语类》，476页。

地之心矣。[39]

前两条是强调仁作为修身的道德实践的重要性。至于他对明道论仁的解释,认为博施济众、己立立人都不是仁,只是仁的某种表现,并没有按照明道的万物一体来理解,不能说完全继承了明道的仁学思想。尤其是,他认为己欲立而立人,己欲达而达人,也不是仁本身,只是行仁的方法,似乎还是强调道德修身,而轻视仁的伦理意义。宋明理学有关仁之体与仁之方的分别讨论,需要下面另作分析,就不能在这里详论了。

三 万物与我为一

程门高弟子中,谢杨二人最为突出。谢上蔡先死,卒于北宋后期;而杨龟山(杨时)卒于朱子出世后5年,即1135年,故全祖望说:"明道喜龟山,伊川喜上蔡,盖其气象相似也。龟山独邀耆寿,遂为南渡洛学大宗。"[40]

比起程门其他人来说,龟山更为注重"求仁之学",在他的影响下,"求仁"成为南宋早期道学的中心话语,朱子的老师一辈和朱子早年无不受此影响。求仁之说出于《论语·述而》"求仁而得仁",龟山说:

---

[39]《朱子语类》,853页。
[40]《宋元学案》龟山学案序录,中华书局,1986年,944页。

> 学者求仁而已,行则由是而之焉者也,其语相似无足疑者。世儒之论仁,不过乎博爱自爱之类,孔子之言则异乎此。其告门人可谓详矣。然而犹曰罕言者,盖其所言皆求仁之方而已,仁之体未尝言故也。要当遍观而熟味之,而后隐于心而安,则庶乎有得,非言论所及也。[41]
>
> 今学者将仁小却,故不知求仁,孔子曰若圣与仁则吾岂敢,孔子尚不敢当,且罕言之,则仁之道不亦大乎?然则所谓合而言之道也,何也?曰:由仁义则行,仁义所谓合也。[42]
>
> 世之论者,以为仁者爱而已矣。盖未尝究观孔子之言耳。知孔子之言仁,圣亦从而可知矣。[43]

他说世儒只是以自爱爱人论仁,未明具体何指,《荀子》中有这类说法,而北宋儒者也有此说,如范祖禹云"仁者必爱人,必能自爱其身"。[44]龟山不取以爱论仁之说,认为以爱论仁都是后儒之论,与孔子本人不同。他把仁之方与仁之体相对,前者出于《论语》,后者出于二程,他认为孔子只讲仁之方,未尝言仁之体,可见实践仁的方法更重要。但他又承认仁之道不亦大乎,仁统诸德,仁代表了一种最大的统一性。龟山

---

[41]《龟山集》,四库全书本(以下皆同,不再注明),卷十四,7页,答胡德辉问。
[42]《龟山集》,卷十,语录,35页。
[43]《龟山集》二十四,浦城县重建文宣王殿记。
[44]《论语精义》卷二上,4页。

更有《求仁斋记》：

> 尝谓古之学者求仁而已矣。传曰放于利而行多怨，又曰求仁而得仁又何怨。……虽然，古之人所以求仁者不亦难乎？夫孔子之徒问仁者多矣，而孔子所以告之者，岂一二言欤？然而犹曰罕言，岂不以仁之道至矣、而言之不能尽欤？故凡孔子之所言者，皆求仁之方也，若夫仁则盖未尝言。是故其徒如由赐者虽曰升堂之士，至于仁则终身莫之许也。所谓求之难，不其然欤！[45]

龟山认为，孔子论仁见于《论语》，但孔子只讲仁之方（《论语·雍也》原有"能近取譬，可谓仁之方也已"），即求仁的方法，并没有亲切论仁，即没有论仁之体。

那么什么是龟山重视的"仁之体"？

> 李似祖、曹令德问何以知仁，曰："孟子以羞恶之心为仁之端，平居但以此体究，久之自见。"因问似祖："令尊寻常如何说隐？"似祖云："如有隐忧，勤恤民隐，皆疾痛之谓也。"曰："孺子将入于井，而人见之者，必有恻隐之心。疾痛非在已也，而为之疾痛，何也？"似祖曰："出于自然不可已也。"曰："安得自然如此？若体究此理，

---

[45]《龟山集》，二十四，求仁斋记。

知其所自来,则仁之道不远矣。"二人退,余从容问曰:"万物与我为一,其仁之体乎?"曰:"然。"[46]

李似祖以恻隐为心之自然不可已,此说与上蔡相近,但龟山不赞同此说。李似祖的父亲主张从隐忧疾痛来认识仁,龟山提问,他人的疾痛,为什么自己会为之疾痛?显然他的提问背后是用明道"万物一体"的思想来作基础的。从其最后答语可见,龟山是主张以"万物与我为一"为"仁之体"。另一方面龟山也强调仁与心性境界的关联,强调从恻隐加以体究,以达到知仁,而知仁则可以知心知性,知仁也就是知"仁之体"。

无伐善,故能若此,视天下无一物之非仁也,夫谁与之校?[47]

问:"所解《论语》'犯而不校'处云:'视天下无一物非仁也,故虽犯而不校。'此如四海之内皆兄弟之义看否?"曰:"然。仁者与物无忤,自不见其有犯我者,更与谁校?"[48]

吕与叔尝作克己复礼颂,曾见之否?其略曰:"洞然八荒,皆在我闼。孰曰天下,不归吾仁。斯言得之。"[49]

---

[46]《龟山集》,卷十一,语录二,1页。
[47]《论语精义》卷四下,11页。
[48] 同上,20页。
[49]《龟山集》卷十四,6页。

> 问:"中庸发明忠恕之理,以有一贯之意,如何?"曰:"何以言之?"曰:"物我兼体。"曰:"只为不是物我兼体。若物我兼体则固一矣,此正孟子所谓善推其所以为者乃是参彼已为言。若知孔子以能近取譬为仁之方,不谓之仁,则知此意。"曰:"即己即物可谓一否?"曰:"然。"[50]
>
> 能常操而存者,天下与吾一体也耳,孰非吾仁乎?[51]

这几段都是讲万物一体的。仁者与物无对,是说仁者不把物看作与自己相对的外物,而视己与物为一体;杨时门下又把这个思想叫作"物我兼体","即己即物",也叫作视天下无一物非仁;吕大临把万物一体又叫作归于吾仁。这些都是主张天下万物与我一体即是仁。

龟山的格物说也与其求仁方法相贯通:

> 明善在致知,致知在格物。号物之多至于万,则物将有不可胜穷者。反身而诚,则举天下之物在我矣。诗曰"天生烝民,有物有则",凡形色具于吾身者无非物也,而各有则焉;反而求之则天下之理得矣。由是而通天下之志,类万物之情,参天地之化,其则不远矣。[52]

---

[50]《龟山集》十三,语录四,24页。
[51]《论语精义》卷六下8页引。
[52]《龟山集》十八,答李杭,7页。

> 知其体物而不可遗，则天下之理得矣。天下之理得，则物与吾一也，无有能乱吾之思，而意其有不诚乎？[53]

他认为格物功夫不是追求外物，主要是反身诚意；举天下之物在我，就是仁者以天地万物为一体。反身诚意便"天下之理得"，天下之理得则可达到"物与吾一也"的境界。可见他的格物说也是以其仁说为基础的。物与吾一，就是仁者与物同体，用中庸的话说，就是体物不可遗。事实上，仁体正是体物不可遗。

四　物我兼体

龟山以万物一体为仁，吕大临（字与叔）亦以"一体"解仁，他们都继承了程颢的仁说思想。吕大临说：

> 仁者以天下为一体，天秩天叙，莫不具存。人之所以不仁，己自己，物自物，不以为同体。胜一己之私，以反乎天秩天叙，则物我兼体，虽天下之大，皆归于吾仁术之中。一日有是心，则一日有是德。有己，则丧其为仁，天下非吾体；忘己，则反得吾仁，天下为一人。故克己复礼，昔之所丧，今复得之，非天下归仁者欤？[54]

---

[53]《龟山集》二十六，题肖欲仁大学篇后，3页。
[54]《论语解·颜渊第十二》，《蓝田吕氏遗著辑校》，中华书局，1993年，454页。

大临强调，人之所以不能与物同体，关键是有己有私。有己有私就会把自己和外物对立起来，认为自己是自己，外物是外物，只以自我为主，这就达不到物我同体、物我兼体。所以求仁的功夫就是要去其有己有私之心，忘己而返于天理，这样就可以达到物我兼体的境界。他以有己与忘己相对，有己就不能与万物同体，便丧失了仁的本体；忘己则以天下为一人，就会返回仁的本体。在提倡物我兼体上，他与龟山是一致的，但与龟山的体验格物说不同，大临更提出克己是求仁的功夫，故大临又有《克己铭》，云：

> 凡厥有生，均气同体；胡为不仁，我则有己。立己与物，私为町畦；胜心横生，扰扰不齐。大人存诚，心见帝则；方无吝骄，作我蟊贼。志以为帅，气为卒徒；奉词于天，孰敢侮予？且战且徕，胜私窒欲；昔焉寇仇，今则臣仆。方其未克，窘我室庐；妇姑勃蹊，安取厥余。亦既克之，皇皇四达；洞然八荒，皆在我闼。孰曰天下，不归吾仁？痒疴疾痛，举切吾身。一日至之，莫非吾事；颜何人哉，希之则是。[55]

大临本是横渠门人，横渠死后，往来于程门。他说"凡厥有生，均气同体"，把气和同体联结在一起，可见横渠气学的影

---

[55] 同上书，590页。此文在《论语解》作"赞曰"，且"唏"字作"希"。

响。而他以同体解仁，本来也合于横渠《西铭》。只是横渠未以"一体"与"仁"联系起来，也未把其"视天下无一物非我"与"仁"联系起来。而程颢大力赞同横渠"一体"之说，突出以一体论仁，可见大临此铭又受了明道的影响。大临在气的意义上讲同体，这就突破了二程只重在境界上讲仁，使仁有了本体的意义。而大临虽然也在仁的境界意义上与程门相同，但在求仁的功夫方面则突出了"克己"的意义，后来对朱子仁说影响亦复不小。

游酢（字定夫）亦二程高弟，且其为福建建州人，距离朱子所居较近，应当说，道南理学的发展，定夫也有参与之功。只是他卒于北宋之末，不如杨时寿长、位高、传人多而已。

"复其见天地之心乎"，天地之心主于生物，复之时未有物也，而物以阳复而生。博爱者，圣人之心也。[56]

孟子曰："仁，人心也"，则仁之为言，得其本心而已。心之本体，则喜怒哀乐之未发者是也。惟其徇己之私，汩于忿欲，而人道熄矣。诚能胜人心之私，以还道心之公，则将视人如己，视物如人，而心之本体见矣。自此而亲亲，自此而仁民，自此而爱物，皆其本心随物而见者然也。故曰克己复礼为仁。礼者，性之中也。且心之本

---

[56]《游酢文集》卷二，《易说》，延边大学出版社，1998年版（以下凡引此书不再注明版本），52页。

体,一而已矣,非事事而为之,物物而爱之,良非积日累月而后可至也。一日反本复常,则万物一体,无适而非仁矣。故曰一日克己复礼,天下归仁焉。[57]

恻者,心之感于物也;隐者,心之痛于中也。物之体伤于彼,而吾之心感应于此,仁之体显矣。……至于充其心体之本然,则万物一体矣,无物我之间也,故天下归仁焉。[58]

他肯定博爱是圣人之心,虽然没有说博爱是仁,但比起上蔡要平实。从他的"一日反本复常,则万物一体"和"万物一体矣,无物我之间也","万物一体,无适而非仁"来看,他也是主张以万物一体为仁的。但游氏的特点是强调心之本体即是仁,也就是说,心之本体即是以万物为一体的,故而此本心为仁之体;人能以本心感应于物,仁之体显现和实现出来,由之而达到天下归仁的全体大用。这个讲法明确提出仁是本心,仁是心之本体的思想,主张人能反其本心,便达到万物一体之仁。这比上蔡"知仁则知心知性"的说法,比吕大临"反得吾仁,昔之所丧,今复得之"的思想在心性论上都进了一步。而且,他说仁之体显矣,包含了仁体显现于万物的意思。

---

[57]《游酢文集》卷三,《论语杂解·颜渊问仁章》,110页。
[58] 同上书,《孟子杂解》,118页。

五　皆归吾仁说

胡宏（号五峰）是杨时之后、朱子以前最有影响力的南宋理学思想家，南宋湖湘学的代表，朱子早年曾受到五峰思想的不少影响。五峰说：

> 仁者天地之心也，心不尽用，君子而不仁者，有矣。[59]

早在汉代，董仲舒就提出"天，仁也"[60]，又说"仁，天心"[61]。这应当是以仁为天地之心的最早的讲法。故伊川也说过"天心所以至仁者，惟公尔"。所以胡宏自己也说：

> 中，天性。仁，天心。[62]

这应该是接着董仲舒来讲的。仁是天心，此天心亦禀赋为人心：

> 颜子之资禀天然完具者，以其天地之心大也。大则高

---

[59]《知言·天命》，《胡宏集》，中华书局，1987年（以下凡引此书不再注明版本），4页。

[60]《春秋繁露》卷十一，王道通三第四十四，《二十二子》，上海古籍出版社，1986年，794页。

[61]《春秋繁露》卷六，俞序第十七，《二十二子》，780页。

[62]《知言·汉文》，《胡宏集》，41页。

明，高明则物莫能蔽。[63]

至哉，吾观天地之神道，其时无忒，赋形万物，无大无细，各足其分，太和保合，变化无穷也。凡人之生，粹然天地之心，道义全具，无适无莫，不可以善恶辩，不可以是非分，无过也无不及也，此中之所以名也。[64]

这说明五峰以"仁"为天地之心，又认为人之生都天赋有此天地之心，这个说法开了朱子仁说的先河。不过有时他又把天地之心说为"中"。这是因为他还顾及龟山重视《中庸》的传统，试图把仁说与中和说两者结合起来。他又说：

其合于天地，通于鬼神者，何也？曰：仁也，人而克仁，乃能乘天运，御六气，赞化工，生万物；与天地参，正名为人。[65]

仁者，人所以肖天地之机要也。[66]

可见仁是合于天地、通于鬼神、禀于人心的普遍的存在本体，又是人参天地、化万物的实践原理。五峰很重视天地之化、鬼神之变的宇宙论问题，故其说往往从天地立论，表现出一定的

---

[63]《题张敬夫希颜录》，《胡宏集》，192页。
[64]《知言疑义》，《胡宏集》，332页。
[65]《邵州学记》，《胡宏集》，150页。
[66]《知言·纷华》，《胡宏集》，25页。

仁为本体思想。朱子后来也受到五峰此种影响，发展出庞大的仁学宇宙论体系。

五峰也受到张载的影响，他说：

> 万物备而为人，物有未体，非仁也。万民合而为君，有一民而不归吾仁，非王也。[67]

据《宋元学案》："范伯达云：'"天下归仁"，只是物物皆归吾仁。'先生指窗问曰：'此还归仁否？'范默然。"[68]范本属湖湘学派，此处的先生是王信伯。这种把论语的天下归仁解释为物物皆归吾仁的做法，使归仁说和万物一体说可以结合。五峰也受到此种结合的影响。横渠说："大其心则能体天下之物，物有未体，则心为有外。"[69]五峰此说亦可谓有得于横渠。但横渠始终未将此大心之境说为仁，五峰则把"体天下之物"的实践和境界明确为"仁"。

五峰更强调仁是道的基础，仁是圣人之道：

> 道非仁不立。孝者，仁之基也。仁者，道之生也。义者，仁之质也。[70]

---

[67]　同上。
[68]　《宋元学案》卷二十九　震泽学案（全氏补本）。
[69]　《正蒙·大心》，《张载集》，中华书局，1979年，24页。
[70]　《知言·修身》，《胡宏集》，4页。

这是说，孝是仁的开始，人能作到仁，才形成了人道。"仁者道之生"也就是下面所说的"人而能仁，道是以生"。

五峰很强调仁的重要，认为仁是圣学的要道：

> 夫圣人之道，本诸身以成万物，广大不可穷，变通不可测，而有一言可以蔽之者，曰仁而已。仁也者，人也。人而能仁，道是以生。生则安，安则久，久则天，天以生为道者也。人之于道，下学于己而可上达于天，然后仁可言矣。[71]
>
> 唯仁者为能一以贯天下之道。是故欲知一贯之道者，必先求仁，欲求仁者，必先识心。忠恕者，天地之心也。人而主忠行恕，求仁之方也。施诸己不愿，亦勿施诸于人，即主忠行恕之实也。[72]

在五峰看来，仁不仅是圣人的大道，不仅是生民当行的人道，而且是人合于天、上达于天的一贯之道。在他的说法之中，上达于天而后可以言仁，是指出仁不仅是人道的原理，也是宇宙的原理，人的求仁之学也是从下学而最后与天合一。他还强调欲求仁先识心，既要识天地之心，也要识人之心，他以天地之心为忠恕是以天地之心为仁的另一种说法。他以生为天之道，也接续了北宋对生的讨论，也下开了朱子天地以生物为心的讨论。

---

[71]《求仁说》，《胡宏集》，196页。
[72]《论语指南》，《胡宏集》，305页。

总的来说，北宋的道学，发展到南宋前期，仁说处于其中的核心。以《西铭》和《识仁篇》为代表的新仁学，突出"万物一体"的观念和境界，对后来道学的发展影响甚大。程颢、杨时、吕大临、游酢，都以这种"万物一体"的思想解释"仁"。上蔡虽然不讲与物同体，但他以生解仁，以知觉论仁，也是继承和发展明道的论仁思想之一面，这个方向也是仁学宇宙论发展的一个重要方向。朱子虽然不重视万物一体说仁，但他在仁说的辩论中，重建了仁与爱的联系，并把仁联结到天地生物之心，使仁学亦可向更广的空间发展。

就宋代的仁说来看，就以上本章所述来看，仁作为万物一体的概念，主要显现在主观的方面，而不是显现为客观的方面。就是说，仁作为万物一体主要被理解为作为人心的目标的境界，人的一切修养功夫所要达到的仁的境界就是万物一体的精神境界。这还没有强调把仁的万物一体从客观的方面来把握，从实体的方面来把握。或者说没有把仁作为实体的意义从万物一体去理解去呈现。当然，万物一体的仁学，在这里虽然显现为主观的，但在这一话语的形成和这个话语在道学内部造成的重大影响，为从客观的方面去把握万物一体之仁准备了基础，这是宋儒特别是程明道及其思想继承者的贡献。

六　大人以天地万物为一体

这种从主观方面理解的万物一体的思想在明代更为发展。

明代的王阳明,特别阐发万物一体的思想,使其万物一体的思想成为其晚年与致良知思想并立的主要思想,也因此,万物一体的思想成为中晚明阳明学的重要内容。这里仅举出王阳明作为代表。

王阳明提出:

> 圣人之求尽其心也,以天地万物为一体也。吾之父子亲矣,而天下有未亲者焉,吾心未尽也;吾之君臣义矣,而天下有未义者焉,吾心未尽也;吾之夫妇别矣,长幼序矣,朋友信矣,而天下有未别、未序、未信者焉,吾心未尽也。吾之一家饱暖逸乐矣,而天下有未饱暖逸乐者焉,其能以亲乎?义乎?别、序、信乎?吾心未尽也;故于是有纪纲政事之设焉,有礼乐教化之施焉,凡以裁成辅相、成己成物,而求尽吾心焉耳。心尽而家以齐,国以治,天下以平。故圣人之学不出乎尽心。[73]

圣人之心以天地万物为一体,是圣人尽心的境界,人需要学习圣人尽心的功夫,以求达到他的以万物为一体的内心境界。

王阳明认为,以天地万物为一体,不仅是人要追求的境界,它也是人心的本体,是一切人心而不仅仅是圣人之心的本体,他在《大学问》中将此意发挥得最为透彻:

---

[73]《重修山阴县学记》,《王阳明全集》上册,上海古籍出版社,1992年,256页。

阳明子曰："大人者，以天地万物为一体者也，其视天下犹一家，中国犹一人焉。若夫间形骸而分尔我者，小人矣。大人之能以天地万物为一体也，非意之也，其心之仁本若是，其与天地万物而为一也。岂惟大人，虽小人之心亦莫不然，彼顾自小之耳。是故见孺子之入井，而必有怵惕恻隐之心焉，是其仁之与孺子而为一体也；孺子犹同类者也，见鸟兽之哀鸣觳觫，而必有不忍之心焉，是其仁之与鸟兽而为一体也；鸟兽犹有知觉者也，见草木之摧折而必有悯恤之心焉，是其仁之与草木而为一体也；草木犹有生意者也，见瓦石之毁坏而必有顾惜之心焉，是其仁之与瓦石而为一体也；是其一体之仁也，虽小人之心亦必有之。是乃根于天命之性，而自然灵昭不昧者也，是故谓之'明德'。小人之心既已分隔隘陋矣，而其一体之仁犹能不昧若此者，是其未动于欲，而未蔽于私之时也。及其动于欲，蔽于私，而利害相攻，忿怒相激，则将戕物圮类，无所不为，其甚至有骨肉相残者，而一体之仁亡矣。是故苟无私欲之蔽，则虽小人之心，而其一体之仁犹大人也；一有私欲之蔽，则虽大人之心，而其分隔隘陋犹小人矣。故夫为大人之学者，亦惟去其私欲之蔽，以自明其明德，复其天地万物一体之本然而已耳；非能于本体之外而有所增益之也。"[74]

---

[74]《大学问》，《王阳明全集》下册，967页。

这里提出，不仅大人君子在内心在实践上以万物为一体，小人 / 一般人也是以天地万物为一体的，这是指其本心而言，小人不仅其本心以万物为一体，小人在某些场合也能显现其一体的本心，换言之，在某些时候小人也能发显、发端其一体之心，此即在不同境遇下发显的恻隐、不忍、悯恤之心："见孺子之入井，而必有怵惕恻隐之心焉，是其仁之与孺子而为一体也；孺子犹同类者也，见鸟兽之哀鸣觳觫，而必有不忍之心焉，是其仁之与鸟兽而为一体也；鸟兽犹有知觉者也，见草木之摧折而必有悯恤之心焉，是其仁之与草木而为一体也；草木犹有生意者也，见瓦石之毁坏而必有顾惜之心焉，是其仁之与瓦石而为一体也。"值得注意的是，照这里的表达，他不说其心与万物为一体，而说"其仁与万物为一体"，其仁即指其仁心的显现。

当然，阳明此说，只在心上讲天地万物为一体，只在心上讲一体之仁，还是不够的，只有在本体上讲一体之仁，方才周遍。

据《年谱》，阳明晚年居越讲学，环座而听者常三百人，而阳明"只发《大学》万物同体之旨，使人各求本性、致极良知"，[75]这说明"万物同体"直至阳明晚年仍是其讲学的基本宗旨之一。《大学》本文并没有谈到万物一体或万物同体的思想，而阳明用万物同体的思想诠释《大学》"亲民"的纲领，所以说

---

[75]《阳明全书》三十四，469 页。

"发大学万物同体之旨"。由此也可见,阳明万物同体思想的重点是在"博施济众""仁民爱物"的亲民一面。

由于阳明把"仁者与天地万物为一体"与《大学》三纲领之一的"亲民"联成一体,比起孔子的博施济众和孟子的仁民爱物,更加凸显出儒学诚爱恻怛的悲悯情怀和对于社会的责任感与使命感。对于一个儒家知识分子来说,如果他出任行政职务,万物一体主要落实到"政";如果不仕,则主要落实到"道"与"学"。比起朱子来,阳明受命担任过大量行政职务,这可能是他更强调亲民的一个原因。无论如何,阳明有关以天地万物为一体的几个大段文字,不仅是一气贯通,如大江之流一泻千里,而且是阳明全部著作中最富感情色彩的文字,这说明以天地万物为一体的思想是他全部学问与精神生活的一个重要部分。

钱德洪曾指出:"平生冒天下之非诋推诟,万死一生,遑遑然不忘讲学,惟恐吾人不闻斯道,流于功利机智,以日坠于夷狄禽兽,而不觉其一体同物之心,饶饶终身至于毙而后已,此孔孟以来贤圣苦心,虽门人子弟未足以慰其情也。是情也,莫详于答聂文蔚之第一书。"[76] 阳明痛悼末学支离,深忧世风败乱,力陈万物一体之旨,固然在嘉靖五年的《答聂文蔚》书中得到充分表现,事实上,在嘉靖三年中也抒发得淋漓尽致:

---

[76]《传习录》中弁语,《阳明全书》二,53页。

夫圣人之心以天地万物为一体，其视天下之人无外内远近，凡有血气，皆其昆弟赤子之亲，莫不欲安全而教养之，以遂其万物一体之念。天下之人心，其始亦非有异于圣人也，特其间于有我之私，隔于物欲之蔽，大者以小，通者以塞，人各有心，至有视其父子兄弟如仇仇者。圣人忧之，是以推其天地万物一体之仁，以教天下，使之皆有以克其私去其蔽，以复其心体之同然。[77]

《拔本塞源论》的主题是辨别本末，区分复心体之同然的心学与追逐名物知识的支离之学。阳明认为，人的一切罪恶都源于人不能以万物为一体，而所以不能以万物为一体是由于功利霸术和记诵训诂之学阻碍了人恢复自己的心体。在阳明看来，就心的本来面目而言，每个人与圣人一样，都是以天地万物为一体的，这种一体主要表现为相互之间的诚爱无私，"其精神流贯，志气通达而无有乎人己之分、物我之间"、"其元气充周、血脉条畅。是以痒疴呼吸、感触神应；有不言而喻之妙。"[78] 程颢开创了以人身的血气流通譬仁，他在《识仁篇》提出，万物一体的境界是把万物看成息息相通的一个整体，这个整体就是大"己"，把宇宙每一部分都看作与自己有直接联系，甚至就是自己的一部分，这样的境界就是仁。程颢认为，这可以用古

---

[77] 《拔本塞源论》，《阳明全书》二，58页。
[78] 同上。

典中医理论把手足麻痹称为"不仁"来类比地理解,在肢体麻痹的情况下,人就不会感到麻痹的肢体是整个身体的一部分;阳明显然继承了这一思想。《拔本塞源论》写得痛快淋漓,一气直下,说明它体现了阳明真实思想与感情。文章最后说:"其闻吾拔本塞源之论,必有恻然而悲、戚然而痛、愤然而起、沛然若决江河而有所不可御者矣,非夫豪杰之士而所待兴起者,吾谁与望乎!"[79]

他在答聂文蔚书中表达了同样的思想:

> 夫人者天地之心,天地万物本吾一体者也。生民之困苦荼毒、孰非疾痛之切于吾身者乎?不知吾身之疾痛,无是非之心者也。是非之心,不虑而知、不学而能,所谓良知也。良知在人心无间于圣愚,天下古今之所同也。世之君子惟务致其良知,则自然公是非、同好恶、视人犹己,视国犹家,而以天地万物为一体,求天下无治,不可得矣。古之人所以能见善不啻若己出,见恶不啻若己入,视民之饥溺犹己之饥溺,而一夫不获若己而推纳诸沟中者。……仆诚赖天之灵,偶有见于良知之学,以为必由是而后天下可得而治,是以每念斯民之陷溺,则为之戚然痛心,忘其身之不肖而思以此救之,亦不自知其量者。天下之人见其若是,遂相与非笑而诋斥之,以

---

[79] 同上。

为是病狂丧心之人耳。呜呼！是奚足恤哉？吾方疾痛之切肤，而暇计人之非笑乎？[80]

阳明还把他对生民苦难的悲悯情怀和由此引发的大声疾呼，比喻为一个人见到父子兄弟坠于深渊而"呼号匍匐、裸跣颠顿、狂奔尽气"，这些突出地表现了他对世人的痛楚、苦难、不幸的恻隐爱心，和急切的拯救的心情。他说：

> 盖其天地万物一体之仁，疾痛迫切，虽欲已之而自有所不容已，故其言曰"吾非斯人之徒而谁与！"欲洁其身而乱大伦，果哉末之难矣。呜呼，此非诚以天地万物为一体者孰能以知夫子之心乎？若其遁世无闷、乐天知命者，则固无入而不自得，道并行而不相悖矣，仆之不肖，何敢以夫子之道为己任，顾其心亦稍知疾痛之在身，是以彷徨四顾，将求其有助于我者相与讲去其病耳。[81]

正如《年谱》所说，阳明晚年对《大学》的讲授特别强调了"与物同体"的思想。在《大学问》中用了大量的篇幅围绕着何为大人之学全面阐发了阳明关于仁者以天地万物为一体的思想。其中的要点是：

---

[80]《答聂文蔚一》，《阳明全书》二，68页。
[81] 同上。

第一,"以天地万物为一体"是一种精神境界,具体表现为"视天下犹一家、中国犹一人"。也就是视人犹己。因此,如果"大学"是大人之学,那么"大人者,以天地万物为一体者也,其视天下犹一家、中国犹一人焉,若夫间形骸、分尔我者,小人矣。"[82] 就是说,真正达到了万物一体境界的人(大人),把整个世界看成自己的家庭,这也就是张载在《西铭》中所说的乾称父,坤称母,民吾同胞,物吾与也,"凡天下疲癃残疾、孤独鳏寡,皆吾兄弟之颠连而无告者也"。如果说张载强调把宇宙看成一家,那么程颢则更强调把万物看成一人。程颢说:"若夫至仁,则天地为一身,而天地之间、品物万形,为四肢百体。夫人岂有视四肢百体而不爱者哉!……医书有以手足风顽谓之四体不仁者,为其疾病不以累其心故也。夫手足在我,而疾痛不与知焉,非不仁而何?"[83] 既然万物都是我这同一身躯的肢体,如果把自己的肢体看成不属于"我"的"尔",或看成他人的形体,这就是不仁。因此只有以天地万物为一体(身)才是"至仁"的境界。在这样一种哲学的境界中,人与万物,我与他人都是"共在",他人对于我不仅不是地狱(萨特),作为同一家庭的成员对于我有亲切感,而我对之承担着各种义务与责任。"仁者与天地万物为一体"的意义在于,在这个"一体"的关系中,"我—他"、"我—它"转化为"我—吾",或者说转化

---

[82]《大学问》,《阳明全书》,二十六,373页。
[83]《遗书》二上。

为马丁·布伯所说的"我—你"。[84]在这个关系中,他人及生灵万物,不再是与我相分离、相对立的异在者,正如布伯所说的,我与你之间伫立的是爱,作为第二境界的"我与你"正是要引导到爱(帮助、抚养、拯救)一切人,万物一体也是要引导到仁爱。

第二,以万物为一体诚然是人的至仁境界,但就本质上来说,一方面心之本体原本是以万物一体的,另一方面,在存有论上,万物本来就处于"一气流通"的一体联系之中,正与布伯强调"我与你"比"我"、"我与它"具有本源性一样,阳明也是强调一体的本源性。人的现实的、经验的心不能以天地万物为一体,是由于他的本心受到了污蔽和垢染,人经过修养所实现的万物一体的大我之境,既是精神经过提升所达到的至仁之境,又是回复到心的本来之体。故阳明说:"大人者能以天地万物一体也,非意之也,其心之仁本若是。其与天地万物而为一也,岂惟大人,虽小人之心亦莫不然。彼顾自小之耳,是故见孺子入井而必有怵惕恻隐之心焉,是其仁之与孺子而为一体也。孺子犹同类者也,见鸟兽之哀鸣觳觫而必有不忍之心焉,是其仁之与鸟兽而为一体也。鸟兽犹有知觉者也,见草木之摧折而必有悯恤之心焉,是其仁之与草木而为一体也。草木犹有生意者也,见瓦石之毁坏而必有顾惜之心焉,是其仁之与瓦石而为一体也。是其一体之仁也,虽小人之心亦必有之,……故

---

[84] 马丁·布伯《我与你》,三联书店,1987年。

夫为大人之学者,亦惟去其私欲之蔽,以自明其明德,复其天地万物一体之本然而已耳。"[85]对生灵万物和他人的仁爱冲动是人的本性,人对于他们的爱是出于把他们视如自己身体的一部分。

第三,以天地万物为一体既是境界,又是本体,实现此种境界的工夫则是"明明德"与"亲民"交互为用。明明德必须落实在亲民的实践层次上,才是真正实现了万物一体的境界。"亲吾之父以及人之父、以及天下人之父,而后吾之仁实与吾之父、人之父、天下人之父而为一体矣。实与之为一体,而后孝之明德始明矣。……君臣也、夫妇也、朋友也,以至于山川草木鬼神鸟兽也,莫不实有以亲之,以达吾一体之仁,然后吾之明德始无不明,而真能以天地万物为一体矣。"[86]虽然,"明明德,体也;亲民,用也"[87],"明明德者立其天地万物一体之体也,亲民者达其天地万物一体之用也",逻辑上明德与亲民是体用的关系,但实践上,"明明德必在亲民,而亲民乃所以明明德也",亲民是明明德的具体方式和手段,离开了亲民明明德就无法实现。《大学问》与《亲民堂记》很接近,二者都指出,脱离了亲民的社会实践去明明德是不可能的。明明德与亲民,正如知与行一样,是合一的,"亲民在明

---

[85]《阳明全书》二十六,373页。
[86]《大学问》,《阳明全书》二十六,373页。
[87]《书朱子礼卷》,《阳明全书》八,143页。

明德"、"明明德在亲民"、"亲民明明德一也",两者事实上是互为体用的。

既然人者天地之心,人的意识就不仅是他个人的自我意识,他的意识也就是宇宙的自我意识,就是说他所意识到的"自我"不应再是一个小我之"身",而是整个宇宙这样一个"大体",这才是"吾其体"。他必须意识到,或者说使他的境界提升到这样的认识,即他的一身即整个宇宙万物,他的意识是这个大体的自我意识。在这样一个"以天地万物为一体"的至仁境界中,他就会视万物"无一物非我"、"莫非己也",这种境界中的"我"或"己",就不再是一个小我,而是一个大我。"无一物非我","莫非己也",表明这个境界还不是完全否定"我",仍然以"我"的某种感受性为基础,但这已经是由小我上升到大我的"有我之境",是最高的"有"的境界。

明代心学虽然突出主观方面理解的万物一体的仁学,但王阳明论一体时仍提到万物一体的一体性联系与宇宙一气流通的关联,于是仁与草木瓦石的一体是存在论的实在,"非意之也",这也就为从客观的实体方面去把握万物一体之仁打通了基础。最后来看王阳明的三段语录:

> 仁者以万物为体,不能一体,只是己私未忘。全得仁体,则天下皆归于吾。仁就是"八荒皆在我闼"意,天下皆与,其仁亦在其中。如"在邦无怨,在家无怨",亦只是自家不怨,如"不怨天,不尤人"之意。然家邦无怨,

于我亦在其中，但所重不在此。[88]

盖天地万物与人原是一体，其发窍之最精处，是人心一点灵明。风、雨、露、雷、日、月、星、辰、禽、兽、草、木、山、川、土、石，与人原只一体。故五谷禽兽之类，皆可以养人；药石之类，皆可以疗疾：只为同此一气，故能相通耳。[89]

问："人心与物同体，如吾身原是血气流通的，所以谓之同体。若于人便异体了。禽兽草木益远矣，而何谓之同体？"先生曰："你只在感应之几上看，岂但禽兽草木，虽天地也与我同体的，鬼神也与我同体的。"请问。先生曰："你看这个天地中间，什么是天地的心？"对曰："尝闻人是天地的心。"曰："人又什么教做心？"对曰："只是一个灵明。""可知充天塞地中间，只有这个灵明，人只为形体自间隔了。我的灵明，便是天地鬼神的主宰。天没有我的灵明，谁去仰他高？地没有我的灵明，谁去俯他深？鬼神没有我的灵明，谁去辨他吉凶灾祥？天地鬼神万物离去我的灵明，便没有天地鬼神万物了。我的灵明离却天地鬼神万物，亦没有我的灵明。如此，便是一气流通的，如何与他间隔得！"[90]

---

[88]《传习录》下，《阳明全书》三，81页。
[89]《传习录》下，《阳明全书》三，79页。
[90]《传习录》下，《阳明全书》三，85页。

上面三段语录，第一段所说的全得仁体，还是突出在主观方面，第二段便已经说明，仁者以天地万物为一体，不仅是主观的境界，天地万物与人本来是一体，在存在上即原来一体，这种一体是基于气的存在的一体性，所以万物相通一体，第三段更加强调，人不仅与万物同体，与天地也是同体，与鬼神也是同体，一气流通即是同体，即是本体。可见这种"一体"不仅在境界上应然如此，在心体上本然如此，在存有的状态说是实然如此："天地万物与人原是一体，其发窍之最精处是人心一点灵明，风雨露雷日月星辰禽兽草木山川土石与人原是一体，……只为同此一气，故能相通耳。"[91] 从张载到王阳明，宋明儒者都没有放弃过"气"的观念。在心学传统中，存有论的气的概念服从于人生论的需要，气的这种哲学的意义与西方哲学显然有极为不同的意义。但很明显的是，气的概念使万物一体之仁的实体化成为可能。照阳明与弟子另一段关于"人心与物同体"的答问，所谓"如此便是一气流通的，如何与他间隔得"[92]，其中的"一气流通"不仅具有物质实体的意义，也同时包含着把宇宙看成一个有机系统的意义，无论哪一方面，都是强调万物与"我"的息息相关的不可分割性，这个不可分割的有机系统的总体即是仁体。从而仁体可以超出心体而成为宇宙的本体。

---

[91]《传习录》下，《阳明全书》三，79页。
[92] 同上，85页。

第八 生物之心

前章指出，就宋代的仁说来看，仁作为万物一体的概念，主要显现在主观的方面，而不是显现为客观的方面。就是说，仁作为万物一体主要被理解为作为人心的目标的境界，人的一切修养功夫所要达到的仁的境界就是万物一体的精神境界。这还没有强调把仁的万物一体从客观的方面来把握，从实体的方面来把握。或者说没有把仁作为实体的意义从万物一体去理解去呈现。当然，万物一体的仁学，在这里虽然显现为主观的，但在这一话语的形成和这个话语在道学内部造成的重大影响，为从客观的方面去把握万物一体之仁准备了基础，而从客观的方面来把握仁体的代表，便是朱子。本章基于以上各章的思想，特别是接续万物一体章，从仁体的角度，先对朱子《仁说》思想加以分析，并在下一章作进一步讨论。

就仁学史来说，《仁说》提供了一个朱子在发展道学话语过程中如何综合二程并加以发展的例证。与中和之辩朱子特取伊川之说不同，朱子的仁说既是对明道以"一体"和"知觉"为中心的仁说的扬弃，也并未采取伊川以公论仁的思想，反而多处与伊川不同。[1]它表明，朱子在消化二程思想的同时，并不是仅取伊川之说，也对伊川思想作了加工、整理和重构，吸收了明道的仁学思想，并从整个儒学仁学的立场上展开其思考。

一　论仁与爱

乾道六年，张南轩（张栻字钦夫敬夫）去朝，退居长沙，编成《洙泗言仁录》。这个做法是实践伊川曾经说过的"将圣贤所言仁处类聚观之"，及"当合孔孟言仁处，大概穷研之"[2]的讲法。事实上，上蔡也说过："学者必求仁，须将孔门问答仁处，编类考察，自体仁一个紧要处，方可。"[3]张南轩为此书所作序云：

> 昔者夫子讲道洙泗，示人以求仁之方。盖仁者天地之

---

[1] 在仁说问题上，伊川主张类聚言仁法，主张以公论仁，反对以爱言仁，朱子皆不赞同。而且朱子克斋记放弃伊川说，而取大临一体说；不取伊川易传天地生物之心说，而取明道天地以生物为心说；主张不脱离字义而强调功夫，凡此皆与伊川不同。

[2] 参看《遗书》十八、二十四。

[3] 《胡氏家传录》，《伊洛渊源录》卷九，谢学士遗事，12页。

心，天地之心而存乎人，所谓仁也。人惟蔽于有己，而不能以推，失其所以为人之道，故学者必贵于求仁也。……某读程子之书，其间教门人取圣贤言仁处类聚以观，而体认之，因哀鲁论所载，疏程子之说于下，而推以己见，题曰洙泗言仁，与同志者共讲焉。嗟乎，仁虽难言，然圣人教人求仁，具有本末，譬如饮食乃能知味，故先其难而后其获，所为为仁而难矣，难于克己也……。[4]

可知《洙泗言仁录》不仅收集和分类整理了《论语》中的言仁之说，而且附以二程对孔门仁说的解释，和张南轩自己的进一步发挥。特别值得注意的是，序文中所说的"仁者天地之心，天地之心而存乎人，所谓仁也"，引发了朱子的响应——仁说的讨论，后来朱子和南轩的《仁说》都是以这个说法为讨论的共同背景。而这个说法本来出自胡宏，《知言》曰："仁者，天地之心也。"[5]胡宏还说过："仁者，人之所以肖天地之机要也。"[6]这既把仁看成普遍性的天地之心，又把人道之仁看成对天地造化的摹仿，这就展开了仁的宇宙论的根源和仁的宇宙论意义的讨论。

朱子收到南轩的《洙泗言仁录》之后，即回书云：

---

[4]《张栻全集》中册，长春出版社，1999年，752页。
[5]《知言·天命》，《胡宏集》，4页。
[6]《知言·纷华》，《胡宏集》，25页。

> 类聚孔孟言仁处，以求夫人之说，程子为人之意，可谓深矣。然专一如此用功，却恐不免长欲速好径之心，滋入耳出口之蔽，亦不可不察也。大抵二先生以前，学者全不知有仁字，凡圣贤说仁处，不过只作爱字看了。自二先生以来，学者始知理会仁字，不敢只作爱字说。然其流复不免有弊者，盖专务说仁，而于操存涵养之功，不免有所忽略，故无优柔厌饫之味、克己复礼之实，不但"其蔽也愚"而已。而又一向离了爱字悬空揣摸，既无真实见处，故其为说，恍惚惊怪，弊病百端，反不若全不知有仁字，而只作爱字看却之为愈也。……若欲晓得仁之名义，则又不若且将爱字推求；若见得仁之所以爱，而爱之不能尽仁，则仁之名义意思了然在目矣。[7]

孔门言仁录的类编，本源于伊川的主张，朱子却明白表示不赞成伊川的这种主张。他指出，二程以前，学者论仁，只做爱字来说，不能了解仁的本体意义。二程之后，离开爱字论仁，又没有了实践的方向，也没有真正的功夫。他特别指出，程门自二程以下，都不敢以爱说仁，但渐渐流于"悬空揣摩"，在本体和功夫两方面都有问题，必须纠正。朱子要扭转二程门人以下离爱说仁的方向，回到先秦儒学与汉儒以爱为基础的仁说。

此外，南轩主张从孔子众多论仁的话中去体认"仁"，而

---

[7]《朱子文集》三十一，答张敬夫第16，四部丛刊本，5页。

没有给出一个明确的仁的定义和解说，朱子对此显然是不能满意的。朱子在此信的最后还特别指出："首章虽列二先生之说，而所解实用上蔡之意。"我们知道，后来朱子的《仁说》和仁说之辩，朱子所着力反对的，正是上蔡以及受上蔡影响的知觉言仁说，以避免把仁立基在随意的主观性上。他在这里提出，为了纠正上蔡和湖南的仁说，首先要明晓仁之名义，即在概念的定义上辨析清楚；其次应当以爱推仁，明确仁是所以爱者，从这里来理解仁；最后也要认清爱不能尽仁的局限，阐发出仁的本体的意义，把仁的本体义和功夫义结合起来。

他在答南轩的另一书第十九书中则明确提出"以爱论仁"的必要性："以爱论仁，犹升高自下，尚可因此附近推求，庶其得之；若如近日知识则道近求远。"可见，主张"以爱推仁"，反对"知觉言仁"，是朱子反思湖南学派仁说的基本态度。

二　天地以生物为心

乾道八年壬辰，朱子为友人石子重作《克斋记》，[8]时石子重知尤溪县，《克斋记》一上来就从仁说立论，非常突出：

> 盖仁也者，天地所以生物之心，而人物所得以为心者

---

[8] 按戊子年石子重即求克斋记于朱子，当时朱子谢云："克斋恐非熹所敢记者，必欲得之，少假年岁……"（答石子重五），《朱子文集》四十二，24页。

> 也。惟其得夫天地生物之心以为心,是以未发之前四德具焉,曰仁义礼智,而仁无不统;已发之际四端著焉,恻隐羞恶辞让是非,而恻隐之心无所不通。此仁之体用所以涵育浑全,周流贯彻,专一心之妙,而为众善之长也。
>
> 然人有是身,则有耳目鼻口四肢之欲,而或不能无害夫仁,……求仁之要,亦曰去其所以害仁者而已。……于是乎有以拔其本塞其源,克之克之而又克之,以至于一旦豁然欲尽而理纯,则其胸中之所存者,岂不粹然天地生物之心而蔼然其若春阳之温哉。[9]

朱子认为仁是天地用以生物之心,又是人心的来源,人禀受天地生物之心而成为自己的心。而克己是求仁之要法。这一天心——人心的结构,是朱子学仁说的基础结构。据石子重与朱子书,《克斋记》有"先本"和"后本"之别,据朱子自述,其先本主张"天下之人亦将无不以仁归之",是以伊川之说为主,后本则主张"视天下无一物不在吾生物气象中"和克己说,是以吕大临之说为说。[10]这说明一体言仁说还不是朱子真正反思的重点。今存本此两句皆无,可知朱子此篇记文在仁说之辩后

---

[9]《朱子文集》七十七,16页。
[10] 朱子答石子重问目云:"初意伊川说,后觉未稳,改之如此,乃吕博士说,恐当以后者为正。盖所谓伊川说,亦只见于外书杂说中,容或未必然也。"(《答石子重十一》,《朱子文集》四十二,36页。)后本今见于台湾影印晦庵先生文集。朱子与石书皆未提及仁说,可知克斋记之作本在仁说之前。

又曾经修改。[11]《克斋记》"粹然天地生物之心"的讲法，仍然有着湖南学派的印记，盖五峰《知言》有云："凡人之生，粹然天地之心，道义全具。"[12]但朱子用"生物"讲天地之心，这是朱子与湖南学派的不同，也明显是对湖南仁说的补充和改造。

石子重与朱子书指出：

> 克斋记不取知觉言仁之说，似以爱之说为主。近仔细玩味，似若知觉亦不可去。盖不知觉则亦必不爱，惟知觉故能爱，知觉与爱并行而不相悖，恐亦无害于言仁，但不可专以知觉为仁耳。医者以四肢顽痹为不仁，顽痹则不知痛痒，又安能爱？[13]

石子重的说法是欲调和知觉言仁说和以爱推仁说两者。朱子批云："此义近与湖南诸公论之甚详，今录一二上呈，亦可见大意矣。一答胡广仲书，一答张敬夫书。"[14]事实上，《克斋记》没有特别强调爱，只是说到"恻隐之心无不通"，"感而通之则无物之不被其爱"，但熟悉当时仁论论说的石子重很敏感地发现，朱子没有采用当时流行的"知觉言仁"的话语，而是以爱为主论仁。

---

[11]《别集》卷六答林择之书云："尤溪学记及克斋记近复改定"，其书在癸巳，朱子44岁。今传通行朱子文集本所载克斋记是癸巳年的最终定本。
[12]《知言疑义》，《胡宏集》，332页。
[13]《朱子文集》四十二，与石子重十一，38页。
[14] 同上。这应当是指答胡、张论知觉言仁书。

朱子肯定了这一点,并点出,这是与湖南诸公的一场论辩。

约在作《克斋记》后不久,朱子又作《仁说》,开首即云:

> 天地以生物为心者也,而人物之生,又各得夫天地之心以为心者也。……盖天地之心,其德有四,曰元亨利贞,而元无不统;其运行焉,则为春夏秋冬之序,而春生之气无所不通。故人之为心,其德亦有四,曰仁义礼智,而仁无不包;其发用焉,则为爱恭宜别之情,而恻隐之心无所不贯。……

《仁说》文字与《克斋记》很像,一开始就从天道方面来宣示朱子的立场。仁是人的性情之德,而其来源则为天地之心;这依然保持了天心到人心的结构。仁之用,在天则为"生",在人则为"爱"。这里的爱是指恻隐一类的感情,而不是指自爱或男女之爱。与《克斋记》相比,《仁说》在"天地生物之心"的基础上,进一步提出"天地以生物为心"的命题,更加突出了仁的宇宙论意义。并说明了生与仁、仁与爱的关系,即生是仁的基础,仁是爱的人性根据,爱是仁的情感表现。也可以看出《克斋记》尚未提出"天地以生物为心"的提法,表明《克斋记》的说法还是在仁说之前尚未确定的说法,虽然两种说法没有根本差别。但《仁说》之作,从一开始就坚持在开首阐明"天地以生物为心",作为天道论的核心刻画,力图给予仁说最坚定的宇宙论的支持。在伦理学上,朱子仁说的主要倾向显然是,主张从爱来推溯、理解仁。这种说法与伊川"爱是仁之用""仁性爱情"的说法是可以一致的。[15] 但朱子强调以爱推仁，却与伊川强调以公近仁的思想不同。无论如何，朱子重建了仁与爱、仁与天地之心的关联。天地之心元包四德，人之为心仁包四德，天地之元与人心之仁相对应，后者来自于前者。朱子的作法使得先秦儒与汉儒的仁说得以延续在新的仁说讨论中，其意义相当重要。

以下说：

> 盖仁之为道，乃天地生物之心，即物而在。情之未发而其体已具，情之既发而其用不穷。诚能体而存之，则众善之源、百行之本莫不在是，此孔门之教所以必使学者汲汲于求仁也。其言有曰"克己复礼为仁"，言能克去己私，复乎天理，则此心之体无不在，而此心之用无不行也。

这里，从天道万物来说，仁作为天地之心，无处不在，即物而在，这显示出仁作为本体的特性。从心性方面来说，强调仁之在人心，有已发和未发两个层面，未发的仁德是仁之体，已发的恻隐是仁之用。而未发的仁和已发的仁都来源于天地之心的仁。从功夫方面来说，强调克己功夫，以复其本心天理。

然后说：

---

[15] 同样说"仁性爱情"，却可以侧重不同，在伊川为贬抑爱，在朱子则为肯定爱。

> 此心何也？在天地，则块然生物之心，在人，则温然爱人利物之心，包四德而贯四端者也。

人心根源于天地生物之心，天地之心体现在人就是爱人利物之心。这也意味着天地生物之心是仁之体，"温然爱人利物"为仁之用的表现。

《南轩集》卷二十一答朱元晦秘书（某幸粗安）：

> 仁说如"天地以生物为心"之语，平看虽不妨，然恐不若只云"天地生物之心，人得之为人之心"似完全，如何？"仁道难名，惟公近之，然不可便以公为仁"，又曰"公而以人体之故为仁"，此意指仁之体极为亲切，爱恐终只是情。盖公天下而无物我之私焉，则其爱无不溥矣。如此看乃可。[16]

南轩不以"天地以生物为心"之说为然，而主张回到《克斋记》"天地生物之心"之说，其实，这两种说法都出自二程。南轩又反对朱子《仁说》中以爱推仁之说，主张伊川以公论仁的思想，这是南轩的重点，也是与朱子分歧的重点。在仁说的问题上，南轩接近于伊川，而朱子反而表现出独立于小程的倾向。

在南轩的《洙泗言仁录》中，是主张"仁者天地之心"，朱子的《仁说》则提出"天地以生物为心"。朱子与南轩的区别

---

[16]《张栻文集》，847页。

有二,第一,朱子要强调以爱推仁,所以突出"生物",生物即所以爱,生物是爱的根源。朱子在这一点上是继承了明道把仁和生联系一起的思想。而南轩不讲爱,所以只能讲仁者天地之心。第二,朱子不直接说天地之心是仁,不说天地之心是至善,而说天地之心是生物,从"生物"再推到"仁",这就把"天"和"人"在一致中加以区别。

南轩收到朱子的论《仁说》书之后,觉得"生物"的讲法便于从天推到人,故同意使用"生物"的说法,但仍不赞成说"天地以生物为心",而主张改为"天地生物之心"。我们记得,"天地生物之心"是朱子在《克斋记》用过的讲法。

三 复卦与天地之心

"天地之心"一语出于《周易》复卦彖辞:

> 复,其见天地之心乎。

《礼记·礼运》则说过:"人者,天地之心也。"

"生"的观念也是《周易》的重要观念,《系辞》下说:

> 天地之大德曰生。

《周易》的这些观念在魏晋以来一直受到人们的重视。

"天地生物之心"的提法见于程颐的《易传》,《伊川易传》注复卦彖辞曰:

> 一阳复于下,乃天地生物之心也。[17]

复卦初爻为阳,上面五爻皆为阴。一阳就是是指复卦最下面的阳爻,在卦气说中代表冬至后阳气刚刚发动。

"天地以生物为心"的提法也见于二程对复卦的解释:

> 复其见天地之心,一言以蔽之,天地以生物为心。[18]

不过,此条并未注明为程颢或程颐。按,程颢多言"生",如:

> 天只是以生为道。
> 万物之生意最可观,此"元者善之长也",斯所谓仁也。[19]

这里已经明确把"生意"和"仁"、"元"联结一体,不是只关注仁的实践意义,仁的伦理意义了,而向宇宙论去展开,把仁和宇宙论的生命问题、根源问题结合起来,赋予仁以更广大的意义。

---

[17]《二程集》第三册,819页。
[18]《外书》卷三,《二程集》第二册,366页。
[19]《遗书》十一,《二程集》,120页。

仁是天地生物之心，表示仁是宇宙生生不息的真几与根源。

其实，此种说法在北宋儒学中并非罕见。欧阳修早在其《易童子问》中就已经提出了"天地以生物为心"的命题：

> 天地之心，见乎动，复也，一阳动于下矣。天地所以生育万物者，本于此，故曰天地之心也。天地以生物为心者也。[20]

可见，二程所说的"天地以生物为心"的思想是来自欧阳修对《周易》的解说，北宋儒者对当时各家的易说都很熟悉。

此外，邵雍、张载的易说也都提出过类似思想，如邵雍说：

> 天地之心者，生万物之本也。[21]

主张一阳发生，体现了天地生物之本。又如张载说：

> 复言天地之心，咸、恒、大壮言天地之情，其原在内时则有形见，情则见于事也，故可得而名状。……
>
> 大抵言天地之心者，天地之大德曰生，则以生物为本者，乃天地之心也。地雷见天地之心者，天地之心惟是生

---

[20]《易童子问》,《欧阳修全集》,中国书店，1986年，563页。
[21]《观物外篇》之自余吟,《宋元学案》卷九，中华书局，1986年，381页。

物,天地之大德曰生也。[22]

张载此说很有见地,他认为,凡讲天地之心,必然要从天地大德曰生来讲,把生作为天地之心,这是必然的。这样理解的天地之心,惟是生物,此外更无他事。事实上,胡宏也说过:"天地之心,生生不穷者也。"[23]但北宋儒学对天地之心的讨论,多是易学宇宙论的讨论,没有和仁说结合起来。这到胡宏才开始转变。

天地大化流行的过程,是一个客观的自然过程,无所主宰,不以人的意志为转移,在这个意义上,可说天地无心;但是,就天地以生物为本而言,阴阳交感,运行不息,也确实有个生物之心,这是客观的规律,自然的功能,也就是宇宙的心。[24]

由此可见,朱子的仁说的立论基础——"天地以生物为心"之说,来源于欧阳修、张载、二程等北宋儒者的易学宇宙论,以此来设定仁说的宇宙论基础,也展开了仁的宇宙论面向。而南轩所主张的"天地生物之心"的说法,亦本于伊川易传,二者都是二程所肯定的。所不同的,在朱子的讲法中,天地惟以生物为心,更加突出"生"的地位;而在南轩的讲法中,语意

---

[22] 《横渠易说·复卦》,《张载集》,113页。
[23] 《知言·修身》,《胡宏集》,6页。
[24] 见余敦康:《内圣外王的贯通—北宋易学的现代阐释》,学林出版社,1997年,283页。

淡化，并不突出天地惟以生物为心（如谓元之为义不专主于生物）。这两种不同倾向的宇宙论表达是和他们各自对爱与仁的关系看法不同联系在一起的。

四　天地之心与生物之心

由上可见，"天地生物之心"与"天地以生物为心"的提法，都来源于对复卦的解释。事实上，有关"一阳复于下"与"见天地之心"的讨论，在朱子由来甚久，并非始于乾道八年。朱子早年关注喜怒哀乐未发问题，曾经与李延平反复讨论，讨论中不仅涉及孟子的夜气说，也涉及到复卦和太极图说，如：

> 问：太极动而生阳，先生尝曰，此只是理，作已发看不得。熹疑：既言动而生阳，即与复卦一阳生而见天地之心何异？窃恐动而生阳即天地之喜怒哀乐发处于此即见天地之心；二气交感，化生万物，即人物之喜怒哀乐发处，于此即是人物之心。[25]

这里就谈到天地之心的问题，朱子想把复卦一阳动于下，和太极动而生阳对应起来，把二者的"动"都看作天地之心的表现。

---

[25]《延平答问》辛巳二月书。引自《朱子哲学研究》，华东师大出版社，2000年，57页。

有关复卦象辞的讨论也是如此。朱子早在《仁说》写作之前数年，就已因复卦之论，阐发过"天地以生物为心"之说，此可见于其答张南轩书：

> 复见天地之心之说，熹则以为天地以生物为心者也，虽气有阖辟，物有盈虚，而天地之心，则亘古亘今未始毫厘之间断也。故阳极于外而复生于内，圣人以为于此可见天地之心焉。盖其复者，气也；其所以复者，则有自来矣。向非天地之心生生不息，则阳之极也，一绝而不复续矣，尚何以复生于内而为之阖辟之无穷乎？[26]

此书在朱子37–38岁，在《仁说》之作之前五年。他在这里把天地之心理解为气的所以往复者，气的所以阖辟者，虽然也已经认识到"生物"对天地之心的重要，不过这个讲法似更多指向理，而不是指向仁。

朱子又有答何叔京十七书：

> 来教云："天地之心不可测识，惟于一阳来复，乃见其生生不穷之意，所以为仁也。"熹谓，若果如此说，则是一阳未复之前，已别有一截天地之心，漠然无生物之意；直到一阳之复，见其生生不穷，然后谓之仁也。如此，则

---

[26]《朱子文集》三十二，《答张钦夫》三十四，5页。

> 体用乖离,首尾冲决,成何道理?须知元亨利贞便是天地之心,而元为之长,故曰大哉乾元,万物资始……[27]

何叔京主张一阳来复可见生生不穷就是仁,按此书下一书即答何叔京十八,乃论朱子《仁说》,故此书总在壬辰之前。在这里,朱子提出,宇宙之间,无时不生生,无时不是仁之流行,仁即生生之体,元亨利贞便是天地之心,因为元亨利贞便是生生的另一种表现。这一点我们在下章可以看得更清楚。

朱子作《仁说》后,亦曾答吴晦叔书,论及复卦之义:

> 复非天地之心,复则见天地之心,此语与"所以阴阳者道"之意不同,但以易传观之,则可见矣。盖天地以生物为心,而此卦之下一阳爻,即天地所以生物之心也。……天地以生物为心,此句自无病,昨与南轩论之,已报无疑矣。大抵近年学者不肯以爱言仁,故见先生君子以一阳生物说天地之心,则必欿然不满于其意,复于言外生说,推之使高。……

这里的提法,与前面提到的与张南轩书认为应把天地之心理解为气的所以往复者、气的所以阖辟者的观点有所不同,不再从"理"来认识天地之心,而重视以"仁"来认识天地之心,认

---

[27]《朱子文集》四十,《答何叔京》十七,31页。

为天地之心不应该用伊川"所以阴阳者"来解释，因为，"所以"是根据，不能突出"生生"表达的内在生机的意义。"生机"是和"理则"不同的哲学概念，联系着不同的哲学系统。朱子哲学一般被认为是重视理则的，但也不能忽视朱子思想中的生机论意识。朱子还指出，湖南学派不赞成以一阳生物说天地之心，其根本原因是不赞成以爱推仁。

朱子曾明确指出讲"天地生物之心"的哲学意义，他在给南轩信中指出："又谓仁之为道无所不体，而不本诸天地生物之心，则是但知仁之无所不体，而不知仁之所以无不体也。"[28] 强调仁作为人道，其究极根源在于天地生物之心，只有确认了仁作为天地之心，才能说仁作为道体无所不在。因为朱子比任何人都更重视本源实体的问题。换言之，朱子认为，只从存在论上讲仁是体，还是不够的，必须同时从宇宙论上肯定仁是天地生物之心，是世界生成的根源，他把这一点看得更加重要。

五 以爱推仁

《仁说》的最后对前期道学的仁说作了批判的总结：

或曰："若子之言，则程子所谓爱情仁性，不可以爱

---

[28]《答张钦夫论仁说四十三》，《朱子文集》三十二，18页。

为仁者,非欤?"曰:"不然。程子之所诃,以爱之发而名之以仁者也。吾之所论,以爱之理而名仁者也。盖所谓情性者,虽其分域之不同,然其脉络之通,各有攸属者,则曷尝判然离绝而不相管哉。吾方病夫学者诵程子之言而不求其意,遂至于判然离爱而言仁,故特论此以发明其遗意,而子顾以为异乎程子之所说,不亦误哉!"

朱子说明,他并不是把爱与仁相等同,他的立场与其说是以爱言仁,不如说是主张"以爱推仁";程子的主张,是反对把爱的情感叫作仁,而他的主张是以爱之情感的人性根源为仁,故与程子并无矛盾。从反面来说,他所主张的是反对离爱言仁,而非主张爱即是仁。

《仁说》接着论述:

或曰:"程氏之徒言仁多矣。盖有谓爱非仁,而以'万物与我为一'为仁之体者;亦有谓爱非仁,而以'心有知觉'释仁之名者矣。今子之言若是,然则彼皆非欤?"曰:"彼谓物我为一者,可以见仁之无不爱矣,而非仁之所以为体之真也;彼谓心有知觉者,可以见仁之包乎智矣,而非仁之所以得名之实也;观孔子答子贡博施济众之问与程子所谓觉不可以训仁者,则可见矣,尚安得复以此而论仁哉?

抑泛言同体者,使人含糊昏缓而无警切之功,其弊至于认物为己者有之矣。专言知觉者，使人张皇迫躁而无沉潜之味，其弊或至于认欲为理者有之矣。一忘一助，二者胥失之。[29]

以万物与我为一为仁之体，见于龟山语录；以心有知觉释仁，见于上蔡论语解。朱子指出，一体言仁说虽然体现了爱的普遍性，但这种仁说既不能把握到仁之体，更难以对人的道德修养发生警醒真切的作用。知觉言仁说虽然体现出智的方面，但知觉与仁本身在概念上并没有联系，而且把仁说成知觉，就可能导致把欲望的知觉也当作仁理。他认为知觉言仁说属于"忘"，一体言仁说属于"助"，二者都是不全面的、不正确的。在功夫论意义上，朱子认为只有克己说才能有益于道德实践，从而求仁得仁。如前篇所述，朱子所反对的这两种仁说，都是从明道仁说所发展出来的，而龟山、上蔡的仁说正是南宋前期道学最富影响的话语。朱子认为一体言仁可以显现仁爱的广大，但不能把握仁之体，而他在这里没有说如何能够把握到仁之体。很明显的是，朱子因突出功夫论的仁，在《仁说》时代妨碍了他对仁之体的深入讨论。

朱子所运思的方向，显然更注重仁说的道德实践意义即功夫意义，而不是注重仁说的本体意义和境界意义。但其《仁说》，不是从万物一体发展本体论，而是从天心接通宇宙论。同时他

---

[29]《仁说》，《朱子文集》卷六十七，22页。

始终认为，仅仅把仁设定为一种高远的万物一体的人生境界或胸怀，而不指示出人通过什么具体的修养方法以实现或接近人生的最高境界，就会把仁说变成空谈，甚至误导学者；在这一点上，朱子是坚持严肃主义而警惕浪漫主义的。在他看来，即使是伊川的以公论仁，也很难明确表达功夫的意义，未能指出实践的具体用功之方。

所以，朱子的仁说，虽然指出仁作为人心的来源是天地之心，但其重点是强调仁的心性论意义，即仁作为"心之德、爱之理"的意义，强调仁是人之本心，但受到气禀物欲的影响，本心受到蒙蔽；只有坚持克己复礼为仁的功夫，才能回复到仁心的本体。

朱子以爱推仁，是针对知觉言仁说而发。湖南学派反对以爱推仁，也是因维护知觉言仁而发。虽然，有关知觉言仁的论辩作《仁说》前二年即已开始，但在仁说之辩中，知觉言仁的问题仍是非常重要的问题。[30]

朱子答张南轩论《洙泗言仁录》书：

---

[30] 朱子答吴晦叔云："大抵向来之说，皆是苦心极力要识仁字，故其说愈巧而气象愈薄。近日究观圣门垂教之意，却是要人躬行实践，直内胜私，使轻浮刻薄、贵我贱物之态，潜消于冥冥之中，而吾之本心浑厚慈良、公平正大之体，常存而不失，便是仁处。……近因南轩寄言仁录来，亦尝再以书论，所疑大概如此，而后书所论仁智两字尤为明白，想皆已见矣。"可见在南轩寄来洙泗言仁录前二年论仁字之辩已经开始。

> 然其流复不免有弊者,盖专务说仁,而于操存涵养之功不免有所忽略,故无复优柔厌饫之味、克己复礼之实,不但其蔽也愚而已。而又一向离了爱字悬空揣摸,既无真实见处,故其为说,恍惚惊怪,弊病百端。……今日高妙之说……不类近世学者惊怪恍惚穷高极远之说,……而所说实用上蔡之意。

朱子显然认为,二程门下渐渐发展出一种倾向,即专注于仁说,往往由此而忽略实践功夫,乃至表现出一种非功夫论的倾向,使道德实践虚空化,既不能涵养性情,又不能破私去己。借用明代理学的说法,朱子的仁说,其出发点在强调"功夫"。

湖南学派中有胡实字广仲,为胡宏从弟,他坚持上蔡仁说,朱子答胡广仲书:

> 夫以爱名仁固不可,然爱之理则所谓仁之体也。天地万物与吾一体,固所以无不爱,然爱之理则不为是而有也。须知仁义礼智四字一般,皆性之德,乃天然本有之理,无所为而然者。但仁乃爱之理、生之道,故即此而又可以包夫四者,所以为学之要耳。……[31]

朱子在这里肯定了天地万物与吾一体,这是仁之体,也是爱之

---

[31]《与胡广仲五》,《朱子文集》四十二,7页。

源，只是朱子更强调"理"，强调从理上认识仁体，认为只有把仁说为理和道才能确定仁作为体的地位。朱子的说法也显示出，仁如果只是知觉，就成为主观的范畴，无法具有任何本体的意义，这就大大限制了仁体的思想。

朱子又答伯逢书，中有小注云：

> 以名义言之，仁特爱之未发著而已。程子所谓"仁性也，爱情也"，又谓"仁性也，孝弟用也"，此可见矣。其所谓"岂可专以爱为仁"者，特谓不可指情为性耳，非谓仁之与爱了无干涉。……如或以觉言仁，是以知之端为仁也。或以是言仁，是以义之用为仁也。夫与其外引智之端、义之用，而指以为仁之体，则孰若以爱言仁，犹不失为表里之相须，而可以类求也哉？故愚谓欲求仁者，先当大概且谓此名义气象之仿佛，与其为之之方，然后就此诚实下功。[32]

以知之端为仁，也就是以智之用为仁。感觉意义上的知觉只是端，只是知或智的一端而已，其尚不能表示知的全部，更何况仁是不能用哪怕智的全部来表现的。

这说明，朱子其实对这种专意于"仁字"之识、着力在仁

---

[32]《答胡伯逢四》，《朱子文集》四十六，30页。此书虽在壬辰，但未及仁说，似在《仁说》之前。

之论说的倾向,是很不以为然的,他其实是反对把求仁之学当作一种概念的游戏或思辩的构造,他始终重视涵养气象、律己修身、直内胜私的实践。当然,这里也把仁体表达为浑厚慈良、公平正大,特别是公平正大的提法,也不失其意义。又与吴晦叔书论知觉言仁云:

> 盖仁者性之德而爱之理也,爱者情之发而仁之用也,公者仁之所以为仁之道也,元者天之所以为仁之德也。仁者人之所固有,而私或蔽之,以陷于不仁,固为仁者必先克己,克己则公,公则仁,仁则爱矣。不先克己,则公岂可得而徒存?未至于仁,则爱胡可以先体哉?至于元,则仁之在天者而已,非一人之心既有是元,而后有以成夫仁也。若夫知觉,则智之用,而仁之所兼也。元者四德之长,故兼亨利贞;仁者五常之长,故兼义礼智信。此仁者所以必有知觉,而不可便以知觉名仁也。[33]

答吴的这一段,几乎可以看作是另一篇《仁说》,对《仁说》所涉及的诸概念作了全面的讨论。他强调,就功夫而言,克己比公更为基本,克己才能达到公,离开克己,公就不可能独立实现。这可以看作是对伊川的补充和改造。朱子在这里也提出,元者天之所以为仁之德,元为仁之在天者,确认人道之仁来源

---

[33]《答吴晦叔十》,《朱子文集》四十二,19页。

于天德之元，或者说，元就是天道体现的仁。在这个意义上，仁已经是贯通天人的普遍之道了。

朱子答湖南学派学者游诚之（南轩门人）书云：

> 谢先生虽喜以觉言仁，然亦曰心有知觉，而不言知觉此心也。请推此以验之，所谓得失，自可见矣。若以名义言之，则仁自是爱之体，觉自是智之用，界分脉晓，自不相关。但仁统四德，故人仁则无不觉耳。然谢子之言，侯子非之曰："谓不仁者无所知觉则可，便以心有知觉为仁则不可"。此言亦有味，请试思之。《克斋记》近复改定，今别写去。后面不欲深诋近世之失，"流动""危迫"等语皆已削去。……[34]

觉不可以言仁，不仅因为觉属于"智"，而且因为觉属于"用"，"仁是爱之体，觉是智之用"，仁与觉在概念上和意义的层次上都不相同。但仁不排斥智与觉，而且可以包括乎智与觉。朱子还反对"知觉此心"的说法，他认为这等于把"此心"当作知觉的对象，在他看来，知觉此心的说法无异于以心知心，这是自相矛盾的。

朱子与吕祖谦书曾云：

---

[34]《答游诚之一》，《朱子文集》四十五，4页。

> 今日之言，比之古人诚为浅露，然有所不得已者。其实亦只是祖述伊川仁性爱情之说，但剔得名义稍分，界分脉络有条理，免得学者枉费心神、胡乱揣摩、唤东作西耳。若不实下恭敬存养、克己复礼之功，则此说虽精，亦与彼有何干涉耶？[35]

朱子以伊川仁性爱情说为理据，发明其以爱推仁说；虽然在论知觉言仁时他也要胡伯逢以伊川和靖之说明之，但终归不以公而近仁说为然。他承认，他自己的仁说在理论上并无深奥之处，他所强调的根本立场是功夫论的，即任何好的仁说必须能够导向恭敬存养克己复礼的切实功夫。

既然朱子在《仁说》时代已经提出"元，则仁之在天者而已"，打开了从元亨利贞四德与仁说结合讨论宇宙论的道路，我们在下章就此来作进一步的讨论。

---

[35]《答吕伯恭二十四》，《朱子文集》三十三，16页。

第九　生气流行

"四德"本指乾之四德"元亨利贞","四德"统称源出《周易》文言传,所谓"君子行此四德者,故曰乾元亨利贞"。"五常"即"仁义礼智信",本于孟子,汉儒始用"五常"的概念。北宋以来,道学的讨论中开始把二者加以联结,而在后来的宋明理学发展中仁义礼智也往往被称为四德。汉以来的思想中,元亨利贞属天道,仁义礼智属人道。天道的四德和人道的四德,二者的关系在道学中渐渐成为重要的论题。

程明道则最重视四德中的"元"与五常中的"仁"的对应,言:"万物之生意最可观,此元者善之长也,斯所谓仁也。人与天地一物也,而人特自小之,何耶?"[1]明确肯定"元"就是"仁"。这就把宇宙论的范畴和道德论的范畴连接起来,互为

---

[1]《遗书》十一。

对应，从一个具体的方面把天和人贯通起来，使道德论获得了宇宙论的支持，也使宇宙论具有了向道德贯通的涵义。"'生生之谓易'，是天之所以为道也。天只是以生为道，继此生理者，即是善也。善便有一个元底意思。'元者善之长'，万物皆有春意，便是'继之者善也'。"[2]善是继承了天道的生生之理而来的，所以善体现了元的意思，元即是善的根源。"'乾元者，始而亨者也。利贞者，性情也。'性情犹言资质体段。亭毒化育皆利也。不有其功，常久而不已者，贞也。诗曰：'维天之命，於穆不已'者，贞也。"[3]于是，在道学中，德性概念不再是纯粹道德哲学的概念，同时具有宇宙论的意谓或根源。北宋儒学的这些思想都对朱子对仁的理解有所影响。

一　浑沦生意

朱子四德论的一个重要特点，就是贯彻了"生气流行"的观念来理解仁与仁义礼智四德：

> 郑问："仁是生底意，义礼智则如何？"曰："天只是一元之气。春生时，全见是生；到夏长时，也只是这底；到秋来成遂，也只是这底；到冬天藏敛，也只是这底。仁义礼智

---

[2]《遗书》二上。
[3]《遗书》十一。

割做四段,一个便是一个;浑沦看,只是一个。"〔淳〕[4]

这是说,天地之间只是一气流行,这个一气流行又称一元之气。一元之气就是从整体上看,不分别阴阳二气。一气是流行反复的,"流行"即不断运行,"反复"是说流行是有阶段的、反复的,如一年四季不断流行反复。一元之气的流行,其初始阶段为春,春是万物初生,次一阶段为夏,夏是万物不断成长,再次阶段是秋,秋是万物成熟,最后阶段是冬,冬是万物收藏。四季分开来看,每个不同,连接起来看,则只是一元之气流行的不同阶段。朱子认为,仁义礼智的关系也是如此,分别来看,仁义礼智各是一个道德概念,连接起来看,仁义礼智都是仁,都是作为生意的仁在不同阶段的表现。

所以,朱子又说:

> 仁,浑沦言,则浑沦都是一个生意,义礼智都是仁;对言,则仁与义礼智一般。〔淳〕[5]

就分别来说,与义礼智相区别的"仁"是生意,"生意"即生生不息之倾向;而就整体来说,仁义礼智都是仁的表现,都是生生之意的不同阶段、不同方面的表现。

---

[4]《朱子语类》卷六,中华书局,1986年,107页。
[5] 同上,107页。

"仁有两般：有作为底，有自然底。看来人之生便自然如此，不待作为。……大凡人心中皆有仁义礼智，然元只是一物，发用出来，自然成四派。如破梨相似，破开成四片。如东对着西，便有南北相对；仁对着义，便有礼智相对。以一岁言之，便有寒暑；以气言之，便有春夏秋冬；以五行言之，便有金木水火土。且如阴阳之间，尽有次第。大寒后，不成便热，须是且做个春温，渐次到热田地。大热后，不成便寒，须是且做个秋叙，渐次到寒田地。所以仁义礼智自成四派，各有界限。仁流行到那田地时，义处便成义，礼、智处便成礼、智。且如万物收藏，何尝休了，都有生意在里面。如谷种、桃仁、杏仁之类，种着便生，不是死物，所以名之曰仁，见得都是生意。如春之生物，夏是生物之盛，秋是生意渐渐收敛，冬是生意收藏。"又曰："春夏是行进去，秋冬是退后去。正如人呵气，呵出时便热，吸入时便冷。"〔明作〕[6]

仁是生意，有流行。"元只是一物"，这里指仁；"发用出来自然成四片"，指仁义礼智。朱子认为天地间事物都是如此，一元流行，而自然形成几个次第界限，如气之流行便成春夏秋冬，木之流行便成水火木金土，循环往复。冬至一阳来复，生意又复发起，生长收藏，不断循环。仁之流行，亦是如此，循着四个

---

[6] 同上，112—113页。

阶段往复不断，而成为仁义礼智。不管仁的流行所形成的仁义礼智四阶段与生物流行自然成春夏秋冬四季如何对应一致，在这里，仁作为生意流行的实体，已经不是一般朱子学所理解的静而不动的理、性了。

二 生气流行

那么，仁是生意，仁是不是生气呢？上面引用的陈淳录的材料只是把仁义礼智与一元之气的流行加以模拟，认为仁相当于一元生气，两者的结构是完全一样的，但还没有明确说明仁是生气。

下面的材料则更进了一步。

> 问："仁是天地之生气，义礼智又于其中分别。然其初只是生气，故为全体。"曰："然。"问："肃杀之气，亦只是生气？"曰："不是二物，只是敛些。春夏秋冬，亦只是一气。"〔可学〕[7]

分别来看，春是生气，冬是肃杀之气，但春夏秋冬，只是一气流行的不同阶段；以冬之肃杀而言，冬季的肃杀之气并不是与春季开始的生气不同的另一种气，只是生气运行到此阶段，有

---

[7] 同上，107页。

所收敛。照这里的答问来看，朱子不仅认为仁是生意，也肯定仁是生气；不仅仁是生气，仁义礼智全体也是生气。在这个意义上朱子也采用二程"专言之则包四者"的说法，来说明仁包义礼智（信），而且他已赋予仁包四者以生气流行的意义。从理论上来分析，如果仁是生气流行，这个仁就不能是理，不能是性，而近于生气流行的总体了。在心性论上这样的仁就接近于心体流行的总体了。从仁体论的角度来看，这是很重要的发展。

《朱子语类》又载：

> 蜚卿问："仁包得四者，谓手能包四支可乎？"曰："且是譬喻如此。手固不能包四支，然人言手足，亦须先手而后足；言左右，亦须先左而后右。"直卿问："此恐如五行之木，若不是先有个木，便亦自生下面四个不得。"曰："若无木便无火，无火便无土，无土便无金，无金便无水。"道夫问："向闻先生语学者：'五行不是相生，合下有时都有。'如何？"曰："此难说，若会得底，便自然不相悖，唤做一齐有也得，唤做相生也得。便虽不是相生，他气亦自相灌注。如人五脏，固不曾有先后，但其灌注时，自有次序。"久之，又曰："'仁'字如人酿酒：酒方微发时，带些温气，便是仁；到发到极热时，便是礼；到得熟时，便是义；到得成酒后，却只与水一般，便是智。又如一日之间，早间天气清明，便是仁；午间极热

时，便是礼；晚下渐叙，便是义；到夜半全然收敛，无些形迹时，便是智。只如此看，甚分明。"〔道夫〕[8]

这也是用酿酒的过程和一日早晚的过程，来模拟说明四德是流行的不同阶段。这样一来，仁义礼智四德不再只是道德的德目，而变为与元亨利贞四德一样，也是自然之德，仁义礼智也可以用来描述自然流行的阶段变化。在这个意义上，仁义礼智四德也自然化了，仁义礼智与元亨利贞的同一，导致自然与社会节度的混一。值得注意的是，这里所说的"灌注"即流注、流行，指五行之气自相灌注，灌注的次序便是五行展开的次序。朱子这里所说，也意味着仁义礼智四德与五行之气一样，也是按一定的灌注次序展开的。只是，这里四德展开的次序是仁礼义智，而不是仁义礼智，这是需要加以说明的。把仁义礼智四德比类于五行之气的流行灌注，这本身就具有一种特殊的意义，显示出气的思维对朱子四德论的影响。

当然，在朱子的论述中，酿酒和一日早晚的例子，不如一年四时变化更为常用：

"只如四时：春为仁，有个生意；在夏，则见其有个亨通意；在秋，则见其有个诚实意；在冬，则见其有个贞固意。在夏秋冬，生意何尝息！本虽凋零，生意则

---

[8] 同上，110–111页。

常存。大抵天地间只一理,随其到处,分许多名字出来。四者于五行各有配,惟信配土,以见仁义礼智实有此理,不是虚说。又如乾四德,元最重,其次贞亦重,以明终始之义。非元则无以生,非贞则无以终,非终则无以为始,不始则不能成终矣。如此循环无穷,此所谓'大明终始'也。"〔大雅〕[9]

这样来看,自然流行的节度,总是生、长、遂、成,不断循环往复,与生、长、遂、成四个阶段相对应,便是元、亨、利、贞四德,四德分别是生、长、遂、成各自阶段的性质、属性、性向,也可以说是每个阶段的德性。照朱子看来,与生、长、遂、成相对应的属性、德性,既可以说是元、亨、利、贞,也可以说是仁、义、礼、智,这两个说法是一致的。这无异于说,仁义礼智在这里是自然属性的范畴。这就把仁义礼智自然化、宇宙论化了,这样的仁义礼智就不仅有道德的意义,也具有宇宙论实体的意义。要强调的是,当朱子把仁义礼智作为自然化的范畴时,绝不表示作为自然化了的仁义礼智与人道的仁义礼智概念已经根本不同,已经是两回事,不,在朱子哲学,自然化的仁义礼智与人道的仁义礼智仍然具有内在的一致性,只是用法与意义有广有狭而已。

所以,朱子更断言仁义礼智便是元亨利贞:

---

[9] 同上,105页。

> 仁义礼智，便是元亨利贞。若春间不曾发生，得到夏无缘得长，秋冬亦无可收藏。〔泳〕[10]

这就把仁义礼智之间的关系看成与元亨利贞同样的流行，元亨利贞次第流行，仁义礼智也具有同样的流行关系和结构。这在无形之中使仁义礼智在一定程度上也变成为具有宇宙论流行意义的实体——气。而这里的元亨利贞也不能说只是性了。

朱子又说：

> 问："元亨利贞有次第，仁义礼智因发而感，则无次第。"曰："发时无次第，生时有次第。"〔佐〕[11]

"发时无次第"是指恻隐羞恶辞让是非情感发生是没有一定次序的，"生时有次第"是指仁义礼智作为生气流行具有一定的先后次序。按学生的提问，元亨利贞的次序即春夏秋冬的流行次序，是实际流行的次第，而仁义礼智都是由感而发，不一定有固定的次序。这样，二者不就是不一致的了吗？学生所说的仁义礼智还是局限于性情的仁义礼智，而朱子所说的流行的仁义礼智已不限于性情之发，生时有次第就是指作为生气流行的仁义礼智有其次序。这些都再次体现了四德具有生气流行的意

---

［10］ 同上，107页。
［11］ 同上，107页。

义。当然，在最低的程度上，也可以说"生时有次第"包含着仁义礼智四者在逻辑上的次序。

> 仁所以包三者，盖义礼智皆是流动底物，所以皆从仁上渐渐推出。仁智、元贞，是终始之事，这两头却重。如坎与震，是始万物、终万物处，艮则是中间接续处。[12]

说义礼智是流动底物，即是把仁义礼智看作流行的事物，而流行是一个过程，一个渐渐起伏变化的过程，这一无尽的过程是由一系列不断延伸的单元所组成，每个单元都由开始、中间、结束构成内部三个阶段，或由生、长、遂、成构成内部四个阶段。一方面，每个单元的后续阶段都是由开始阶段渐渐衍生出来的；另一方面，每个单元中开始的阶段和终结的阶段更为重要。

> 味道问："仁包义礼智，恻隐包羞恶、辞逊、是非，元包亨利贞，春包夏秋冬。以五行言之，不知木如何包得火金水？"曰："木是生气。有生气，然后物可得而生；若无生气，则火金水皆无自而能生矣，故木能包此三者。"〔时举〕[13]

---

[12] 同上，107页。
[13] 同上，108页。

元是生气，元包亨利贞，仁是生意，仁包义礼智，木是生气，木包火金水，于是四德、五常、五行三者被看成是同一生气流行的不同截面而已。至于五常中的信，五行中的土，在这种看法中都被消解了实体意义，而起保障其他四者为实存的作用。这是另外的问题，就不在这里讨论。

朱子说：

"仁"字须兼义礼智看，方看得出。仁者，仁之本体；礼者，仁之节文；义者，仁之断制；知者，仁之分别。犹春夏秋冬虽不同，而同出于春：春则生意之生也，夏则生意之长也，秋则生意之成，冬则生意之藏也。自四而两，两而一，则统之有宗，会之有元，故曰："五行一阴阳，阴阳一太极。"又曰："仁为四端之首，而智则能成始而成终；犹元为四德之长，然元不生于元而生于贞。盖天地之化，不翕聚则不能发散也。仁智交际之间，乃万化之机轴。此理循环不穷吻合无间，故不贞则无以为元也。"又曰："贞而不固，则非贞。贞，如板筑之有干，不贞则无以为元。"又曰："文言上四句说天德之自然，下四句说人事之当然。元者，乃众善之长也；亨者，乃嘉之会也。嘉会，犹言一齐好也。会，犹齐也，言万物至此通畅茂盛，一齐皆好也。利者，义之和处也；贞者，乃事之桢干也。'体仁足以长人'，以仁为体，而温厚慈爱之理由此发出也。体，犹所谓'公而以人体之'之'体'。嘉会者，嘉其所会也。——以礼文节之，使之无不中节,乃嘉其所会也。'利物足以和义',义者,事之宜也;利物,则合乎事之宜矣。此句乃翻转,'义'字愈明白,不利物则非义矣。贞固以贞为骨子,则坚定不可移易。"〔铢〕[14]

与中年的仁说不同,后期朱子更强调对仁的理解要合义礼智三者一起看,而这种四德兼看的方法要求与四季的看法相参照。如春夏秋冬四季不同,但夏秋冬都出于春起的生意,四季都是生意的流行的不同阶段,即生、长、成、藏;本来,元亨利贞是生长收藏的性,而不就是生长收藏的过程,而在这里,仁义礼智不像是性,而成了流行总体和过程本身。与四季类似,仁是仁的本体,礼是仁的节文,义是仁的断制,知是仁的分别,四德都出于仁,是仁的由始至终的不同阶段。于是,仁义礼智作为人事之当然,与元亨利贞作为天德之自然,成为完全同构的东西。虽然朱子并没有说人事四德即来源于自然天德,但他把这些都看成天地之化的法则或机轴。虽然,生意流行与生气流行不一定就是一回事,但整体上看,两种说法应是一致的。这些都显示出朱子把仁作为宇宙实体的理解。

三 于气观仁

朱子下面的话讲得很有意味:

---

[14] 同上,109页。

"今日要识得仁之意思是如何。圣贤说仁处最多,那边如彼说,这边如此说,文义各不同。看得个意思定了,将圣贤星散说体看,处处皆是这意思,初不相背,始得。……人之所以为人,其理则天地之理,其气则天地之气。理无迹,不可见,故于气观之。要识仁之意思,是一个浑然温和之气,其气则天地阳春之气,其理则天地生物之心。今只就人身己上看有这意思是如何。才有这意思,便自恁地好,便不恁地干燥。……这不是待人旋安排,自是合下都有这个浑全流行物事。此意思才无私意间隔,便自见得人与己一,物与己一,公道自流行。须是如此看。孔门弟子所问,都只是问做工夫。若是仁之体段意思,也各各自理会得了。今却是这个未曾理会得,如何说要做工夫!且如程先生云:'偏言则一事,专言则包四者。'上云:'四德之元,犹五常之仁。'恰似有一个小小底仁,有一个大大底仁。'偏言则一事',是小小底仁,只做得仁之一事;'专言则包四者',是大大底仁,又是包得礼义智底。若如此说,是有两样仁。不知仁只是一个,虽是偏言,那许多道理也都在里面;虽是专言,那许多道理也都在里面。"致道云:"如春是生物之时,已包得夏长、秋成、冬藏意思在。"曰:"春是生物之时,到夏秋冬,也只是这气流注去。但春则是方始生荣意思,到夏便是结里定了,是这生意到后只渐老了。"贺孙曰:"如温和之气,固是见得仁。若就包四者意思看,便自然有节文,自然得宜,自

然明辨。"曰:"然。"〔贺孙〕[15]

朱子在这里特别强调要从气观仁,从气识仁,这种观、识是要把握仁的"意思",而仁的意思就是"一个浑然温和之气",朱子强调,这一浑然温和之气并非仅仅是仁的道德气息,而是指出此气就是天地阳春之气。值得注意的是,朱子也并非只是纯粹从气观仁,也同时从理观仁,故说了"其气则天地阳春之气"后,即说"其理便是天地生物之心"。浑然温和之气之中有理,此理即天地生物之心。人的存在本来是理气合一、浑然流行的,而现实的人必须自觉地在自己身上体现这种浑全流行,培养此种德性。如果在自家身己上能体现这种仁的意思,使这个意思遍润己身,这个意思便能无间隔地流行于人己人物之间。如叶贺孙和赵致道所言,温和之气可以见仁,而温和之气的流行(流注)自然有节文(礼),自然得宜(义),自然明辨(智)。

或问《论语》言仁处。曰:"理难见,气易见。但就气上看便见,如看元亨利贞是也。元亨利贞也难看,且看春夏秋冬。春时尽是温厚之气,仁便是这般气象。夏秋冬虽不同,皆是阳春生育之气行乎其中。故'偏言则一事,专言则包四者'。如知福州是这个人,此偏言也;及专言之,为九州岛安抚,亦是这一个人,不是两人也。故明道

---

[15] 同上,111-112页。

谓:'义礼智,皆仁也。若见得此理,则圣人言仁处,或就人上说,或就事上说,皆是这一个道理。'正叔云:'满腔子是恻隐之心。'"曰:"仁便是恻隐之母。"又曰:"若晓得此理,便见得'克己复礼',私欲尽去,便纯是温和冲粹之气,乃天地生物之心。其余人所以未仁者,只是心中未有此气象。论语但云求仁之方者,是其门人必尝理会得此一个道理。今但问其求仁之方,故夫子随其人而告之。……〔南升〕(疑与上条同闻。)[16]

照这里所说,天地生发之理是看不见的,但可以就天地之生气来看,元亨利贞是气,是可见的;更容易看的是四季,春夏秋冬便是气的流行。在这里,四季的四个阶段的更换不是最重要的,四季中贯通的生育之气才是最重要的。这个生气便是仁。这里所说的"私欲尽去纯是温和冲粹之气",显然是指人的身心而言,朱子认为,这种人在私欲尽去后达到的温和之气,也就是天地生物之心、天地生物之气,这是以人合天的状态。这些都体现了朱子以温和之气为仁的思想。

可见,仁义礼智四德不仅仅是性理,在朱子哲学中,在不同的讨论中,四德也具有其他的意义,如与存于中不同的心德说,如意思说所表达的道德信息说,如宇宙论意义的生气流行说等。就天地造化而言,仁既是理,也是气;就人心性命而

---

[16] 同上,112页。

言,仁既是性,也是心。虽然仁的这几层意义是不同的,但它们之间不一定是互相否定的,而是可以共存的。

四 贯彻流行

朱子晚年《玉山讲义》的第三部份说:

> 然后就此四者之中又自见得"仁义"两字是个大界限。如天地造化,四序流行,而其实不过于一阴一阳而已。于此见得分明,然后就此又自见得"仁"字是个生底意思,通贯周流于四者之中。仁固仁之本体也,义则仁之断制也,礼则仁之节文也,智则仁之分别也。正如春之生气贯彻四时,春则生之生也,夏则生之长也,秋则生之收也,冬则生之藏也。故程子谓"四德之元犹五常之仁,偏言则一事,专言则包四者",正谓此也。孔子只言仁,以其专言者言之也,故但言仁而仁义礼智皆在其中。孟子兼言义,以其偏言者言之也,然亦不是于孔子所言之外添入一个"义"字,但于一理之中分别出来耳。其又兼言礼智,亦是如此。盖礼又是仁之著,智又是义之藏,而"仁"之一字未尝不流行乎四者之中也。若论体用亦有两说,盖以仁存于心而义形于外言之,则曰"仁,人心也;义,人路也",而以仁义相为体用。若以仁对恻隐义对羞恶而言,则就其一理之中又以未发、已发相为体用。若认得熟、看

得透,则玲珑穿穴、纵横颠倒无处不通,而日用之间,行著习察,无不是着功夫处矣。[17]

这里就用了"意思说",强调仁是生的意思,即仁作为"生意"的思想。朱子认为仁之生意通贯周流于仁义礼智四者之中,初看起来,仁之生意贯通的讲法似是指仁的普遍性,而以四者为特殊性;其实这种"通贯周流"的讲法与普遍性体现为特殊性的思维还是有所不同的,要言之,"通贯周流"是气论的表达方式。分别而言,仁是仁之生意的本体的表现,义是仁之生意表现为断制的阶段,礼是仁之生意的节文,智是仁之生意表现为分别。朱子认为,这正如春之生气贯彻四时之中一样,朱子用这种周流贯通之气的流行论,发挥了程颢的生意说与程颐仁"包"四德的观念,使得"仁"也成为或具有流行贯通能力的实体。这样的仁,既不是内在的性体,又不是外发的用,而是兼体用而言的实体了。气论的思维在这里也明显发生作用。这些就与前期的思想有所不同了。朱子的这一思想与程珙所提的"仁是元气"说在本质上是一致的,但元气不如生气说得更清楚,"元气"必须落在"生"字上讲,这是二程到朱子的仁说所一直强调的。关于礼是仁之著,智是义之藏的说法,以及仁义的体用问题,我们将在后面结合《语类》再予讨论。

---

[17]《文集》卷七十四,《朱子全书》二十四册,3589—3590页。

> 仁包四端而智居四端之末者，盖冬者藏也，所以始万物而终万物者也。智有藏之义焉，有终始之义焉，则恻隐、羞恶、恭敬是三者皆有可为之事，而智则无事可为，但分别其为是为非尔，是以谓之藏也。又恻隐、羞恶、恭敬皆是一面底道理，而是非则有两面，既别其所是，又别其所非，是终始万物之象，故仁为四端之首而智则能成始能成终，犹元气虽四德之长，然元不生于元而生于贞，盖由天地之化，不禽聚则不能发散，理固然也。仁智交际之间，乃万化之机轴，此理循环不穷，吻合无间。程子所谓"动静无端，阴阳无始"者，此也。[18]

这最后一节是讲智的意义，由于朱子把四德的关系看成是流行终始的关系，于是不仅突出了仁，也突出了智。朱子认为元亨利贞流行不已，贞是前一个过程的结束，又孕育了新的过程开始，故言元生于贞。朱子认为仁义礼智和元亨利贞相同，贞元之际与仁智之际相同，智和贞一样，具有成终成始的地位，仁智之交，就是旧的流行结束而新的流行开始。《语类》中也说：

> 又如乾四德，元最重，其次贞亦重，以明终始之义。非元则无以生，非贞则无以终，非终则无以为始，不始则不能

---

[18]《文集》卷五十八，《朱子全书》，二十三册，2780页。

成终矣。如此循环无穷,此所谓"大明终始"也。〔大雅〕[19]

这种四德论的讲法是由于把仁义礼智与元亨利贞完全对应所引起的,宇宙论的元亨利贞模式深刻影响了他对仁义礼智四德的理解。在这一节中,还有一点值得注意,此即把"元"说为"元气"。于是,朱子对于元或仁的说法,越来越不就性、理而言,而更多就具有生成形态的气而言了。对我们而言,仁是或不是气,不是我们所关注的,重要的是,朱子的理解中仁已经实体化了,仁已经成为实体意义上的仁体了。

五 乾之四德

《周易本义》论元亨利贞四德:

> 盖尝统而论之。元者,物之始生,亨者,物之畅茂,利则向于实也,贞则实之成也。实之既成,则其根蒂脱落,可复种而生矣,此四德之所以循环而无端也。然而四者之间,生气流行,初无间断,此元之所以包四德而统天也。[20]

这是把元亨利贞四德作为"物"的发生成长的不同阶段来理解的,

---

[19]《朱子语类》卷六,中华书局,1986年,105页。
[20]《周易本义》,彖上传,《朱子全书》,第一册,90–91页。

同时，又说明这四个连续无间断的流行，是生气流行，元就是生气，所以四者的连续流行就是体现了"元"贯通四者而作为天道的统一性。

> 以"生"字说仁，生自是上一节事。当来天地生我底意，我而今须要自体认得。[21]

当来即当初。以生说仁，把生作为天地间的普遍原理，这是"人生而静以上"事，即生化论属于宇宙论之事，不是人生论之事。因此宇宙论对于人生论来说是"上一节事"。人之生亦接受天地之生理，人生而静以下此生理即体于人而为仁之理，而人生的目标就是要体认从天地接受的生意生理，因为这是人的生命的根源。

《语类》卷六十八论乾卦四德：

> 文王本说"元亨利贞"为大亨利正，夫子以为四德。梅蕊初生为元，开花为亨，结子为利，成熟为贞。物生为元，长为亨，成而未全为利，成熟为贞。〔节〕[22]

这是以元亨利贞为生长成熟，而不是以元亨利贞为性。

---

[21]《朱子语类》卷六，115页。
[22]《朱子语类》卷六十八，1688页。

致道问"元亨利贞"。曰:"元是未通底,亨、利是收未成底,贞是已成底。譬如春夏秋冬,冬夏便是阴阳极处,其间春秋便是过接处。"〔恪〕[23]

这是以元亨利贞为生长成熟之外,又以元亨利贞对应春夏秋冬。

乾之四德,元,譬之则人之首也;手足之运动,则有亨底意思;利则配之胸脏;贞则元气之所藏也。又曰:"以五脏配之尤明白,且如肝属木,木便是元;心属火,火便是亨;肺属金,金便是利;肾属水,水便是贞。"〔道夫〕[24]

这是以元亨利贞对木火金水。这就使元亨利贞成为更普遍的模式了。

"元亨利贞",譬诸谷可见,谷之生,萌芽是元,苗是亨,穟是利,成实是贞。谷之实又复能生,循环无穷。〔德明〕[25]

这也是以物之生长遂成体现元亨利贞。以上都是以元亨利贞为

---

[23]《朱子语类》卷六十八,1689页。
[24] 同上。
[25] 同上。

物之形态或阶段。

以物之生长收藏说元亨利贞四德之义,始于程伊川,朱子亦明言之:

> "元亨利贞",理也;有这四段,气也。有这四段,理便在气中,两个不曾相离。若是说时,则有那未涉于气底四德,要就气上看也得。所以伊川说:"元者,物之始;亨者,物之遂;利者,物之实;贞者,物之成。"这虽是就气上说,然理便在其中。伊川这说话改不得,谓是有气则理便具。所以伊川只恁地说,便可见得物里面便有这理。若要亲切,莫若只就自家身上看,恻隐须有恻隐底根子,羞恶须有羞恶底根子,这便是仁义。仁义礼智,便是元亨利贞。孟子所以只得恁地说,更无说处。仁义礼智,似一个包子,里面合下都具了。一理浑然,非有先后,元亨利贞便是如此,不是说道有元之时,有亨之时。〔渊〕[26]

有这四段,即指生长遂成四个阶段,朱子在这里以生长遂成四阶段为气,而以元亨利贞为生长遂成的现实过程所体现和依据的理。按前面所述多见以元亨利贞为气这类的说法,而以元亨利贞四德为理,以生长收藏四段为气,此说似不多见。照这个说法,以生长遂成说元亨利贞,是就气上说,而理在气中。但

---

[26]《朱子语类》卷六十八,1689页。

朱子特别强调，程颐不从理上说元亨利贞，而从物上说，并没有错，他甚至声称程颐此说不可更改，认为讲气讲物，理便在其中了。此中理气的分析是很清楚的。这里所说的从气上看或从物上看的思想，不是从性、从理、从体上看，而都是近于从总体上看的方法。

"元亨利贞"无断处，贞了又元。今日子时前，便是昨日亥时。物有夏秋冬生底，是到这里方感得生气，他自有个小小元亨利贞。〔渊〕[27]

这里又把元亨利贞说成四阶段连接循环，元是生气发生的阶段。元之前是贞，贞之后是元，循环无间断处。

气无始无终，且从元处说起，元之前又是贞了。如子时是今日，子之前又是昨日之亥，无空阙时。然天地间有个局定底，如四方是也；有个推行底，如四时是也。理都如此。元亨利贞，只就物上看亦分明。所以有此物，便是有此气；所以有此气，便是有此理。故易传只说"元者，万物之始；亨者，万物之长；利者，万物之遂；贞者，万物之成"。不说气，只说物者，言物则气与理皆在其中。伊川所说四句自动不得，只为"遂"字、"成"字说不尽，

---

[27]《朱子语类》卷六十八，1689页。

故某略添字说尽。〔高〕[28]

"局定底"与"推行底",与朱子说易的方法"定位底"和"流行底"的分别相近,显然,元亨利贞是属于"流行底"道理。由于伊川论元亨利贞是指"物"之生、长、遂、成言,故朱子说元亨利贞"就物上看亦分明",他甚至认为《易传》也是就"万物"而言四德,就万物之生长遂成的阶段言元亨利贞。这种"就物上说"的方法并没有忽视理和气,因为言物则气和理皆在其中。这似乎是说,元亨利贞四德的论法可以有三种,物上说的方法如生长遂成说,气上说的方法如春夏秋冬说,理上说的方法即元亨利贞说。这三者不是互相排斥的,而是互相补充说明的。

朱子又说:

> 以天道言之,为"元亨利贞";以四时言之,为春夏秋冬;以人道言之,为仁义礼智;以气候言之,为温凉燥湿;以四方言之,为东西南北。〔节〕[29]

这就把元亨利贞之理更普遍化了,就天道言,即就宇宙普遍法则而言,是元亨利贞;这样普遍法则理一而分殊,有不同的体现,如在四时体现为春夏秋冬,在人道体现为仁义礼

---

[28]《朱子语类》卷六十八,1690页。
[29] 同上。

智,在气候体现为温凉燥湿,在四方体现为东南西北。温凉燥湿又说为温热凉寒:"温底是元,热底是亨,凉底是利,寒底是贞。"〔节〕[30]这实际上是用四季的气候变化循环说元亨利贞。在这个意义上,元亨利贞如同理一分殊,已经成为一种论述模式。

六　流行统体

"四德之元,犹五常之仁,偏言则一事,专言则包四者。"此段只于易"元者善之长"与《论语》言仁处看。……"元者,善之长也",善之首也。"亨者,嘉之会也",好底会聚也。义者,宜也,宜即义也;万物各得其所,义之合也。"幹事",事之骨也,犹言体物也。看此一段,须与太极图通看。〔贺孙〕[31]

《文言传》对元亨利贞的解释是就人事道德上说,朱子具体解释了什么是善之长,什么是嘉之会,什么是义之合,什么是事之干,但朱子对元亨利贞的解释并不是按这种方式进行的。朱子强调,根据二程的说法,对"元"的理解要与"仁"联系一起、贯通在一起。

---

[30]《朱子语类》卷六十八,1690页。
[31] 同上。

> 光祖问:"四德之元,犹五常之仁,偏言则一事,专言则包四者。"曰:"元是初发生出来,生后方会通,通后方始向成。利者物之遂,方是六七分,到贞处方是十分成,此偏言也。然发生中已具后许多道理,此专言也。恻隐是仁之端,羞恶是义之端,辞逊是礼之端,是非是智之端。若无恻隐,便都没下许多。到羞恶,也是仁发在羞恶上;到辞逊,也是仁发在辞逊上;到是非,也是仁发在是非上。"问:"这犹金木水火否?"曰:"然。仁是木,礼是火,义是金,智是水。"〔贺孙〕[32]

按朱子的解释,元是初发生,则这就不是从理上看,而是从气上看或从物上看。其次,发生后必然向会通发展,会通后必然向成熟发展。就四个阶段的不同展开说,这是"偏言"的角度。就四个阶段贯穿著作为统一性的"元"而言,这是"专言"的角度。专言包四者,朱子的解释是,一方面,元中具亨利贞许多道理,亨利贞都是元的发现的不同形态,同理,仁不仅发在恻隐、羞恶、辞让、是非都是仁之发。

《语类》又载:

> 曾兄亦问此。答曰:"元者,乃天地生物之端。乾言:'大哉乾元!万物资始。至哉坤元!万物资生。'乃知

---

[32]《朱子语类》卷六十八,1691页。

元者,天地生物之端倪也。元者生意;在亨则生意之长,在利则生意之遂,在贞则生意之成。若言仁,便是这意思。仁本生意,乃恻隐之心也。苟伤着这生意,则恻隐之心便发。若羞恶,也是仁去那义上发;若辞逊,也是仁去那礼上发;若是非,也是仁去那智上发。若不仁之人,安得更有义礼智!"〔卓〕[33]

元是生物的发端,元是生意的开始,亨是生意的长,利是生意的遂,贞是生意的成。于是生长遂成就是"生意"的生长遂成。这都不是从理上看的方法,也说明,四德的意义在朱子思想中并不仅仅是理。

《周易本义》云:

"元者,善之长也,亨者,嘉之会也,利者,义之和也,贞者,事之干也"。元者,生物之始,天地之德莫先于此,故于时为春,于人则为仁,而众善之长也。亨者,生物之通,物至于此,莫不嘉美,故于时为夏,于人则为礼,而众美之会也。利者,生物之遂,物各得宜,不相妨害,故于时为秋,于人则为义,而得其分之和。贞者,生物之成。实理具备,随在各足,故于时为冬,于人则为智,而为众事之干。干,木之身而枝叶所依以立者也。

---

[33]《朱子语类》卷六十八,1691 页。

> "君子体仁足以长人，嘉会足以合礼，利物足以和义，贞固足以干事。"以仁为体，则无一物不在所爱之中，故足以长人。嘉其所会，则无不合礼。使物各得其所利，则义无不和。贞固者，知正之所在而固守之，所谓知而弗去者也，故足以为事之干。[34]

> "大哉乾乎，刚健中正，纯粹精也"。刚以体言，健兼用言中者，其行无过不及。正者，其立不偏。四者，乾之德也。纯者，不杂于阴柔。粹者，不杂于邪恶。盖刚健中正之至极而精者，又纯粹之至极也。或疑乾刚无柔，不得言中正者，不然也。天地之间，本一气之流行，而有动静耳。以其流行之统体而言，则但谓之乾而无所不包矣；以其动静分之，然后有阴阳刚柔之别也。[35]

元既是生物之始，又是天地之德，作为生物之始，亦体现为四时之春；作为天地之德，亦体现为人道之仁。可见，元亨利贞四德既是论生物过程与阶段，又是论天地之德，于是既体现为四时春夏秋冬，又体现为人道的仁义礼智。"流行之统体"就是兼体用的变易总体，元亨利贞是此一统体不同流行的阶段及其特征。

虽然可以说，对于四德而言，朱子的讨论包含了三种分

---

[34]《周易本义》，文言传，《朱子全书》第一册，146页。
[35]《周易本义》，文言传，《朱子全书》第一册，149页。

析的论述，即"从理看"，"从气看"，"从物看"。但总起来看，应当承认，朱子的思想中不断发展出一种论述的倾向，就是不再把元亨利贞仅仅理解为理，而注重将其看作兼赅体用的流行之统体的不同阶段，如将其看作元气流行的不同阶段。由于天人对应，于是对仁义礼智的理解也依照元亨利贞的模式发生变化，即仁义礼智不仅仅是性理，也被看作生气流行的不同发作形态。这导致朱子的四德论在其后期更多地趋向"从气看"、"从物看"、从"流行之统体"看，使得朱子的哲学世界观不仅有理气分析的一面，也有流行统体的一面，而后者更可显现出气论对朱子思想的影响。气论影响的结果使得朱子的仁学更关注实体、总体的意义了。

朱子的这些思想，使我们得以了解朱子不仅发挥继承伊川的理学思想，也与明道的仁学思想有其内在的联系。朱子仁学的思想，以往整体研究不够，需要更深入的分疏和诠释。从一定的意义上来看，朱子的哲学思想体系可以看作从两个基本方面来体现、呈现，一个是理学，一个是仁学。从理学的体系去呈现朱子哲学，是我们以往关注的主体；从仁学的体系去体现朱子思想，以往甚少。如果说理气是二元分疏的，则仁在广义上是包括乎理气的一元总体。在这一点上，说朱子学总体上是仁学，比说朱子学是理学的习惯说法，也许更能突显其儒学体系的整体面貌。

从仁体的意义来看，朱子的思想，实际上是重视大用流行之整体的思想，强调大用流行作为仁的意义，然而未及论述仁体与流行的关系。生气是大用、是流行，但还不是仁体，虽然仁体不离大用，不离流行，但终须指点仁体，指明生气流行是仁体的显现，始为善论。而无论如何，朱子的仁体论和仁气论，特别是他重视流行统体的思想，他的以仁为实体、总体的思想，为我们的仁体论建构提供了重要的依据和方向。

第十 心本实体

一般多认为,近代仁学以谭嗣同为最突出。不过,从本书的角度来看,谭嗣同的仁学思想在本体论上不甚突出,而其平等思想最为突出,故我们将其放在最后一章讲述,与平等、自由等政治价值的论述放在一起集中处理。而此章仅仅处理现代新儒家熊十力、梁漱溟、马一浮的有关本体的思想,观察诸人论本体与吾人仁体论的异同。

一 此心即万物之本体

如我们在绪言中所说,熊十力哲学的贡献是确认有宇宙本体、确认本体与大用的不二关系、确认本体是生生健动的,这些对仁体论的建构都有其意义。下面我们从仁体论的立场讨论一下熊十力哲学哪些说法是需要检讨的或不必为我们采取的。

我们来看熊十力是如何论实体和仁。

熊十力在1932年《新唯识论》文言本出版之前，在1930年的《尊闻录》中已经开始发挥万物一体的思想，他从王阳明的万物一体说而提出"众生同源"说：

> 同源之说，有明证也（指王阳明），所谓万物而为一体之仁者。仁即源也，我与万物所同焉者也，是无形骸之隔，物我之间，故痛痒相关也。否则根本互不相通，见孺子入井乃至草木毁坏，其有恻隐顾惜之心也哉？[1]

所谓明证即是证明，熊十力的证明是引用王阳明答人论万物一体书。从这里可以看出，同源说就是万物一体说。表面上看，他把万物一体理解为同源说，认为仁就是源，似乎含有了仁体论，关于这一点他解释说：

> 在人情计度，则以为说到同源，好像是外于万物而建立一个公共的大源，叫他做宇宙实体，我与一切人和物都从它分赋而出生。……所以我底生命不是我元来自具足。旧稿外藉而凭虚之说，盖即此意。……大抵同源者，虽已承有万物公共之大源，而它毕竟不是外于万物而别为空洞独立之物，他遍为万物实体，无有一物得遗之以成其物

---

[1]《尊闻录》,《熊十力全集》一，569页。

者,万物皆以他而成其为万物。我固万物之一,即亦以他而成其为我,所以我与一切人和物,虽若殊形,而语及实性,则是浑然一体。[2]

同源即公共的大源,亦即宇宙实体,但实体不外于万物而存在,实体也不是在万物之外产生万物的东西,实体是遍为万物的实体,实体是万物得以成其为物的"他"。按照此说,万物一体说和同源说即意味着建立实体,或宇宙实体,但这里并未说明此实体和万物一体的关系。他又说:

> 吾学贵在见体,人能安住于实体,超越个人的生存,即没有为达个体生存之目的而起之利害计较。易言之,即不为生存而生存。[3]

可见实体不仅是万物存在论的根源,也是人心可以安住的所居,人心安住于实体,就能超越利害计较,达到不为生存而生存的境界。

不久,在《新唯识论》开篇,他也说到同源:

> 真见体者,反诸内心,自他无间,征物我之同源。[4]

---

[2]《尊闻录》,《熊十力全集》一,571页。
[3] 同上,460页。
[4]《新唯识论》,《熊十力全集》二,10页。

不仅人的内心可证明物我同源,此心即是此同源的实体。他解释说:

> 内心之内,非对外之词,假说为内耳。此中心者,即上所言自性。盖心之一名,有指本体而言者,有依作用而言者,切不可混。……语曰"一人向隅,满座谓之不乐"。此何以故?盖满座之人之心,即是一人之心,元无自他间隔故耳。足知此心即是物我同源处,乃所谓实体也。[5]

可知,熊十力所谓同源的问题即是实体的问题,但他并不认为仁就是实体、就是同源处,而是认为仁心才是实体。熊十力认为实体就是此心,此心就是实体,这是其新唯识论的主导思想。他说:"心虽近主乎一身,而实遍全宇宙无有不周也。""是故体万物不遗者,即唯此心,见心乃云见体。"[6]《新唯识论》文言本的主张重在唯心,所以文言本当时还没有提出"体用不二""即体即用"这一熊十力后来认为是他最重要的慧见。体用不二的体用论是在语体本中才完整形成的。

因此文言本中,他说的一体更多是基于唯识唯心的一体,如他说"日星大地乃至他身等境,皆为自识所涵摄流通而会成一体""境识我不可分之全体,显则俱显,寂则俱寂,一体同

---

[5]《新唯识论》,《熊十力全集》二,10页。
[6]同上。

流,岂可截然离之乎。"[7]他认为只有认识到心体广大无外,在实践上才能超脱小己利害计较之心的作用,真正以天地万物为一体。

熊十力在《新唯识论》中批评空宗以体为空,以为凭空可以起用,他提出只有实体才能起用,才能生化成用:

> 我克就大用流行的相状上说,这个确实刹那刹那诈现,都无自性。然而由此可悟入大用流行为本体。因为用上虽无自性,而所以成此用者,即是用之实性,此乃绝对真实的,常生常寂的,用之流行则虽是千变万化,无有故常,而所以成此流行者,即是流行之主宰;流行是有矛盾的,于流行而识主宰,便是太和。[8]

熊十力是在语体本《新唯识论》中才全面论述体用问题:"因为体是要显现为无量无边的功用的,用是有相状诈现的,是千差万别的,所以体不可说,而用却可说。用就是体的显现,体就是用的体,无体即无用,离用元无体……便见得大用流行不住,都无实物,即于此,知道他只是真实的显现。"[9]此后他大力发明体用不二、即体即用,来处理实体和大用的关系,直

---

[7]《新唯识论》,中华书局,1985年,53、55页。
[8]《熊十力全集》三,181页。
[9]《新唯识论》语体本卷上,45页。引自郭齐勇《熊十力思想研究》57页。

至晚年作《体用论》，正式申明他的哲学要义在体用论，不在唯识（心）论。其成熟的体用论，主张体用皆为实有，实体不在功用之外，实体是大用的自身，实体自身完全变现为大用，即用即体，即体即用，实体自身是生生变动的。其具体思想可参看我的旧文《熊十力哲学的体用论》，就不在这里细论了。

熊十力在四十年代也强调：

> 吾心之本体即天地万物之本体。[10]

又说：

> 就明觉的本体言，吾人与宇宙，无内外可分故，此明觉凭吾人之官能而发现，以感通于天地万物，天地万物待此明觉而始显现，足征此明觉为一切形物之主宰。所以说，明觉即是吾心与万物的本体，非有舍吾心而别寻造物主也。[11]

所以他从来不说宇宙实体是仁体，只说心和明觉是本体。熊十力的这些思想表明，他的哲学还未真正达到仁的本体论或仁的宇宙论。真正的仁的本体论必须以仁为本体，而不是以心为本

---

[10]《答谢又麟》，《十力语要》卷一，全集四，102页。
[11]《十力语要》卷二，全集四，221页。

体。真正的仁的宇宙论不能以心的德用（照明通畅）为根本，而必须以仁的作用为根本。

他在语体本《新唯识论》中说，"直指本心之仁，以为万化之原、万有之基，即此仁体……"[12]。在《读经示要》中也说："本心即万化之实体。"[13]

可见，在熊十力哲学中，心才是本体，他讲的仁也多是指仁心，所以并不能建立真正的仁的本体论宇宙论。应当指出，不能摆脱"心—物"问题为中心，不是熊十力个人的局限，而是20世纪哲学的主要局限。在20世纪哲学看来，或是唯心，或是唯物，或是对心对物作出其他安排，总之哲学以心或物为中心。这样的问题导向限制了仁体哲学的多样的可能发展。在这方面，熊十力也好，梁漱溟也好，都是如此。（事实上，熊十力自己也承认，把心说为宇宙实体乃是权说。[14]）

以上主要简单论及熊十力关于实体的思想。关于仁为本体，熊十力在《新唯识论》语体本倒是明确讲过，如："仁，本体也。"[15]不过，这是因解释《论语》而发，意义并不明确，如明代儒者也讲本体，但明儒的本体是心之本体，不是本书所讲的本体论的本体。在《新唯识论》里，熊十力也明确说明，仁即人的本心，所以他的以仁为本体，就是以心为本体。此类说

---

[12]《新唯识论》语体本卷下之一，引自郭齐勇书第33页。
[13]《读经示要》，上海正中书局本，37页。
[14]《新唯识论》，中华书局1985年本，44页。
[15]《新唯识论》语体本，全集三，404页。

法，在宋代明代的儒家已经有了。

熊十力说：

> 仁者，本心之名。本心备具生生、刚健、照明、通畅诸德，总括而称之曰仁德，故本心亦名为仁。[16]

可见他讲的仁，还是就本心来讲的，不是仁的本来全体。其实，生生、刚健、照明、通畅诸德都是心之德，不可径称为仁德，因熊十力思想的焦点不是仁，而是心，这从《新唯识论》开首所说即可见。

他说："仁者，本心也，即吾人与天地万物所同具之本体也。"[17] 这也证明他讲的本体是本心，是本心之仁，不是真正的仁体。

关于仁心，他在50年代后期所写的《明心篇》中仍多处谈及仁心：

> 人类则因其身体构造精利，仁心已显发出来，实主乎吾人之身。然仁心即是生命力之发现。此不唯在吾身，亦遍在天地万物。故仁心之主乎吾身，常于吾人一念乍萌乃至著乎行动之际，恒诏示吾人可与不可。其可者，

---

[16]《熊十力全集》三，51–52页。
[17]《新唯识论》语体本，《新唯识论》，中华书局本，567页。

必其超脱乎小己之私图，高履公道正义者也；其不可者，必其同于禽兽只遂躯体之欲，不知其他，背公道而叛正义者也。[18]

这里说的仁心就是良知，其功能就是提示人们行为的可与不可，也即是与非。可者即超脱私欲履行公道正义，不可者即顺从私欲背离公道正义。照这里所说，仁心是宇宙之普遍生命力的显现，这一生命力遍在于天地万物，这样，宇宙生命力是最根本的，仁心是生命力的显发。用宇宙生命讲仁心，熊十力与梁漱溟一致，把仁心作为宇宙生命的显现，这是二人宇宙论（离开实体论）的一个特色，也显示出柏格森生命哲学对近代心学的影响。在这一点上，晚年的梁漱溟，由于没有一种体用论作为前提，所以对宇宙生命阐发的更为明确。

夫仁心之存乎人者，刚健照明、生生而能爱，不为小己之私欲所缚，常流通于天地万物而无间隔，此乃根于实体之德性，而为一切德行之源泉也。人皆有是心，而不幸甚易为形气的独立体所锢蔽。独立体既成，便自有权能，故其锢蔽仁心也甚易，而仁心之发露颇难。然仁心是人所本有，反己而求之即得。求仁而得仁，不至陷于不仁，仁心以天为其根，故曰得仁即得天也。仁心即是实体之德

---

[18]《明心篇体用论》，中华书局，1994年，214页。

> 用，故说仁心以实体为其根。有根故，如流水之有源而常不竭，如草木之有种而恒不绝，此人生之生活内容所以丰富无穷、充实不可以已也。[19]

仁心的德性，被认为是刚健照明，仁心的德性是根源于实体的德性。又说仁心以实体为其根，仁心以天为其根，则实体便是天，可是熊十力从未这样肯定过。而且，仁心的爱从何而来？如果从熊十力后期哲学思想看，实体并非本心，本心只是实体的功能而已，与这里所说可以相通。若参照下段所说，实体似乎是生命，生命实体有作用，有德用：

> 德者，众善淳备之称。人之德行出于性，德修矣，而性适赖人之德以弘。生命具有生生、刚健、照明、通畅等德用，是一切德行或善行之所从出。然生命之德用，必须吾人返在自家内部生活中，亲自体认良心，而不敢且不忍失之，确然自动乎中，直发之为行事，始成吾人之德行。[20]

本来实体才有德用，这里他就把实体直接换为生命了，故说生命具有刚健、照明的德用。按其体用论之说，辟为宇宙大心，为宇宙大生命，宇宙大心遍在一切之无量心，一切人之无量心

---

[19]《明心篇体用论》，263 页。
[20]《明心篇体用论》，226 页。

即是宇宙大心。但辟毕竟不是实体本身。

又说：

> 余以为生命心灵同有生生、刚健、亨畅、升进、照明等等德用。生生，言其大生广生，常舍故创新，无穷无尽也。刚健，言其恒守至健而不可改易也，故能斡运乎物质中，终不为物所困。亨畅，言其和畅开通、无有郁滞也。升进，言其破物质之锢蔽，而健以进进不坠退故，俗云向上是也。照明，言其本无迷暗性，《易》云"大明"，是乃最高智慧与道德之源泉也。如上诸德用，皆是生命、心灵所法尔本有，而不可诘其所由然者。惟人独能努力实现生命、心灵之一切德用，此人道所以尊也。然人与万物本为一体，人乃万物发展之最高级，则人之成功即万物之成功已。[21]

熊十力此说只是发明易学，发明心学，但还不是仁学，所说德用不能表达仁之德用，只是生命心灵之德用，属于乾之德。说心灵有德用，等于以心灵为体，为实体本体，这与《体用论》的思想相悖，因为依照体用论体系，心灵只是实体的用，不能说心灵反而有刚健照明，这些德用只是辟的体现，乾的体现。

他又说：

---

[21]《明心篇体用论》，170页。

> 默识法者,返求吾内部生活中,而体认夫炯然恒有主在,恻然时有感来。有感而无系(恻隐之感同情于万物,本无私意私欲之杂,故无系),有主而不可违,此非吾所固有之仁心与?识得此心,非可只守之而勿失也,要在事上磨练。随事随物,知明处当,以扩充吾之仁,是乃孔子敦仁之学,非程明道识仁之说可得而托也。[22]

这是说,仁心不可空守,必随事磨练,明智的扩大即是随事扩充之功。所以熊十力认为这种以智扩仁的功夫,与大程子的识仁方法不同。又说:"孔子日新之学,敦仁以立其大本,爱智格物以行其达道。"

> 《易大传》曰:显诸仁,藏诸用。一言而发体用不二之蕴,深远极矣。显仁者何,生生不息之仁,此太极之功用也。藏者,明太极非离其功用而独在。余译《易》,至显仁藏用处,深感一藏字,下得奇妙。藏之为言,明示实体不是在其功用之外。故曰藏诸用也。藏字只是形容体用不二。[23]

熊十力以仁为太极之用,此说不知仁体,不知太极乃是仁体之

---

[22]《明心篇体用论》,221页。
[23]《体用论》,118页。

至极，非离开仁体而独立的实体，生生不息即是仁体大用，实体即体即用。

熊十力在《体用论》中说，"圣人直亲合于全体大用，视天地万物为一己，忧患与同，而无小己之执迷，坦荡荡与大化同流。"[24] 如何从全体大用到万物一己，熊十力毫无说明，事实上从熊十力的以心为实体的宇宙论到万物一体的仁学，中间明显存在着跳跃，与我们从仁体说到万物一体自是不同。熊十力论刹那亦然，他说："本论则以一切行只在刹那刹那，生灭灭生，活活跃跃，绵绵不断的变化中，依据此种人生观，人生只有精进向上。"[25] 刹那和向上之间也没有联系，也明显存在跳跃。而且若事物只是刹那生灭，价值如何保守，文化如何传承，都是问题。他说："余乃复为穷原之学，近取诸身，深悟、深信万有之实体即是万有之自身。参透及此，形形色色皆是真理遍现，屎尿瓦砾无非清净本然，至于中夏圣哲洞见大本而含养其天地万物一体之德慧，皆所以完成天地万物一体之本性而无私焉。"[26] 这里仍然不能说明何以从实体即万有自身，便能推到天地万物一体的德慧和本性。其未能拈出，天地万物一体之圣学即是仁学，天地万物一体即是实体。可见，唯心的实体论，和儒学的"仁"始终不能顺畅地结合，这对熊十力和梁漱

---

[24]《体用论》，46 页。
[25] 同上，48 页。
[26] 同上，145 页。

溟都是如此。

在五十年代写《新唯识论》删定本、《原儒》之后，熊十力不再说用上无自性，而改为充分肯定用，而且《原儒》中说："改造现实世界即是实现本体，现实世界发展不已，即是本体发展无竭。"[27]

五十年代后期他在《体用论》中一改《新唯识论》批评有宗的态度，肯定有宗的缘起说把宇宙看成个体事物相互联系的整体，认为很有价值：

> 大有破斥大自在天变化之迷误，而创发宇宙缘起论，从一切事物之互相关联处着眼，来说明宇宙，确有不可磨灭之价值在。[28]

《体用论》还说：

> 宇宙万有是从过去至现在，方趋未来，恒不断绝之完整整体。[29]

他还说：

---

[27]《熊十力全集》六，643页。
[28]《体用论》，佛法下，《熊十力全集》七，69页。
[29]《体用论》，成物，134页。

惟所谓实体即是现实世界的实体，现实世界以外没有独存的实体……本此而经纬万端以发展现实世界，亦即是发展现实世界的实体。[30]

值得一提的是，熊十力在五十年代后期的《明心篇》中，否定了"以仁为体"的思想，提出："明儒以仁为本体，甚失孔子之旨，仁是用，究不即是体，谓于用而识体可也，谓仁即是本体则未可。"[31]显示出他始终坚持体用不二论，但终究不能走向仁本体论。强调仁是用，这和梁漱溟后期思想有一致处。

我之所以始终重视熊十力后期哲学，当然不是就其对仁的看法而发，也并不是单从研究熊十力在20世纪中国哲学史的地位和实际贡献来看的。如果就哲学史的实际影响和贡献，当然还是要以《新唯识论》文言本、语体本为最能代表他的哲学影响和理论独特性。然而，熊十力晚期思想虽然与其前期哲学关系非常密切，但不能不说其晚期哲学的变化亦已独立地构成为另一种哲学形态，具有了另一种意义。《原儒》、《体用论》、《明心篇》以及《乾坤衍》，这几部著作可谓是他在1949年以后与当时主流哲学调适的结果，其目的之一是为了辩白其哲学并非唯心论而又要尽量保持其哲学的体用论。于是他一改前期

---

[30]《乾坤衍》，全集七，452页。
[31]《明心篇》，162页。参看郭齐勇：《熊十力思想研究》，天津人民出版社，1993年，90页。

《新唯识论》把心说为本体、摄用归体的宇宙论,而变为重视大用流行的摄体归用的宇宙论,以实体的非心非物来化解新哲学对其哲学的可能批判,以便保有他最重视的体用不二论。这个由新唯识论改写的体用论体系,在实体思想上接近于斯宾诺莎,而在宇宙论方面远比斯宾诺莎为精细。不管外缘的因素如何,熊十力由此而成立的"体用论"哲学(与"新唯识论"相区别),自有其特别的意义,这就是晚期熊十力的体用论哲学为现代儒家哲学提示了一个实体非心非物的哲学发展方向,一个超越新心学和新理学的方向,而这个方向在21世纪应有其特别的意义。从本书的立场来说,这就是仁体论可以与"即体即用"的本体论结构结合而成为仁学本体论的基础。这也是我在本书中仍然强调熊十力晚期哲学的根本原因。我以为在五十年代特殊时代环境下熊十力的哲学调适及其后来的发展方向,正是今日中国哲学新发展的方向之一,也是当代儒家哲学发展的重要方向之一。当然,熊十力的哲学打上了个人心结的深深印记,这就是,虽然他的哲学得益于佛学的理论思维,但其哲学论述太多关于简别佛学的内容,他用了太多篇幅与佛学对话,辨析他与空有二宗的分别,这显然是他为了克服自己、说服自己原有的对佛教理论的信持。

二 "全体是用、全用是体"

体用论的世界观也在马一浮有明显体现,成为马一浮哲学的一种方法论和世界观。马一浮强调:"体用双离则绝不可说。不易者只是此体,简易者只是此用,变易者只是此相。离体无用,离性无相,但可会相归性、摄用归体,何能并体而离之?"[32]又说:"显诸仁,从体起用也;藏诸用,摄用归体也。显是于用中见体,藏是于体中见用。"[33]又以易学解释《中庸》:"不贰正是显,不测乃是藏。无微不显,方识得体。无显不藏,方识得用。显微无间,体用一源,所以为不贰不测也。"[34]在这种体用论中,体用不是相互独立、互不决定、互不作用的对立二元,而是具有相互作用、密切关联、不可分割的一体两面。所以他在谈到华严宗所谓体用相即相入时指出:"相即明即体是用,相入是摄用归体,总显体用不二,非有别也。"[35]体外无用,用外无体,这种体用不二的观点是一种对世界的内在联系的看法。

他更提出"全提"的体用论,成为其理论特色,马一浮说:

  其(孟子)言能知,实本孔子易传,在易传谓之易简,在孟子谓之良。就其理之本然则谓之良,就其理气合一则谓之易简。故孟子之言是直指,孔子之言是全提。何谓全提?即体用本末隐显内外,举一全该,圆满周遍,更无渗漏也。盖单提直指,不由思学,不善会者便成执性废

---

[32]《尔雅台答问续编》卷一,16页。
[33]《尔雅台答问续编》卷四,6页。
[34]《尔雅台答问续编》卷二,40页。
[35]《尔雅台答问续编》卷二,46页。

修。全提云者，乃明性修不二，全性起修，全修是性，方是易简之教。性修不二是佛氏言，以其与理气合一之旨可以相发，故引之。性以理言，修以气言，知本乎性，能主乎修，性唯是理，修即行事，故知行合一即性修不二，亦即理事双融，亦即全理是气、全气是理也。[36]

这里体用论的表达是心性修养论的意义理论，但表明了马一浮的哲学的要点和归宿在"全提""全是"。按其哲学，在宇宙论方面变易是气，是现象，是用；不易是理，是本体，是体；简易是理气合一，体用不二。单提变易或单提不易，会堕断常二见，理气合一才是全提，全提就是指全面的界说或表述。由此可见，理气合一代表了马一浮哲学的总体立场。理气合一的命题在马一浮是指，宇宙总体可分析为理气两个方面，理气不是互无干涉的二元实体，比照性修不二的说法，亦可说理气不二。宇宙是一大化流行，理是大化所以流行的常则，气是大化之能流行，理不能离气，气不能离理。

马一浮特别强调，宇宙大化的本然全体是理气合一，这种合一表现为"全理是气，全气是理"。马一浮很欣赏佛教的"全甲是乙，全乙是甲"的模式，就体用论来说，全理是气即全体起用，全气是理即摄用归体，两方面加起来即理气合一。"全气是理"是说气完完全全体现了理，"全理是气"是指理完完全全

---

[36]《泰和会语》，47页。

表现为（于）气。用前述的例子来说，全气是理即"变易元是不易"，全理是气即"不易即在变易"。全气是理、全理是气加起来便是"简易"。

照马一浮看，在宇宙论，"全气是理、全理是气"是本然的，自然的，但在人生论，"全气是理、全理是气"则是人所当努力达到的理想境界。换言之，宇宙是自然理气合一的，但人生论上的理气合一则是经过修养始能达到的境地。他说：

> 心不为物役而为主也，心正则气顺，故性得其养。曰性其情者，情皆顺性，则摄用归体、全体起用，全情是性、全气是理矣。——曰情其性者，性即随情，则全真起妄、举体成迷，唯是以气用事，而天理有所不行矣。[37]

在人生论上，修养的努力是要变化气质，做到全气是理，使气顺于理。不论是孟子的集义说还是张载的德胜说，对马一浮来说都是达到全气是理的方式。他说："视听言动皆气也，礼即理之行乎气中也，——四者皆礼，则全气是理，全情是性矣。"[38]"形而上之谓道，此理也，形而下，亦此理也。于气中见理，则全气皆理也，于器中见道，则离道无气也。"[39]

---

[37]《宜山会语》，14页。
[38]《复性书院讲录》卷五，《洪范约义》三，143页。
[39]《复性书院讲录》卷五，《洪范约义》二，136页。

从体起用和摄用归体提供了有关本源性分析的两种不同方向的叙述方式。体是形上，用是形下；体是第一性的，用是派生的；体是本体，用是现象。从而，在形上学的意义上，从体起用是自上而下（形上到形下）的叙述方式，从体起用就是说明从体到用的逻辑顺序。摄用归体则是自下而上（形下到形上）的叙述方式，摄用归体就是"于气中见得理，于变易中见得不易，于现象中见得本体"。[40]用佛教常用的大海与波浪的比喻，湿性是体，波浪是用，海水动而有波，这是从体起用；万沤皆是一水，这是摄用归体。理气论中关于宇宙原始状态是未见气的说法，正是一种从体起用的立场的表现，而心性论的顺理率气的说法，则体现一种摄用归体的模式。

"从体起用"，是从体上说，而落实到用；"摄用归体"是就用上说，而归结到体。这两种都是马一浮所肯定的"单提"的叙述方式。而在对总体的周全把握上，则须把这一正一反结合起来，以达到合，即"全体大用"，亦即全体成用，全用是体。马一浮的"全气是理，全理是气"的本体论突出体现了一种与西方哲学传统中的二元论完全不同的另一种建构方式和理解，在这种理解中，理与气是本体与现象的圆融无间、互不相离的"互全性"的存在，马一浮思想中的全体起用、全用是体、全理是气、全气是理，既是一种对宇宙本然体段的叙述和把握，又是人生的理想境界，他的理气体用论既是存在的表述，又是

---

[40]《宜山会语》，23页。

实践的方式，也是分析的方法。他的全部思想如性修不二、知行合一、理事双融等，都须在此种"全提"的模式下理解。事实上，他的思想的每一部分都可以从从体起用和摄用归体的统一来了解。

应当指出，马一浮思想中即用是体、即体是用的提法，很接近于熊十力即体即用、即用即体的思想。在"全体是用，全用是体"的命题上，马一浮之说甚至是对熊十力体用不二的体用论的一个补充，可以使熊十力的即体即用说有另外一种表达的形式。但在宇宙论上，马一浮仍坚持以理气为论说和把握世界的要素，这与熊十力不同。他的全理是气、全气是理说在基本立场上仍未能超出理学的范围，而与熊十力"实体自身变成大用"的体用论（实体论）有距离。马一浮仍然更强调摄用归体，而熊十力后期则提出"摄体归用"，在这一点上熊十力更具有突破性，马一浮在概念上虽达到了全体是用、全用是体，但熊十力的哲学才真正达到了"全体大用"。这并不是思维水平的差异，而是思维视角的差异，马一浮思想的问题性（理气）仍内在于理学传统之中，而不突出关注所谓实体问题。如果只是在理气问题上讲全体成用，全用是体，那就还没有现代哲学的意义，还只是宋明理学的理气体用论。所以他的全体是用，只能是全理是气，而不能像熊十力那样，实体完全变成大用。

不过，熊十力的实体没有突出价值意义，实体到价值必须经过跳跃，这是其哲学作为儒家哲学的不足。马一浮坚持理体的第一性，主张宇宙论要全理是气，全气是理，在价值上是明确坚守了理学价值体系的。而且，马一浮的"全是"思维，也可以吸收到仁学本体论中来，其关键在于诠释和理解。换言之，必须把马一浮和熊十力结合起来，用熊十力的即体即用的实体论诠释马一浮的全提全是论，或使他们互相诠释，才能激活马一浮全是论的本体论意义。就我们的仁体论而言，仁体可以全体是用，全用是体，实体可以变现为现象总体，现象总体是实体的全部显现，而仁体比起理体更具有遍润宇宙的势用。这就可以把马一浮的全是思想吸收进来了，把它变成与熊十力体用不二意义相近的一种实体论的模式。

在仁的问题上，马一浮提出"仁是心之全体，即此实理显现于发动处者。"[41]这还是心本论的观点。又说"天地感而万物化生，仁之功也"。[42]人心之仁，是仁体的显现，万物化生，是仁体的功效，这些说法对于仁体亦似有所见，但终归距仁体论甚远。

三 "宇宙生命"与"宇宙本体"

照梁漱溟的看法，在历史的长河中，理智和理性的开出，是和所谓"生命本性"关联着的。他的《人心与人生》在叙述从本能到理性的人类心理发展中，不断地提到"生命本性"在

---

[41]《论语大义》一。
[42] 同上。

这一过程中的主导作用。"生命本性"完全是一个哲学的概念。在这里与其《人心与人生》前面大部分不同,已经完全脱掉了任何心理学的外衣。

生命本性其实是梁漱溟由"心"所发展出的一个本体论、宇宙论范畴,他把心的特性赋予生命本性,故生命本性首先是主动性。他说:"心与生命同义,又不妨说:一切含生莫不有心。这里彻始彻终一贯而不易者即后来所见于人心之主动性是已。"[43]这种主动性乃是生命本有的,主动性的本源是生命,故说"主动性非他,即生命所本有的生动活泼有力耳。"[44]这种主动性在人类的表现他也称之为"自觉主动性"。

在他看来,主动就意味着日新向上:"一切生物的生命原是生生不息,一个当下接着一个当下的;每一个当下都有主动性。而这里所说的人心的主动性,则又是其发展扩大炽然可见的,曰努力,曰争取,曰运用,总都是后力加于前力,新新不已。……起头又起头,不断地起头,其曰新新不已,正谓此耳。"[45]他强调说:"生命本性可以说就是莫知其所以然的无止境的向上奋进,不断翻新。它既贯穿着好多万万年全部生物进化史,一直到人类之出现;接着又是人类社会发展史一直到今天,还将发展去,继续奋进,继续翻新。"[46]

---

[43]《梁漱溟全集》第三卷,山东人民出版社,1990 年,540 页。
[44] 同上,543 页。
[45] 同上,542、543 页。
[46] 同上,544 页。

生命本性的特点又在争取自由，他说："生物界犹层层创新，进化之不已，岂不充分证明生命本性之不在此（两大问题）乎？生命本性是在无止境地向上奋进；是在争取生命力之扩大、再扩大；争取灵活再灵活；争取自由再自由。……唯一代表此生命本性者，今唯人类耳。"[47]自由就是摆脱两大问题的局限，这种自由的取得是根源于生命本性的要求。他指出，理智的发展，最初不过是在生活方法上别开一路，以求得对两大问题的解决，但在发展中不期然而越出两大问题之外，他说"此殆生命本性争取灵活、争取自由有不容已者欤。"不仅理智的发展是生命本性所使然，"人类行为上见有理性，正由生命本性所显发。"[48]

照梁漱溟的思想，生命本性存在于一切事物之中，但在动物的本能活动中被遮蔽着。理智、理性从本能中解放出来，"生命本体（亦即生命本性）乃得以透露，不复为障蔽"。[49]生命本性从本能的遮蔽中解放出来，这只在人类才真正实现。

在梁漱溟的思想当中，"生命本性"不是孤立就生物或人类讲，而是关联着宇宙大生命普遍地讲。如他说："争取自由、争取主动、不断地向上奋进之宇宙生命本性，今唯于人类乃有可见。说'无所为而为'者，在争取自由、争取主动之外别无

---

[47] 同上，569页。
[48] 同上，606页。
[49] 参看上书528、606页。

所为也。"[50]梁漱溟对生命本性的规定使得他比熊十力只讲"实体"更容易向儒家伦理、人生观展开。

可见争取自由、奋进向上是人类生命本性，也是宇宙生命本性。"宇宙生命"更是一个哲学概念，而且是一个本体的概念。其实，他在此书开始时便告诉我们："吾书言人心，将从知识引入超知识、反知识，亦即从科学归到形而上学，从现实生命上起作用的人心归到宇宙本体。——此愿为预告读者。"[51]宇宙生命本性的观念和梁漱溟喜欢使用的"宇宙大生命"的观念都是宇宙本体的范畴。

所谓宇宙大生命，就是指整个宇宙的生命是一体的，他说："在生物界千态万变，数之不尽，而实一源所出。看上去若此一生命彼一生命者，其间可分而不可分。说宇宙大生命者，是说生命通乎宇宙万有而为一体也。"[52]每一个体有其生命，而万物的生命实际上是一不可分、不可隔、互相关联的总体、整体，此即是宇宙大生命。梁漱溟一生中讲的"一体"也是宇宙生命的一体。因此，所谓生命本性，既见之于人类，也是宇宙大生命的本性。这就是宇宙本体。在这里可以看到他早年受柏格森思想影响的痕迹。其实，如果摆脱柏格森的影响，直接肯定万物生命的总体、整体为仁体，便可走向仁学本体论了。无论如

---

[50] 同上，605页。
[51] 同上，539页。
[52] 同上，571页。

何，晚年的梁漱溟比熊十力更接近于仁学本体论。熊十力早期《新唯识论》文言本也提到生命，他是以生命言心，认为心即生命，认识自己的心，即是认识自己的生命，也提出生命是个全体的概念。[53]

照梁漱溟的说法，所谓生命本性在动物的本能活动中被遮蔽，换言之，也就是在本能活动中生命与宇宙大生命相隔。他说："生命发展至此，人类乃与现存一切物类根本不同。现存物类陷入本能生活中，整个生命沦为两大问题的一种方法手段，一种机械工具，浸失其生命本性，与宇宙大生命不免有隔。而唯人类则上承生物进化以来之形势，而不拘于两大问题，得继续发扬生命本性，至今奋进不已，巍然为宇宙大生命之顶峰。"[54]消除与宇宙大生命的相隔，就是达到与宇宙大生命的相通。

宇宙大生命本身是通为一体的，可惜梁漱溟未能直指此宇宙大生命即是本体，即是仁本体。因为他与熊十力一样，更强调把精神心灵作为本体。他认为宇宙生命本性也是"求通"，因此每一类、每一个体能够体认到万物一体的事实，发挥"通"的生命本性，就是最重要的。梁漱溟说：

> 认识生命必先要认识这不容限隔……，生命本意要通

---

[53]《新唯识论》，中华书局，1985年，102、106页。
[54]《梁漱溟全集》第三卷，570页。

不要隔，事实上本来亦一切浑然为一体而非二。吾人生命直与宇宙同体，空间时间俱都无限。古人"天地万物一体"之观念，盖本于其亲切体认及此而来。[55]

宇宙万物的生命本来是联通一体的，但物类受其气质机体的局限，其生命的求通本性无以得显，通不出去，这就是隔。只有人类的精神才能超越机体本能的局限，充分体现生命的本性。故梁漱溟又说：

> 一切生物莫不各托其机体以为生，然现存物类以其生活方法随附于其机体落于现成固定之局也，其生命遂若被分隔禁闭于其中焉；所得而通气息于广大天地者几希矣。人类则不然。机体之在人，信为其所托庇以生活者，然譬犹重门洞开、窗牖尽辟之屋宇，空气流通何所碍隔于天地之间耶。人虽不自悟其宏通四达，抑且每每耽延隔奥而不知出，然其通敞自在，未尝封锢也。无私的感情时一发动，即此一体相通无所隔碍的伟大生命表现耳。[56]

在发挥生命本性方面，理智与理性的作用不同。"通"的意义是不要划分各种界限，把事物分隔开来，而要把事物看成一体相

---

[55] 同上，572页。
[56] 同上，605页。

通。而理智的作用往往是分,梁漱溟说:"人们从其擅长划分的理智,极容易分划出空间上时间上的自己个体来,而外视一切,若不相干。"[57]理性与理智不同,理性能"亲切体认到一体性"。"一体"是梁漱溟思想的一个重要概念,一体是和仁能够联结的概念,只是梁漱溟在论一体的地方很少和仁联系起来。

由以上分析可见,梁漱溟所说的"生命本性"和"宇宙本性",主要之点如下:

第一是"奋进向上"。梁漱溟说:"吾人意识对外活动皆应乎生活需用而起,无时不在计较利害得失之中;但同时内蕴之自觉,只在炯炯觉照,初无所为。吾人有时率从自觉直心而行,不顾利害得失者,心主宰乎身;此时虽对外却从不作计较也,此不落局限性的心,无所限隔于宇宙大生命的心,俗不有'天良'之称乎,那恰是不错的。它是宇宙大生命廓然向上奋进之一表现,我说人心是生命本原的最大透露者正谓此。"[58]其在人心的体现,应在理性的意志方面。向上亦即是不断地争取自由。

第二是"通为一体"。"通"对于"人"来说,亦有二义,首先是"与物同体",是指个人与他人、万物的相通。由于理性主要是情感方面的,所以"通"是理性的情感方面的特征。这是与"奋进向上"偏于意志有所不同的。梁漱溟说:"人与人之

---

[57] 同上,573页。
[58] 同上,640页。

间,从乎身则分则隔,从乎心则虽分而不隔。……人类生命廓然与物同体,其情无所不到。凡痛痒亲切处就是自己,何必区区数尺之躯。唯人心之不隔也,是以痛痒好恶彼此相喻又相关切焉。"[59]这个思想与宋明儒学"仁者与天地万物为一体"、"民胞物与"的思想完全一致。这是"通"的伦理义。但梁漱溟把"通"加之于宇宙生命,明显是对于"心"加了一层规定,认为宇宙生命本身是通为一体的。

第三,通又指"通于无对",即指个人与宇宙本体的相通。梁漱溟说:"阳明咏良知诗云'无声无臭独知时,此是乾坤万有基'。乾坤万有基者,意谓宇宙本体。宇宙本体浑一无对,人身是有对性的,妙在其剔透玲珑的头脑通向无对,而寂默无为的自觉便象是其透出的光线,一即一切,一切即一,宇宙本体即此便是。人心之用寻常可见,而体不可见,其体盖即宇宙本体耳。人身虽有限,人心实无限际。"[60]这是"通"的本体义。

从上面"一即一切,一切即一,宇宙本体即此便是"的说法可知,梁漱溟认为,人心的自觉便是宇宙本体,人心之体即宇宙本体,这已经是一种本体论了。这种本体论实是以精神、生命本性为宇宙本体,这与熊十力、马一浮"把心说为本体"的思想距离未远,可以说他在本体论上相当接近近代"心学"的看法。遗憾的是他放弃了早年以生论仁的思想,未能把生命

---

[59] 同上,604页。
[60] 同上,656页。

本体理解为仁本体，未能把一体性理解为本体性，同时，他似乎不顾谭嗣同以"通"论仁的思想在近代以来的影响，使他的"通"的伦理不能与"仁体"联结在一起。这使他晚年的哲学与仁学本体论的建构失之交臂。他晚年说："理性早启的中国人既一向偏乎仁用，其能以接近无产阶级精神者亦唯在仁之一面耳。人与人之间通而不隔之心为仁。"他只是讲仁用伟大，他讲的社会一体，是仁用层面的一体，未及言仁体。他讲的宇宙的一体是生命论的一体，他的宇宙生命论虽然是属于论宇宙本体，但主要倾向是用生命代替实体，不是实体的本体论。他的思想体系如果用仁或仁体来贯穿，应该更为合理。

十一 情感本体

李泽厚是中国近三十年来最有影响、最受关注的哲学家。2011年到2012年,已年过八旬的李泽厚出版了两部访谈作品,一部是《中国哲学该登场了?》,一部是《中国哲学如何登场?》。虽然,在此以前,他也在《人类学本体论》、《哲学论纲》等书中表述过他的基本哲学观点和立场,而在这两部访谈中,他总结性地、集中地谈了他自己的哲学要点,对中国哲学对当代世界哲学的可能参与,也提出了不少建设性的观察和意见。我很赞赏这些对话,既欣赏这种谈哲学的形式,也欣赏李泽厚谈哲学的态度,欣赏他的哲学观,虽然我并不都赞成他主张的情本体哲学。他晚年的哲学访谈,摆脱了世俗哲学写作的繁琐无谓的论证和舞文弄墨的铺陈,以简白直接的方式,陈述了其哲学的要义,对中国哲学的当代建构提出了重要的意见和主张。总的来说,这些意见主张是富有启发的。

既然，李泽厚晚年的总结是专对"中国哲学"的登场而发，因此，做"中国哲学"研究的人，必须正视其意见和其哲学要义，将其哲学意见作为中国哲学登场的前行基础，并应从各种不同的哲学立场出发对其哲学意见作出积极的或批评的回应，以促进中国哲学的当代发展。尤其是，既然李泽厚曾认为自己属于所谓儒学第四期，我们就更有理由把他的本体论纳入儒学当代建构的思考当中，不管我们究竟承认或不承认他属于儒学。而且，就儒家哲学的当代建构而言，李泽厚的情本体论是当代哲学中一个最切近的参照物，必须予以扬弃之功。以下是我从仁学本体论的立场对李泽厚这两部书及其情本体论所给出的初步回应。

一

在《该中国哲学登场了？》一书的开始，李泽厚便提出了"形而上学"的问题，对广义形而上学在今天的时代还有没有意义，提出了自己的意见：

> 最根本的，是仍然还有广义的形而上学。广义的形而上学，恐怕是人类心灵的一种永恒追求，是对人生的意义、生活的价值、宇宙的根源……的了解和询问，这既是理智的，也是情感的追求。
> 海德格尔提出"哲学的终结"，他讲的是以希腊哲学

为标本的、我称之为"狭义的"形而上学的终结,是从古希腊以来的哲学的本体论,或者叫存在论,那是用思辨的方式探索(存在)的纯理性追求的某种"终结"。他认为从柏拉图到尼采,统统都是形而上学,都应该抛掉。所以他说哲学终结,思想开始。[1]

当然,海德格尔讲的并不是哲学的根本终结,甚至也不是形而上学的终结,而是传统本体论的终结。海德格尔的《存在与时间》一书,不仅仍然是哲学,而且是更为艰深的形而上学。甚至于,海德格尔思想中与哲学相对的"思"也不是一般所说的思想,而是特指存在之为存在、澄明的敞开之境。但李泽厚的提法很有意义,就是在反形而上学的时代,在后形而上学的时代,肯定广义的形而上学的意义,认为广义形而上学不可能终结,主张广义的形而上学根源于人类心灵的永恒追求,广义形而上学的内容是对人生意义和宇宙根源的探求。这样一种哲学观,在"哲学终结论"甚嚣尘上的时代,在后现代思潮笼罩文化领域的时代,是有意义的。在此意义上,我们所主张的仁学即可以为一种广义形上学,以解决人生的价值、宇宙根源的问题。而同样显然的是,思想确实往往比哲学更重要,对本书而言,说仁学是一种思想比说仁学是一种哲学要更为贴切。

李泽厚谈到,西方自19世纪中期以后,哲学特别是形而

---

[1] 李泽厚:《该中国哲学登场了?》,上海译文出版社,2011年,1–2页。

上学的转向,是朝着生活世界转变的:

> 由费尔巴哈到马克思,这个大家比较熟悉。还有就是从尼采到海德格尔的那一支。当然还有从黑格尔到杜威——杜威的思想其实也是从黑格尔主义那里出来的,他们都把眼光从理性的、思辨的、绝对的东西,转到"生活"、"生命"上来了。[2]

其实,儒家正是一贯重视生活、生命、生生,而不离日用生活去追求思辨,不离开历史文化去追求思辨。仁学本来就是以生活为基础,以生命为关注点,始终不离开日用生活的思想体系。因此儒家的仁学先天地具有与生活的亲和性,而生活性正是儒家与佛教在过去一千多年中争论的焦点,儒家始终用对生活性的强调与佛教划清界线,并抨击佛教对生活性的超离。在这一点上,佛教离开生活生命去寻求高明的义理和境界,与西方近代以来哲学崇尚思辨绝对而忘记生活世界,有着类似的特征。在这个意义上,可以说儒家的仁学对此早已积累了经验。

> 康德有先验理性,黑格尔有绝对精神,都是纯理性的东西。按过去的说法,就是认那是第一性的。但是到马克思,到杜威,到尼采,把这一切翻过来了。到维特根斯

---

[2]《该中国哲学登场了?》,2页。

坦,到海德格尔,也是这样,也是更强调我们这个生活的世界、尘世的世界。所以海德格尔和萨特都强调:存在先于本质,就是这个世界的人的此刻实存,是先于本质的东西。维特根斯坦也认为:语言形式来自生活。笛卡儿是近代哲学,到尼采以后就是后现代哲学了。这个变化是非常有意义的,是很根本的。这就是说,追求狭义的形而上学的那种思辨的智慧,已经过去了。[3]

以前人们把中国哲学对生活世界的重视看作是哲学的拖泥带水。而在现实的生活世界之外去设定理想的世界,在中国哲学的传统中则被认为是违背了极高明而道中庸的原则。两个世界的观念在中国传统哲学中基本没有,即使在朱子哲学中也非如此,日用常行才是最后的、真正的真实。因此,如果世界哲学在后现代转向尘世世界的生活性,那正是合乎中国哲学特别是儒学传统的。

> 古希腊的追求智慧的那种思辨的、理性的形而上学,而中国没有那些东西,没有那个狭义的形而上学。但是中国有广义的形而上学,就是对人的生活价值、意义的追求,这在中国一直是有的。[4]

---

[3]《该中国哲学登场了?》,3页。
[4]《该中国哲学登场了?》,7页。

所以，离开日常的生活和生活价值去追求纯粹理性思辨，在中国即使有，如先秦名家，也不是中国哲学的主流。当然，西方近代哲学的内容始终以科学为背景，以科学知识的可能为焦点，故理性的地位十分突出。但现代哲学更重视人的政治世界和价值世界，知识论作为第一哲学的地位已经让位于伦理学或政治哲学。在这种情形下，广义的形而上学应以人的生活价值和生活意义为中心，这个提法，既仍然肯定了形而上学的意义，也突出了新时代形而上学的转换。

现在西方的所谓"后哲学"，我认为就是从思辨的狭义的形而上学转变到那种以生活为基础的哲学。中国有没有哲学呢？有啊，就是那种"后哲学"。[5]

生活世界本体论，现代西方应当出现，但没有出现。因为，虽然胡塞尔提出了"生活世界"的概念，但其意义仍然主要是意向性的世界，即意识中的世界。在中国，形而上即在形而下之中，形上形下不可分离，但"形上学"未必比"本体学"好。从中国哲学的角度看，最好者为"体用论"，全体大用，无有偏处，中国哲学即讲体用论。李泽厚以情为本体，终究难免于中国传统哲学对"作用是性"的批评，情之意义在感性生活和感性形式，还是在用中讨生活，不能真正立体。儒学的论

---

[5]《该中国哲学登场了？》，7页。

情，必须如马一浮所说，全理是情，全情是理，才是儒学论情的基本立场。

二

这个"情本体"本来就"在伦常日用之中"，没有过多的玄秘之处。我曾经说过这样的话："这个'情本体'即无本体，它已不再是传统意上的'本体'。这个形而上学即没有形而上学，它的'形而上'即在'形而下'之中。……'情本体'之所以仍名之为'本体'，不过是指它即人生的真谛、存在的真实、最后的意义，如此而已。"[6]

仁本体亦是如此。仁体即在人伦日用之中，脱离人伦日用，便无本体。本体不能被规定为超离现实存在的东西，李泽厚此说类似海德格尔论存在，他是说，形而上学本来研究本体，在传统形而上学中本体是与现象不同在现象背后的东西；而今天要讲的形而上学，并不设定这样的本体，故在这个意义上说，此形而上学没有形而上者，此本体论没有本体。

作为不可知的神秘的"物自体"即"人与宇宙自然协同共在"，这可以是科学家信仰的宗教上帝，也可以是中

---

[6]《该中国哲学登场了？》，75页。

国传统所信仰的"天人合一"的天道。[7]

物自体即是存在的整体,即是人与万物的统一,人与世界的统一,即是人与宇宙的统一,这种统一中国哲学叫做"万物一体"。近代哲学的二元分裂破坏了这种原始的统一性,在现代之后的时代,人类应当返回作为人与宇宙统一性的存在整体。

　　因为"情本体"哲学把这种"人类与宇宙协同共在"设定为一种形而上学的"物自体"。没有这个形而上学的设定,感性经验就没有来源,形式力量和形式感也无从发生。"物自体"是康德的概念,是一个不可知的概念。[8]

仁学把此共在的一体设定为仁体,亦可称为物自体,作为形上学的假定。李泽厚这一说法相当重要,这就是,即使在今天的广义形而上学中,物自体的设定仍然是必要或必需的;但当代广义形而上学的物自体不是康德式的与现象分裂的物自体,不是超绝于此世界的本体。在李泽厚的哲学中把这一物自体设定为"人类与宇宙协同共在",这个说法用中国哲学仁体的语言来表达就是天人一体、天人共在,或天人协同共在,这很像是一种天人合一的新的形式。其实,在中国近现

---

[7]《该中国哲学登场了?》,104页。
[8] 李泽厚:《中国哲学如何登场?》,上海译文出版社,2012年,66页。

代哲学中，有好几位哲学家都提出过以万物一体为本体的思想。众所周知，共在的提法在海德格尔后流行起来，而协同的观念正是当今有机体哲学的出发点。因此天人协同或天人合一，在儒家的理念基础上发展，才是协同共在的应有之义。因此，这个物自体，在我们看来，必须是仁体，从仁体才能自然而直接地引出协同与共的观念。物自体即是本体，但李泽厚在这里强调物自体，是强调本体的不可知，因为康德把本体而不可知者称为物自体。而我们虽然基于儒家的"体仁"立场并不肯定这一不可知的主张，但不妨碍我们也使用物自体的观念。

> 李：那还是一个世界，并没有说两个世界啊。因为人首先是作为动物存在的生理物质性与外在世界的宇宙浑然一体，无分彼此的，人通过使用和制造工具的实践，对宇宙自然作出体验、认识、把握和解释，把主客体区分开来。尽管人不断地在了解宇宙，宇宙还是不可解。但人依然是宇宙的一部分，人依然与宇宙协同共在。所以这个"物自体"既与康德相同又与康德不同。相同的是它不可知，不同的是它不在我们的世界之外，它还在我们的世界，我们的普通人生与它协同共在。这里没有康德的本体与现象的截然二分，本体就在现象之中。[9]

---

[9]《中国哲学如何登场？》，66页。

本体与宇宙自然浑然一体，无分彼此，此即体用不二之义，与仁学之义相同，但我们认为本体非不可知，在仁学的"体仁论"的立场上（仁体与体仁是一体的两面），可以知天识仁。而且不同的是，李泽厚把人与自然宇宙视为一个世界，而共在，是部分和全体的关系，在这里的确是平面的，体的意义无法确立，与自然主义不能清楚区别开来，而且其不可知变为程度的不可知，而不是可能的不可知。于是，李泽厚的物自体就变成仅仅在不可知意义的他者，而没有存在意义。

西方的本体（noumenon）一词主要来自康德，是和现象两分的，是超验的。"存在论"（"本体论"，ontology）是希腊有关"being"的形而上学（后物理）讨论，后来就牵涉到上帝、超验，这都是从他们的语言即系词being所生发出来的。中国语言没有系词（据研究"是"自汉代才有），根本没有being这种超验的存在论（即"本体论"，应为"是论"）问题，与这些西方哲学的主题根本不搭界。章太炎讲中国传统是"依自不依他"，"语绝于无验"，相当准确。在西方，"本体论"是存在论（ontology），与本体（noumenon）一词并不相关。但中国人却经常把两者混联在一起。"本体论"成了讲"本体"的哲学。这也好像是一种"西语中用"，没什么不可以，但需要说明白。这种误读误用有其浓厚文化底蕴，只要说明白就无不可。……"气"也可作多译，只须说明有时指的是"物质性力量"、"生命力"，有时则是指的"精神性力量",等等。所以,我一开始便说明,我讲的"本体",并不是康德原来的意思,我指的是"最后的实在",是本源、根源的意思。可见,"本体"、"本体论"〔"存在论"、"哲学"以及"超验"(transendent)、"先验"(transendental)〕这些外来词语、概念仍然可用,但要讲清不同于西方原意的地方。完全不用,排斥它们,同一个地球,今天不可能了。[10]

这个意见他在以前的书中也讲过。这是认为西方的本体论本来并不讲本体,西方的本体论是讲存在。而中国人近代以来把本体论作为讲本体的学问,于是中国人讲的本体论与西方传统的本体论就不相同了。但李泽厚没有讲明,西方的本体论不讲本体,那么西方的什么论讲本体?他说康德讲了本体和现象,这是什么论?所以,李泽厚这里讲的不完全,应该说明西方传统的形而上学是讨论本体/实体的。因此,中国虽然不讨论"是"的问题,但中国人自古以来讨论本体/实体的问题,与西方哲学有其相通的地方。所以,今天我们讨论本体,不必然是依据于西方哲学来讲,而可以是接续于中国哲学自己本来的传统而讲,如我们所说的仁学本体论。当然,李泽厚这里也表达了他的哲学理解,即他所说的本体,不是康德所说的与现象两分的超验存在,而是指根本、本源、根源,这一点我以为是完全可

---

[10]《中国哲学如何登场?》,91页。

以这样说的。事实上,哲学中,或在一个体系中,也可以使用不同的本体概念,特别是在不同的问题语境上。

> 人类既不能靠神,也不能靠外星人,也不能靠上帝,只有靠自己把握命运。这个问题正好可由中国哲学来解决。因为中国没有唯一人格神,没有西方那样的宗教和上帝,是一个世界,就是我们自己的世俗世界。它不是两个世界即神的世界和人的世界截然两分。[11]

中国哲学是主张一个世界,但需要阐明,这种哲学与常人的所谓一个世界的观念有何不同。说中国哲学中没有上帝之神,没有神的世界,中国人的哲学只承认一个世俗的世界,如果只是这样,中国人的哲学就没有任何意义上的本体论,也就无需讲什么本体论了。所以,我们认为,李泽厚以根本为本体是可以的,注重中国哲学一个世界的传统也是可以的,但把中国哲学仅仅说成是肯定世俗世界,等于取消了中国哲学自有的本体论,从而既不能接续中国哲学的本体论传统,也不能了解和彰显即体即用的中国人的世界观。

> 我正是要回归到认为比语言更根本的"生"——生命、生活、生存的中国传统。这个传统自上古始,强调的便是

---

[11]《该中国哲学登场了?》,66页。

"天地之大德曰生"、"生生之谓易"。这个"生"或"生生"究竟是什么呢?我以为这个"生"首先不是现代新儒家如牟宗三等人讲的"道德自觉"、"精神生命",不是精神、灵魂、思想、意识和语言,而是实实在在的人的动物性的生理肉体和自然界的各种生命。[12]

生不能只是生理肉体,更不能只是生命存活,必须联系仁来讲生,方是儒家。仅仅讲生活生命,没有指明方向,这是儒家所不能满意的。如同历史上佛教讲作用是性,没有设定伦理方向,遭到理学的否定和批评。事实上,熊十力也指出过,只讲生命活动,还不是儒学。我们认为,生生虽然不必是道德自觉一类的精神、意识,但生生必须和仁连接在一起,才能成为儒家的本体大用。

"回到康德"并非真正回到康德的先验哲学,而是恰恰相反,把康德翻过身来,即以马克思(工具本体)来作康德(心理本体)的物质基础,而这基础,又是以人的物质生存—生活—生命亦即中国传统的"天行健"、"太初有为"为核心的。这样才能扭转海德格尔的方向。[13]

天行健必就仁体大用而言,不能只就生活生存言。就儒家而

---

[12]《该中国哲学登场了?》,4页。
[13]《中国哲学如何登场?》,7页。

言，天行健与人类的工具使用没有关系，天行健是生生不已之大易流行，不离生活，但又不即是生活生存。李泽厚主张的是人类学本体论，其根本是工具本体，强调使用工具是人成为人的根本，而使用工具与生活生存是一体的。但这正如海德格尔所说，这是人类学，与哲学还不就是一回事。海德格尔认为，人类学不能为形而上学提供一个基础，因为人类学对"人是什么"的问题总是以经验科学的知识来回答。[14] 在这个意义上，所谓工具本体论其实是历史唯物论的一个立场，是其体系的社会发展史的基础。

三

"阴阳五行"大多是循环，为保持整体均衡，虽并不与前行相矛盾（见《中国古代思想史论》），仍有一种封闭感。辩证法有前行感，但辩证法的抽象推移，如果缺乏足够的经验约束，容易产生语言诡辩和先验幻相。[15]

李泽厚的此说确实相当深刻，不过，前行是人的世界所特有的观念，宇宙自身无所谓前行，无所谓上升，无所谓进步，无所谓进化，也就无所谓封闭，所以李泽厚的说法还是受辩证法和

---

[14] 参看张汝伦《海德格尔与现代哲学》，复旦大学出版社，1995年，139页。
[15] 《中国哲学如何登场？》，15页。

进步世界观所影响。在宇宙的大循环中，保持部分及部分与整体的整体均衡，既是宇宙自身的要求，而认识这一点则是一种人类的智慧。

> 后现代的特点是摧毁一切，强调的是不确定性，不承认本质的存在，一切都是现象，都是碎片，都是非连续的。自我也是碎片。反对宏大叙事，反整体，一切都是细节，是多元的，相对的，表层的，模糊的，杂乱的，并无规律可寻，也无须去寻。[16]

世界肯定不是碎片，有不确定性，也有确定性，有现象，也有整体，有非连续性，也有连续性。一切对立面共同构成了存在的整体。仁体是整全的，但整全中包容杂多，整体和细节，统一性与多元性，内在的与表层的，都是一而二、二而一的，绝对便在相对之中，和而不同。存在的整体亦表现为过程，过程必有其规律，这就是中国哲学所重视的道或理。

李泽厚又提出：

> 人没有任何可以和必须遵循的共同的道理、规范和约定了，那人还怎么活下去？这就又回到了根本性的问题，也就是我为什么要提出"人类何以可能"的问题，这其实

---

[16]《该中国哲学登场了？》，3页。

也就是回答人是怎么活出来的。在这里，中国"哲学"和西方哲学的确有着很大的不同。[17]

中国哲学最基本的假定就是宇宙有其普遍的道或理，即规律或法则，后现代思潮可以忽视普遍规律，但宇宙、自然、自然法则仍然自己存在自己发挥作用，不以人的意志为转移。李泽厚对人类如何可能的问题，还是从科学上去讲，人类学是社会科学。但人的问题，必须放在整个宇宙论、本体论来解决，而不能仅仅从智人或早期人类的发展来解决。

李泽厚引用中国的海德格尔专家靳希平的话：

> 我不赞同海德格尔把无情无绪看作人生在世的最基础的结构，而更倾向于马克斯·舍勒的洞见："爱与亲密无间、心心相印与携手共进，才是人生在世最深沉的基础结构。"[18]

这一段非常重要。舍勒的话正可以借用来表达儒家仁学对海德格尔的回应。但舍勒的爱必须本于对上帝的信仰，所以他说的爱不是人与人的爱。而儒家这种人与人的爱乃本于仁，故最基础的结构即是本体，仁才是人生在世最深沉的基础结构，即仁

---

[17]《该中国哲学登场了？》，4页。
[18] 同上。

才是本体。本体可以是人生在世的本体，不必一定是宇宙的本体，虽然二者可以联系。

> "当下"不是一切已成碎片只有当下真实，不是不可言说的存在神秘，不是绝对命令的上帝，而是人类自身实存与宇宙协同共在，才是根本所在。[19]

当下是存在的片段，片段是真实，但不是真实的全体。根本的实在不是上帝，不是不可言说的离开人世的其他存在，而是人类与宇宙协同共在的实存，这个说法并不是否定本体的不可言说，毋宁是说本体虽然不可说，但并没有超离人类的神秘性。

> 仁生于礼又促进礼，"礼"、"仁"都是通过确认人伦关系而与天相通与神共在。[20]

共在有许多西方思想家都提到过，这里所用的共在概念应来自海德格尔。不过这里似未说明，礼和人与天相通、与神共在，还是人伦关系与天相通、与神共在？按前面李泽厚所说，共在应当不是指仁或礼，而是说人类通过人伦关系与宇宙共在，而仁和礼便是人伦关系的范畴。在这个意义上，共在并不就是本

---

[19]《该中国哲学登场了？》，5页。
[20] 同上书，6页。

然的,而是通过一定的条件(如人伦关系)而实现的。而仁学本体论认为,共在既是本然也是应然,这是中国哲学的一贯讲法,共在是本然的存在状态,而全其本然,全其共在的本体,则是人的应然。另外,照李泽厚这里简略的讲法,共在不仅表达为人类与宇宙的共在,也可表达为,或包含着"人天相通"和"人神共在",我想他本人并没有超越无神论的想法,而是用此来与中国哲学的天人合一,与海德格尔的天地人神来沟通。但是,如果说李泽厚的讲法不是这样,而只是对古典的礼和仁的解释,那我们应当说,仁并不包含与神共在的意义,因为仁之中没有包含任何涉及神的假定。

> 我说"天地有生之德"的"生生不已"正是靠秩序而维持,"日月行焉"、"万物生焉"、"天地有大美而不言,四时有明法而不议",这"生"这"法"这"美"便是秩序,却又充满千变万化的偶然,所以也才有"以美储善"、"以美启真"。"情本体"哲学指向的是这个神秘的宇宙存在及其秩序和偶然性。[21]

这里涉及了生生与秩序的问题。生生既是存在,更是运动过程。但生是不是秩序?生生是不是靠秩序维持,这可能是要讨论的。生生靠秩序维持,应当说这不是古典中国哲学也不是

---

[21]《该中国哲学登场了?》,24页。

传统儒家宇宙观的主张。中国哲学最强调的是生生变易的过程必有其所以然的内在根据和动源，一阴一阳之谓道，一阴又一阳是生生变易，道是生生变易的过程，这是戴震后来的讲法。而宋儒则认为，一阴一阳是生生变易，道是生生变易的所以然。理虽然有阴阳变易不失其序的意义，但更扮演了所以然的角色。所以，如果说到秩序，秩序是理的功能，而不是生生本身。然而，从当代的仁学本体论来看，如前所说，生生有动力而无方向，则还不是道，仁体既有动力又有方向，仁体之生生，才能自身的展开而富有其秩序。

> 我更着重于探讨使用工具—制造工具对人类的心理构造形成了什么影响，即是研究因此而形成的文化—心理结构，即人性问题，这是"积淀"，积淀就是形成人类区别于其他动物的心理形式。[22]

这是历史，不是哲学。李泽厚青年时代起便与友人关注儿童心理的发展，以此探索早期人类心理成长与使用工具的实践二者之间的关系。这一研究合于历史唯物论和马克思主义社会发展史。然而这一研究的取向，实际上是经验科学的，人类学的，并不是哲学的研究方式。20世纪不少这样的哲学家，期望以科学的心理学知识和方式为基础，建立意识的形而上学，如梁漱

---

[22]《该中国哲学登场了？》，26页。

溟,但都不成功。最后还是要离开心理史而"跳跃"到哲学的宇宙生命中去展开。由积淀而形成为人的心理形式,这个提法才是哲学的。积淀说是有意义的,但它应该是人性论的解释,并发展出人性论。

> 我用"人类如何可能"来回答康德的"认识如何可能",也就是要提出经验变先验,对个体来说的先验认识形式是由经验所历史地积淀而形成的。[23]

注重工具对认识的作用,还是科学取向的心理史溯源。皮亚杰亦然。像梁漱溟一样,最终并不能从经验上升到先验,更不能从经验上升到宇宙论和形上学。李泽厚后来注重文化心理,才是哲学,文化哲学。

李泽厚曾说过:

> 于是,只有注意那有相对独立性能的心理本体自身。时刻关注这个偶然性的生的每个片刻,使它变成是真正自己的。在自由直观的认识创造、自由意志的选择决定和自由享受的审美愉悦中,来参与构建这个本体。所谓本体即是不能问其存在意义的最后实在,它是对经验因果的超越。离开了心理的本体是上帝,是神;离开了本体的心理

---

[23]《该中国哲学登场了?》,26页。

是科学,是机器。所以最后的本体实在其实就在人的感性结构中。[24]

个体对历史必然性、决定性的对抗,是可以哲学地倡导的;但个体对价值普遍性的反抗,是不可以提倡的,这是儒家伦理的立场。价值普遍性是天理,故对个体性的张扬不能成为绝对,自由和必然之间必须有辩证的关联。在这里,李泽厚还提出了一个问题,即个体参与建构本体的问题,当然他说的是心理本体。本体若是自在的物自体,本来是无所谓人的参与的;而他似乎主张每个个体都应当通过关注生命的片刻,使本体真正成为自己的自由心理本体,这就是参与构建本体了。中国哲学本来就有"与天地参"的传统,参与天地化育、参与大化流行,故"参与"论是十分中国的。同时,宋明理学强调本体和功夫,以功夫促进本体的实现,也可以说以功夫参与本体的建构。但这些都与李泽厚所说的不同。在中国哲学中所预设的,是本体本来就存在于个体,但并不是每个个体都自然地将其完整地实现出来了,功夫的作用就是促进本体完整地实现。而李泽厚这里,并不预设人身已经"存在"着本体,因此对于他,本体是要通过参与而建立起来的。可见仁学本体论与李泽厚的说法有着本体论的不同。最后,李泽厚说离开心理的本体是上帝,我们则不以为然,就李泽厚自己而言,既然工具本体是最根本的

---

[24]《该中国哲学登场了?》,71页。

本体,是第一性的,心理本体是第二序的,则工具本体即可以说是离开心理的,否则就不必再设定心理本体了。而仁学本体或仁本体,其自身显现或包括着心理,故亦可说未排除心理,但仁本体并不是在心理上立论,这一点需要辨明清楚。

> 它融化在情感中,也充实了此在。也许,只有这样才能战胜死亡,克服"忧"、"烦"、"畏"。只有这样,"道在伦常日用之中"才不是道德的律令、超越的上帝、疏离的精神、不动的理式,而是人际的温暖、欢乐的春天。它才可能既是精神又为物质,是存在又是意识,是真正的生活、生命和人生。品味、珍惜、回首这些偶然,凄怆地欢度生的荒谬,珍重自己的情感生存,人就可以"知命";人就不是机器,不是动物,"无"在这里便生成为"有"。[25]

这只能是仁体之大用流行。仁体本来遍润一切,充一切虚,贯一切实,化在一切物之中,也只有仁的显现才能战胜死亡,克服畏惧和烦心。或者反过来说,战胜死亡、克服畏惧和烦心的,只能是仁。只有本于仁,发于仁,才有人际的温暖,才有快乐的春天,温暖和春天本来就是仁,而不能是别的。只有真正认得仁体,才能理解,仁体才可能既是精神又是物质,是存在又是意识,是真正的生活,生命和人生,因为只有仁

---

[25]《该中国哲学登场了?》,72—73页。

体,才是即心即物,非心非物的全体大用。仅仅用理性,或者仅仅用感性,都不能真正把握人与机器、动物的分别。梁漱溟的《人心与人生》一书,早已揭示了这一点。

> 海德格尔的情是空的,它把本真和非本真分开,那是一个错误。而中国哲学,本真就在非本真中,无限就在有限中。他一定要两分,那就有问题。[26]

这是对的,人与世界的统一,而不是分裂,本来是儒家也是道家哲学的主题,因此前辈学者都指出或强调,西方哲学和印度哲学往往主张本体实而不现,现象现而不实,本体是本真的,现象是非本真的,二者是割裂的。而中国哲学注重的是"体用一源,显微无间",本体即在现象中显现,不离开现象。不过,讲一个世界,却不等于在本体论上不能讲开显与隐蔽,这是要分别的。

> 但儒家认为,生活的意义就在这生活本身,就在于把握这时时刻刻,没有先验的东西,自己的人生自己把握。[27]

儒家并非认为生活的意义即是生活自身,而是不离生活的

---

[26] 《该中国哲学登场了?》,73页。
[27] 同上书,74页。

人伦完满,伦常即是仁。伦常不是个体,不是感性而已。如果从李泽厚哲学来说,不能说生活的意义没有先验的东西,经验变为先验,变为心理结构;而儒家也可以说与之类似,因为儒家所说的人性善,不管是不是由经验变来,但人性是先验的,它不能不对生活的意义产生作用。

除了对西方哲学的思考外,李泽厚也回到中国历史、中国文化、中国哲学的历史总体:

> 中国五千年的生存经验一再往上推,可以有八千年,这样的体量和这样漫长的时间,我称之为十三亿人的"巨大时空实体",它的生存智慧才是今日哲学最重要的依据。[28]

中国人的生存历史及其经验,我们还不能轻易地说就是世界哲学的基础,但首先应该成为当代中国哲学的最主要基础,中国当代哲学所关注的智慧首先应当是对中国人生存历史及经验的总结和提炼,这也才是中国哲学家对世界哲学的责任,这个基础使中国哲学家为世界提出贡献成为可能。另一方面,哲学也是文化,当代中国哲学不能不首先为中国的当代生活做出思考,为中国文化的传承发展做出思考。

> 中国这么大的时空实体能生存下来,到底道理在哪

---

[28]《中国哲学如何登场?》,31页。

> 里？这一巨大时空实体能为人类提供不同于西方哲学的思考吗？例如，在政治哲学上，能否提出"乐与政通"、"和谐高于正义"，即不把理性的最后审判而把身心、人际、人与自然的和谐（即不是理性而是情理结构）作为最后的制高点呢？[29]

这个问题在20世纪初期以来已经有不少学者提出过并试图解答，如梁漱溟的《中国文化要义》，把伦理本位、理性早熟，以伦理代宗教等作为文化和哲学的解释，与李泽厚这里所提的相通。所不同的是，梁漱溟有明确的儒家立场，故其说法统之有宗，不离其新儒家的宗旨，而李泽厚的说法总在儒家与道家之间游移，在后现代与马克思之间游移。因此，站在类似梁漱溟的新儒家立场，对李泽厚的问题自然能给以肯定的回答，那就是，用仁来统帅乐，统帅和谐，由仁而发出乐，由仁而发出和谐。这样的回答就和道家的和乐能够区分开来。

> 我找到的是人类总体的生存延续。[30]

仁体不仅是人类总体的生存和延续，也是宇宙间一切存在总体的生生不息，人和宇宙不可分，人和世界不可分，天人合一才

---

[29]《中国哲学如何登场？》，31页。
[30] 同上书，40页。

是儒学的总体。

中国大《易》本"有","道"或"大恒"(即"太极")就在此"既济—未济"的永恒的流变中、过程中,这里没有那种"确定性的寻求",从而也没有虚无主义。诗意地安居在这永恒的历史流变中,珍惜、眷恋、感伤、了悟,"存,吾顺事;殁,吾宁也"。[31]

儒家如张载所说的"存吾顺事,殁吾宁也",正是以平常心看待生死,而没有眷恋,没有感伤,因为这是生生的本有之义,李泽厚所说并不是中国哲学儒释道的境界,当然这也说明,人的精神境界,除了自然境界,功利境界外,与道德境界平行的,应该还有美学的情境界,李泽厚的哲学似归结于此种境界,而还未达到最高的境界。

我提出"理性的神秘",是为了与这些神秘经验相区别。理性的神秘是指宇宙为何存在这个问题是人的理性认识所不能解决或解释的,也就是我说的"物自体"不可知。

冯友兰误把天地境界归结为理性论证的认知,它其实

---

[31]《中国哲学如何登场?》,40页。

是认识到这种不可认识而生发的情感。[32]

物自体的不可知还不是神秘经验,没有合一感的敬畏情怀还不是神秘经验,只是一种宗教性情怀。冯先生对待神秘主义并不是归于理性论证,而是把神秘主义立为哲学境界,以与体验的神秘主义相对。在这一点上可以看出李泽厚对神秘主义了解不够,他对冯友兰的神秘主义观的了解也不够。[33]

> 正是一个个充满偶然性和自发性的活生生的生命,沟通着人与宇宙。这种沟通,也正是人类个体创造性的源泉。[34]

其实,唯有仁——通才能沟通人与宇宙而成为共在。李泽厚期待偶然性的生生事件,必然不能把生生看作一个大化流行的过程,而只把偶然的事件当作共在的条件,把偶然事件当作沟通天与人的根本途径,于是共在就没有本体的支持和意义了。而仁学本体论则不然,共在是仁体的大用,和谐高于正义,在本体论上便是如此,因为仁是本体。

> 这种种形式和人们对它的感受(形式感),一方面与

---

[32]《中国哲学如何登场?》,62页。
[33] 参看我对冯友兰神秘主义的研究,《现代中国哲学的追寻》十四章,三联书店,2010年。
[34]《中国哲学如何登场?》,64页。

维系人的生存—生活—生命相关，这就是我说的"人类自
身实存"，另一方面，又与自然界直至整个宇宙所具有的
物质性能相关，人类通过这种种形式力量—形式感受而与
宇宙共生共存，这就是我说的"协同共在"，天人合一。[35]

人在与宇宙共在的体验中所获得的不只是形式感，或者说主要
不是形式感，李泽厚的思想还是受着康德的影响，注重形式。
从神秘主义的理解来说，人在与神共在的体验中获得的是合一
感，和谐感，动量感，从伦理学来说，人与天地宇宙的共在，
同时体验到一种伦理秩序的神圣性，如同张载的《西铭》一样。
仅仅由形式感是不能使人来与宇宙共在的。

> 刘：人在与宇宙沟通中所获得的形式感，正如你说，是
> 超越各个时代、社会之上的，是更为本源的，具有巨大
> 的普遍性和绝对性。但它是一成不变的吗？永远是这些
> 东西？
> 李：不，它既然是在长期使用—制造工具的人际生活中产
> 生"理性的神秘"与宗教经验，反过来，就必然直接具体
> 地受制于特定的时代和社会。因此，个人与宇宙自然协同
> 共在的"抽象的"的形式感，也不能不受到制约和影响。
> 随着时代、社会的变化，材料和手段的变化，人类的形式

---

[35]《中国哲学如何登场？》，64页。

感和形式力量也会发生变迁。[36]

抽象的形式感也好，受到历史和实践制约的具体的形式感也好，都不可能成为本体，也不可能真正成为人与宇宙共在的方式。李泽厚受康德的影响，很重视形式感，这在很多地方都有表现。事实上宗教经验本身是超越性的，并不会受时代和社会影响，但是会受心理预设影响，受心理本体影响。李泽厚在两个本体之间往往更归结于工具和历史本体，又因为受康德的影响，所以不能完满地一贯地处理好这些问题。

李泽厚也曾多次谈到儒家的仁，但是他总是把仁理解为经验的情感，不能深刻了解在儒学史上"仁"具有的多重向度的意义，包括本体论宇宙论的意义，因此他是把仁放在他的情本体中来谈论、来肯定。在我们的立场来看，仁是具有形而上学意义的实在，而爱的情感只是仁体的显现之用，而李泽厚对仁的理解始终限制在"经验性的仁爱"，[37]因此就不能肯定仁体的观念。又由于他的立场是某种后马克思主义、后现代，反对以道德为本体，最多他也不过是想把情感性内容注入康德的理性伦理本体而成为实用理性（亦即情理交融的感性），所以他必然不能走向仁本体。

然而，李泽厚的哲学虽然在主观上不走向仁本体哲学，但

---

[36]《中国哲学如何登场？》，64–65页。
[37] 李泽厚《人类学历史本体论》，天津社会科学院出版社，2010年，120页。

是其哲学中的许多提法，都可以通向仁本体哲学。冯友兰先生在谈到禅宗和宋明理学的关系时指出："禅宗统一了高明与中庸的对立，但如果担水砍柴就是妙道，何以修道的人仍须出家？何以事父事君不是妙道？这又须下一转语。宋明道学的使命，就在下这一转语。"[38]对李泽厚的情本体哲学下一转语，便是我们的使命。既然说本体在伦常日用之中，本体可以是天人合一，本体是人与宇宙的共在，本体是天地之大德曰生，这个本体难道不是只有仁才能承当吗？就此下一转语，儒学的仁本体不是已经呼之欲出了吗？

最后说几句关于郭店楚简"道始于情"的问题。庞朴在处理郭店楚简之初，为了强调郭店楚简的价值，突出了"道始于情"这句话，并且说这是唯情主义，[39]受其影响，李泽厚如获至宝，认为这是以情为本，把这句话作为其情本体说的一个佐证。[40]我作为最早研究《性自命出》的学人，因为目睹二位先生的兴高采烈，不想泼二位的冷水，所以一直不发表意见。其实《性自命出》篇里并没有什么唯情论或情本论。其原文为"道始于情，情生于性"，在《语丛》二中也反复强调了"情生于性"的主题。庞、李只看前面一句道始于情，既不深入其语境与诠

---

[38] 《新原道》。
[39] 庞朴《孔孟之间》，《中国哲学》20辑，1999年，31页。
[40] 李泽厚《新版中国古代思想史论》，天津社会科学院出版社，2008年，329页。

释,也完全不注意后面还有一句"情生于性"。这一点必须放在《性自命出》整个文本中来了解。[41]

如《性自命出》另一个重要命题是:

> 喜怒哀悲之气,性也。及其见于外,则物取之也。

这句话是说,喜怒哀乐之气就是性,而喜怒哀乐之气发见于外,是因为外物的吸引。"见于外"应当就是指喜怒哀乐之情。所以"喜怒哀乐之气"与"喜怒哀乐之情"是不同的,前者是未发见于外的,后者是已发见于外的。

由上可见,喜气畜于内,喜情发于外,喜气是喜情的内在的根源和根据,故曰"情生于性"。这种以气为基础的情生于性说,与宋儒以理为基础的情发于性的说法是有所不同的。如程朱理学主张性即理,而以性之发为情,但理学中也有主张"七情是气之发"的思想,这就与《性自命出》的说法接近了。

"情生于性"在《性自命出》中两次出现,可见是作者很重视的命题。这一命题又见于《语丛》,在《语丛》中有更进一步的表达:

> 爱生于性,亲生于爱,忠生于亲。
> 欲生于性,虑生于欲。

---

[41] 参看我的《竹帛五行与简帛研究》,三联书店,2009年。

智生于性,卯生于智。

子生于性,易生于子。

恶生于性,怒生于恶。

喜生于性,乐生于喜,悲生于乐。

愠生于性,忧生于愠,哀生于忧。

惧生于性,监生于惧。

强生于性,立生于强。

弱生于性,疑生于弱。

所谓"情生于性","情"是指什么呢?应当包括爱、欲、智、慈、恶、喜、愠、惧等等。根据以上所说,情生于性,就是指喜、愠、惧、慈、爱、恶、欲、知等情都生于性。在这个意义上说,《性自命出》不仅不是情本论,反而是性本论。而所谓乐生于喜、忧生于愠、怒生于恶、亲生于爱等,这些情可谓最初级的情感,是指两者虽然都是情,但前者在后者的基础上发展得更加强烈,如"愠斯忧",故说"忧生于愠"。由于乐、忧、怒、亲等是在喜、愠、恶、爱等初级情感的基础上发展出来的,所以乐、忧、怒、亲等可以说是与初级情感相区别的次级情感。初级情感和次级情感都是"情"。

郭店楚简揭示出,早期儒家的人性观念,不是为了说明道德的根据,而是说明情感好恶的根据,即性作为内在根据的意义,这是很值得注意的。

十二 仁统四德

"仁"有多种表现形式,在伦理上是博爱、慈惠、厚道、能恕,在感情上是恻隐、不忍、同情,在价值上是关怀、宽容、和谐、和平,万物一体,在行为上是互助、共生、扶弱、爱护生命等。同时,古代儒学的价值体系以仁义礼智或仁义礼智信并称,仁和儒学肯定的其他价值之间被设定、被理解为一定的结构关系。这种结构关系也诉诸宇宙论的形式,从宇宙论来说明和论证,这是儒学价值论体系建构的需要。当代儒学仁体论如何对待现代社会所需要的其他社会价值和道德价值,如何处理仁与这些价值的关系,从儒学的角度看,是一个重要而且不能回避的问题,这个问题既对现代儒学具有理论意义,也对中国社会有现实意义。

一　仁包四德

要处理仁与现代其他价值的关系，有必要回顾历史上儒家如何构建仁与其他诸德的关系。在儒学史上已经对仁与儒学其他价值的关系进行过讨论。如二程已经把仁和四德的关系进行了讨论，伊川《程氏易传》乾卦卦辞注："元亨利贞谓之四德。元者万物之始，亨者万物之长，利者万物之遂，贞者万物之成。"[1]又解释乾卦彖辞"大哉乾元"句说："四德之元，犹五常之仁，偏言则一事，专言则包四者。"[2]这就是说，专言之，仁可以包括其他德性。又如伊川言："读易须先识卦体。如乾有元亨利贞四德，缺却一个，便不是乾，须要认得。"[3]"自古元不曾有人解仁字之义，须于道中与他分别五常，若只是兼体，却只有四也。且譬一身：仁，头也；其它四端，手足也。至如易，虽言'元者善之长'，然亦须通四德以言之，至如八卦，易之大义在乎此，亦无人曾解来。"[4]他认为元必须通四德而言，仁必须通五常而言，兼体是指元可以兼亨利贞，仁可以兼义礼智信。这些地方都是突出"元"或"仁"对于其他诸德的统领地位。"元亨者，只是始而亨者也，此通人物而言，通，元本作咏字。谓始初发生，大概一例亨通也。及到利贞，便是'各正性命'后，

---

[1]《二程集》，第三册，中华书局1981年，695页。
[2]《二程集》，第三册，697页。
[3]《二程遗书》十九。
[4]《二程遗书》十五。

属人而言也。"[5]。始而亨通，是继承了象传本来所说的"大哉乾元，万物资始"；以利贞为各正性命，则更直接用象传意"乾道变化，各正性命，保合太和，乃利贞"。这就把元亨利贞看成从初始发展到成熟和结束的系列过程了。可以说，孔子并没有明确的强调德性的统一性，而宋明理学的四德说，则明确强调德性以仁为本的统一性，仁统领一切，贯通一切。并且用一种宇宙论来说明这种统一性的根源与性质。

二程又说："孟子将四端便为四体，仁便是一个木气象，恻隐之心便是一个生物春底气象，羞恶之心便是一个秋底气象，只有一个去就断割底气象，便是义也。推之四端皆然。此个事，又着个甚安排得也？此个道理，虽牛马血气之类亦然，都怎备具，只是流形不同，各随形气，后便昏了佗气。"[6]这里所说的"气象"，就是后来朱子所说的"意思"，即一个道德概念的精神、取向及一个价值概念在形象上的表达。这种讲法认为每一道德概念都有其"气象"、"意思"，即都有其蕴含并洋溢的特定气息、态度，如说仁有春风和气的气象（意思），义有萧肃割杀的气象（意思）等。这种德气论的讲法得到了朱子四德论的继承和发展。朱子主张仁包四德，主张仁统五常。

朱子说："'仁'字须兼义礼智看，方看得出。仁者，仁之本体；礼者，仁之节文；义者，仁之断制；知者，仁之分别。

---

[5]《二程遗书》二上。
[6]《二程遗书》二下。

犹春夏秋冬虽不同，而同出于春：春则生意之生也，夏则生意之长也，秋则生意之成，冬则生意之藏也。自四而两，两而一，则统之有宗，会之有元，故曰：'五行一阴阳，阴阳一太极。'"又曰："仁为四端之首，而智则能成始而成终；犹元为四德之长，然元不生于元而生于贞。盖天地之化，不翕聚则不能发散也。仁智交际之间，乃万化之机轴。此理循环不穷吻合无间，故不贞则无以为元也。"又曰："贞而不固，则非贞。贞，如板筑之有干，不贞则无以为元。"又曰："文言上四句说天德之自然，下四句说人事之当然。元者，乃众善之长也；亨者，乃嘉之会也。嘉会，犹言一齐好也。会，犹齐也，言万物至此通畅茂盛，一齐皆好也。利者，义之和处也；贞者，乃事之桢干也。'体仁足以长人'，以仁为体，而温厚慈爱之理由此发出也。体，犹所谓'公而以人体之'之'体'。嘉会者，嘉其所会也。——以礼文节之，使之无不中节，乃嘉其所会也。'利物足以和义'，义者，事之宜也；利物，则合乎事之宜矣。此句乃翻转，'义'字愈明白，不利物则非义矣。贞固以贞为骨子，则坚定不可移易。"[铢][7]这个讲法就是价值上的仁的一元论的讲法，仁是仁之本体，礼是仁之节文，义是仁之断制，智是仁之分别，在这种讲法中，义礼智都是仁体的某一方面的作用，朱子强调，这种关系正如天地生意与四季的关系一样，四季总体上都是天地生意的流行，但生意流行的不同阶段显示的特性不

---

[7]《朱子语类》卷六。

同，故有春夏秋冬四季。生意贯通四季，仁体贯通四德。

　　与中年的仁说不同，后期朱子更强调对仁的理解要合义礼智三者一起看，而这种四德兼看的方法要求与四季的看法相参照。如春夏秋冬四季不同，但夏秋冬都出于春起的生意，四季都是生意的流行的不同阶段，即生、长、成、藏；本来，元亨利贞是生长收藏的性，而不就是生长收藏的过程，而在这里，仁义礼智不像是性理，而成了流行总体和过程本身。与四季类似，仁是仁的本体，礼是仁的节文，义是仁的断制，知是仁的分别，四德都出于仁，是仁的由始至终的不同阶段。于是，仁义礼智作为人事之当然，与元亨利贞作为天德之自然，成为完全同构的东西。虽然朱子并没有说人事四德即来源于自然天德，但他把这些都看成天地之化的法则或机轴。虽然，生意流行与生气流行不一定就是一回事，但整体上看，两种说法应是一致的。

　　在这样的视野下，仁有二种，一种是贯通总体流行的仁，一种是与义礼智并立的仁，前者亦可谓理一的仁，后者可谓分殊的仁；前者即二程所谓专言之仁，后者即二程所谓偏言之仁。分殊的仁与理一的仁有所不同，专言的仁是普遍的、完整的、可以通贯一切的大德，而偏言、分殊的仁则有差别的表现，有局限性，有偏面性，偏言的仁需要义礼智来制约、协调以互补。刚才我们说义礼智都是仁体的某一方面的作用，偏言的仁也是仁体或仁之全体的一个方面的作用，只是在刚才的语境下我们不能清楚说明这一点。

朱子《玉山讲义》有云：

> 然后就此四者之中又自见得"仁义"两字是个大界限。如天地造化，四序流行，而其实不过于一阴一阳而已。于此见得分明，然后就此又自见得"仁"字是个生底意思，通贯周流于四者之中。仁固仁之本体也，义则仁之断制也，礼则仁之节文也，智则仁之分别也。正如春之生气贯彻四时，春则生之生也，夏则生之长也，秋则生之收也，冬则生之藏也。故程子谓"四德之元犹五常之仁，偏言则一事，专言则包四者"，正谓此也。孔子只言仁，以其专言者言之也，故但言仁而仁义礼智皆在其中。孟子兼言义，以其偏言者言之也，然亦不是于孔子所言之外添入一个"义"字，但于一理之中分别出来耳。其又兼言礼智，亦是如此。盖礼又是仁之著，智又是义之藏，而"仁"之一字未尝不流行乎四者之中也。[8]

朱子认为仁义礼智统是一个生意，即整体上都是一个生意之流行，正如四季，如果没有生意的无间流行，就没有生长遂成的连续发展，而夏长、秋遂、冬成都是春之初生的生意的不同发展阶段。在这个意义上仁的生意包括乎四者。他认为，仁义礼智、恻隐羞恶辞让是非，都是一个生意，如春夏秋冬四季不同，

---

[8]《玉山讲义》，《朱子文集》卷七十四。

但夏秋冬都出于春起的生意,四季都是生意的流行的不同阶段,即生、长、成、藏;本来,元亨利贞是生长收藏的性,而不就是生长收藏的过程,而在这里,仁义礼智不像是性,而成了流行总体和过程本身。与四季类似,仁是仁的本体,礼是仁的节文,义是仁的断制,知是仁的分别,四德都出于仁,是仁的由始至终的不同阶段。仁的流行所形成的仁义礼智四阶段与生物流行自然成春夏秋冬四季对应一致。

关于仁义礼智四德与儒学另一德目"信"的关系,朱子指出:

> 问:"向蒙戒喻,说仁意思云:'义礼智信上着不得,又须见义礼智信上少不得,方见得仁统五常之意。'《大雅》今以树为喻:夫树之根固有生气,然贯彻首尾,岂可谓干与枝、花与叶无生气也?"曰:"固然。只如四时:春为仁,有个生意;在夏,则见其有个亨通意;在秋,则见其有个诚实意;在冬,则见其有个贞固意。在夏秋冬,生意何尝息!本虽雕零,生意则常存。大抵天地间只一理,随其到处,分许多名字出来。四者于五行各有配,惟信配土,以见仁义礼智实有此理,不是虚说。又如乾四德,元最重,其次贞亦重,以明终始之义。非元则无以生,非贞则无以终,非终则无以为始,不始则不能成终矣。如此循环无穷,此所谓'大明终始'也。"〔《大雅》〕[9]

---

[9]《朱子语类》卷六。

仁义礼智配春夏秋冬，信在这个系统格局中难以配置，故古人需要在五行中来配置仁义礼智和信，即用信与五行之土相对应。其解释则强调信的"实有"义，于是信的独立的德性意义被模糊了，信只成了四德的实有的保障。朱子又说：

> 或问："仁义礼智，性之四德，又添'信'字，谓之'五性'，如何？"曰："信是诚实此四者，实有是仁，实有是义，礼智皆然。如五行之有土，非土不足以载四者。……"〔人杰〕[10]

照这样的说法，信和仁义礼智四德的关系，是承载、保证的作用，应该承认，这个讲法是不完整、不完美的。

近代康有为虽然以仁为体，但在德性上在价值上有时重视智超过了仁。如他说："惟其智者，故能慈爱以为仁，断制以为义，节文以为礼，诚实以为信。夫约以人而言，有智而后仁、义、礼、信有所呈，而义、礼、信、智以之所为，亦以成其仁，故仁与智所以成终成始者也。……就一人之本然而论之，则智其体，仁其用也，就人人之当然而论之，则仁其体，智其用也。……。"他反对宋儒的仁统四德说，这就改变了宋儒以来仁的统帅一切的地位。[11]

---

[10]《朱子语类》卷六。
[11]《康子内外篇》,《康有为全集》一，上海古籍出版社，1990年，第190页。

在现代社会，四德论应有所发展，已有的仁义礼智四德，仍有其价值和意义，但儒家仁学必然以仁为基础，来对现代社会的普世价值原则，加以贯通。在这个意义上，我们提出仁爱、自由、平等、公正为内容的"新四德"，而以和谐为社会目标。正如汉代儒学在仁义礼智四德之外，加上信对应五行之土，如果我们今天在仁爱、自由、平等、公正之外，加入和谐对应于土，表述为"新五德"，则是仁爱、自由、平等、公正、和谐。传统四德多就道德价值或私德而言（当然不限于私德），而新四德或五德则主要内容就社会价值而言，但两者不是相排斥的，可以说是相补充、相配合的，这一点梁启超已经讲得很清楚。[12]

新四德的关系完全可以以固有的传统四德的关系来理解，即以仁为基础确定新四德的关系，亦即仁统四德。用传统宇宙论的语言或方式来说，仁体的大用是生气流行，通贯周流于四者之中，比喻言之，仁爱是仁之春，自由是仁之夏，平等是仁之秋，公正是仁之冬；仁爱是仁之本体的本然流行，其他三者是仁的流行的不同表现。自由是仁之活动无碍，平等是仁之一视同仁，公正是仁之正义安排，和谐则是仁体流行的整体要求。仁统四德，这种对四德关系的处理，正是基于仁的宇宙论而有的。

仁统四德，表明儒学仁体论视野下的价值论是一元的，由一元（仁）统领多元（义礼智信或平等自由公正），伯林主张的

---

[12] 参看我的论文《梁启超的私德说》，《清华大学学报》2013年1期。

价值多元冲突论,对我们来说,是不必然的。这里还涉及另一个问题,讲仁统四德,与我们一贯主张的在多元文化中确立儒学的地位,反对用一元化的功能要求儒学,有没有冲突?我认为没有冲突,尽管在理论上我们主张仁学不否定自由、平等、公正,但毕竟阐发自由、平等、公正这些社会价值不是儒学的主要着力所在,儒学的主要关注始终在道德伦理的领域,贞定价值理性,确立道德方向。因此,儒学期待社会结构能够使得其他以自由、平等、公正为核心关注的思想体系也能与儒学一起,共同构成多元互动的文化结构,以满足中国社会文化的发展需要。

我们认为,不同价值不一定那么不相容,故价值多元论不一定是价值冲突论,更不一定导致文明冲突论。特别是伯林反对以一种价值压制另一种价值体系,而希望理性地对话,这是大家都赞成的。但伯林认为不同价值和谐相处似乎只是一元论的假设,这是我们不能同意的。除了仁作为最根本的普遍价值外,人类或一个国家要根据历史过程的特性来确定某个阶段的任务而突出一种价值,而不是把一种价值作为意识形态而绝对化去主宰一切。价值差别的要害不是要素的,而是结构的,而且结构本身也是历史性的。价值的历史实践有历史性,故价值概念的理想世界本身并没有冲突,价值的实践则有偏重。阿玛提亚·森也认为,不需要坚持必须具有一致同意的完整排序,[13]

---

[13] 阿玛提亚·森:《正义的理念》,中国人民大学出版社,2012年,133页。

所谓价值的冲突更多的是属于实践中的安排，不是理念本身的问题。而化解实践的冲突，根本地，还是需要宽容、理解、沟通，也就是还要把仁的价值作为基础。而儒家仁的态度在本质上是倾向于宗教宽容、多元文化、文明交流，而反对以冲突的态度对待这一切。

二 仁与平等

古人也有平等思想的萌芽，如《周易》谦卦"君子以裒多益寡，称物平施"，《周礼》："水之以视其平沈之均也。"用水之平来表达平等的观念。均平则是古代政治常见的概念，如《周礼》"均守平则，以安邦国"，也算是中国古代政治的理想。《礼记》乐记说："修身及家，平均天下。"

康有为的《大同书》是近代儒学士大夫倡言平等的极致之作，表达了非常激进的社会理想，正为如此，康有为活着的时候，始终不发表他的那些激进的平等论，如去家庭等。但他的平等思想在19世纪90年代已经影响了梁启超、谭嗣同等人，特别是谭嗣同。

康有为说："仁之极，所谓平等者。"[14]他还说："至平无差等，乃太平之礼，至仁之义。"[15]可见，康有为把"平等"看成

---

[14]《南海师承记》讲仁字，《康有为全集》二，上海古籍出版社，1990年，227页。
[15]《礼运注》，《康有为全集》五，人民大学出版社，554页。

"仁"的最重要的含义。

事实上,康有为已经初步有仁体论的思想,他认为,仁是不忍之心,人人有之,"为万化之海,为一切根,为一切源,一核而成参天之树,一滴而成大海之水,人道之仁爱,人道之文明,人道之进化,至于太平大同,皆从此出"。[16]又说:"仁者,在天为生生之理,在人为博爱之德。……仁从二人,人道相偶,有吸引之意,即爱力也,实电力也。人具此爱力,故仁即人也;苟无此爱力,即不得为人矣。"[17]可见康有为已经具有仁学本体的意识了。

谭嗣同《仁学》六万余字,是近代仁学的名著,其中提出了若干重要的命题和思想,为儒学仁学的近代发展,特别是政治思想的发展,提供了一些方向。

谭嗣同《仁学》一书,有梁启超《仁学·序》,称:

> 仁学何为而作也？将以光大南海之宗旨,会通世界圣哲之心法,以救全世界之众生也。[18]

这个解释是一个仁学的普遍主义的解释,就是认为谭的仁学继承了康有为的眼界,要会通儒、佛、耶,不仅救中国,而且救

---

[16]《孟子微》,《康有为全集》五,人民大学出版社,424页。
[17]《中庸注》第208页,北京:中华书局,1987年。
[18]《谭嗣同全集》增订本下册,中华书局,1981年,373页。

世界，不仅救中国人，而且救全世界的人民。以梁启超与谭嗣同的密切关系而言，梁启超的解释应该是符合谭本人的思想的。康有为的《大同书》，其核心思想即是平等，而这一平等思想以不忍之心为基础，故谭嗣同的仁学确实是继承、发展了康有为强调平等的路向。

《仁学》一开始就给出了一个仁的训诂学定义：

> 仁从二从人，相偶之义也。元从二从人，是亦仁也。（以上自叙）[19]

在《仁学》的后面，他再次提出：

> 汉儒训仁为相人偶，人与人不相偶，尚安有世界？不相人偶，见我切也，不仁矣。[20]

这个说法显然是受阮元的影响。康有为《中庸注》中也以"仁从二人，人道相偶"论仁，但《中庸注》在戊戌之后，故还不能确定谭嗣同受康有为的影响。容易确定的是他们都受阮元的影响。如梁启超曾学于学海堂，故梁启超在《先秦政治思想史》中曾用阮元此训讲仁。谭嗣同的发明也应是由阮元的说法

---

[19]《谭嗣同全集》增订本下册，中华书局，289 页。
[20] 同上，298 页。

而来。不仅如此,他还以此种训诂方法进而至于论"元",把可以从人从二的字都拿来按照仁之义来讲,这就容易牵强附会了。上面说过,以"相人偶"解释仁字之说,是汉儒郑玄的说法,不是先秦的用例,不足为真实凭据。而且上古一字发明时的字义,与此字后来在使用中的意义可以很不同,故此种方法不足以为字源学凭据。其实这是清代汉学流行的一种论证的方式,并不代表语言学的真理,这是我们看清代乾嘉学者之论必须要注意的一点。后来梁漱溟《孔家思想史》就不赞成这种训仁的讲法,他说:"我们解释仁也没有字义上的根据,所谓仁就是慈爱之义。我们用这个意思来作个极浅的开端,以引出我们的理论。"[21]梁漱溟的解释虽然不以任何字义的说法为根据,只以思想为根据,但他的理解显然是对的。当然,我们也在前面指出过,阮元的这种解释在思想上也有其意义,即强调仁对于人际关系的意义。

谭嗣同在《仁学》开篇就列举其说大意,这里选出几条,以观其要点:

> 一,仁以通为第一义。以太也,电也,心力也,皆指出所以通之具。
>
> 三,通之义,以道通为一为最浑括。
>
> 四,通有四义,中外通,多取其义于春秋,以太平

---

[21]《梁漱溟全集》,第七卷,山东人民出版社,1990年,886页。

世远近大小若一故也；上下通，男女内外通，多取其义于易，以阳下阴吉，阴下阳吝，泰否之类故也；人我通，多取其义于佛经，以无人相、无我相故也。

七，通之象为平等。

十，智慧生于仁。

十一，仁为天地之源，故唯心，故唯识。

十二，仁者寂然不动，感而遂通天下之故。

十三，不生不灭，仁之体。（以上仁学界说）[22]

以通论仁，是谭嗣同的重要发明，也有其重要的意义。不过，就仁体本然而论，仍不得不以爱为第一义。仁以爱为第一义，通是爱的一种实现方式，若通而无爱，仍不得为仁，其显例即谭氏所举之通商，通商为通，但通商毕竟不是仁。[23] 至于通之象，谭嗣同认为是平等，此说也确实有其重要意义，不过，就理而言，通之象不必仅为平等，通之象更当属自由，通即流通无碍，有碍即是不自由，盖谭嗣同的时代，包括后来的孙中山，人们多觉得自由不是最突出的要求，或自由并非最缺乏者，平等则指向君主专制制度，故以为平等是当世最缺乏者，成为当时政治变革最主要的要求。

---

[22]《谭嗣同全集》增订本下册，中华书局，292 页。
[23] 谭嗣同说："故通商者，相仁之道也，两利之道也，客故利，主尤利也。"见《谭嗣同全集》增订本下册，中华书局，327 页。

至于以仁为天地之源,此是略见仁体,其说不生不灭仁之体,亦是略见得仁体意思,盖因其不生不灭仁之体的说法,似是指以太而言,非究竟之论也。

他又说:

> 遍法界,虚空界,众生界,有至大,至精微,无所不胶粘,不贯洽,不菀络,而充满之一物焉,……无以名之,名之曰以太。其显于用也,孔谓之仁,谓之元,谓之性;墨谓之兼爱,佛谓之性海,谓之慈悲,耶谓之灵魂,谓之爱人如己,视敌如友;格致家谓之爱力,吸力,咸是物也。法界由是生,虚空由是立,众生由是出。……学者第一当认明以太之体与用,始可与言仁。[24]

这里说遍法界虚空界,一切事物,都是有以太胶粘、贯洽,以太不仅胶粘一切事物,而且充满一切事物,这一以太的观念的仁是来自近代物理学的假设,但与中国古代"气"的观念完全相合。如果这个以太的观念可以与仁结合一体,那么就没有理由说气和仁不可以结合一体,而生气与仁的结合正是我们在朱子学仁气论中看到过的。所不同的是,谭嗣同以以太为体,以仁为以太之用,以以太为仁之体,认为仁只是以太显于用,显示出他受科学的影响较大,未能根本上树立仁体的观念和立

---

[24]《谭嗣同全集》增订本下册,中华书局,295页。

场。在这一点上似不如康有为。谭嗣同说：

> 夫仁，以太之用，而天地万物由之以生，由之以通，星辰之远，鬼神之冥漠，犹将以仁通之，况同生此地球而同为人，岂一二人之私意所能塞之？[25]

照前面所说，法界虚空都是由以太而生，这里又说天地万物由仁以生，由仁以通，前后不一致。但是尽管如此，这里还是把仁作为以太之用，不能在根本上建立仁体的立场。

> 人知脑气筋通五官百骸为一身，即当知电气通天地万物人我为一身也。[26]

这显示出，谭嗣同总是追求以一种物理介质作为万物一体的联结物，他找到的是电气，而电气即是以太之一种。脑气也好，电气也好，以太也好，谭嗣同的这种努力显示出，古代"气"的观念在近代仁学中仍有其可以发挥作用的地方。

不过，仁之境界谭嗣同还是明确的，这就是他在上面说的"通天地万物人我为一身也"。他又说：

---

[25] 同上，297 页。
[26] 同上，295 页。

> 不仁则一身如异域,是仁必异域如一身。……通天地万物人我为一身,而妄分彼此,妄见畛域,但求利己,不恤其他,疾痛生死,忽不加喜戚于心,反从而忌之,蚀之,屠杀之,齮龁之,而人不以为怪,不更怪乎!反而观之,可识仁体。[27]

这个说法与程明道万物一体说是一致的。他强调的重点是"人我通",用佛教无人我相发挥之,如他说:"虽然,此知分别,由于人我而人我之也。"[28] 古代儒家讲万物一体,无人我之分,是要引导到博爱兼爱,而谭嗣同的万物一体无人我相,是要引向平等,这是时代的特色,故梁启超也很强调他的这一思想:"……仁者,平等也,无差别相也,无拣择法也。"[29]

关于通,他还谈到:

> 元,仁也,亨,通也。苟仁,自无不通,亦惟通,而仁之量乃可完。[30]

宋明儒者亦以"通"为亨之义,以"仁"为元之义,但仁统四德,故仁贯四德。谭嗣同说仁自无不通,通可以最大程度实现

---

[27] 同上,296页。
[28] 同上,298页。
[29] 同上,374页。
[30] 同上,296页。

仁，这都是对的，合乎宋儒之说。而谭嗣同与宋明理学最大不同，是他又以通为仁的第一义，这无异于不以元之义为统，而以亨之义为统，以通之义贯通一切，在宋明理学的立场来看，这已不是论元论仁，属于不辨乎体用，而已落在第二着。但谭嗣同思想的政治意义是有清楚指向的，以通指向平等，故这一点亦不可全从理论本身上来看。

> 仁之为道也凡四：曰上下通，天地交泰，不交否；损上益下，益反之损是也。曰中外通，子欲居九夷，春秋大黄池之会，是也。曰男女内外通，子见南子是也。终括其义，曰人我通，此三教之公理，仁民之所以为仁也。[31]

这认为通是仁之为道，通是三教之公理，其实，在我们的立场看来，不如说仁是三教之公理可能更为恰当，这仍是时代政治课题对他的引导和限制。难得的是他虽然说人我通是三教之公理，又十分强调儒学的普遍意义："孔教何尝不可遍治地球哉！"[32]当然，他有时更推崇佛教："佛能统儒耶，而孔与耶仁同，所以仁不同。"[33]这是近代学者常见的重佛言论，就不能说是纯粹儒家的立场了。最后，应当指出，谭嗣同往往

---

[31] 同上，364页。
[32] 同上，352页。
[33] 同上，289页。

不是以博爱释仁,而是以慈悲释仁,虽然仁爱与慈悲相通,但可见谭嗣同受佛教影响之深,使他的仁学亦不能不染有佛教的色彩。[34]

应该说,仁在本质上是要求平等的,在实践上也是必然主张平等的,古语所谓"一视同仁",已经充分显明了仁的平等取向。从康有为到谭嗣同,显示出近代儒学士大夫已经把平等作为仁之一义,吸收为儒学政治论的基本价值了。

康、谭的例子证明,从儒家仁学思想来看,从不忍之心必能发为平等,必能发为自由,必能发为公正,亦必能趋向和谐。这就是以仁为基础、为依据而展开现代社会价值。康有为的大同思想,以全面平等为中心原则,他自己说明得很清楚,平等的各项要求都是由不忍之心发出来,《大同书》绪言第一句即"人有不忍之心"。他认为大同之道至平、至公、至仁,亦即以平等、公正为大同之义。

无论如何,从儒家的仁学不忍之心或恻隐之心导出平等的要求与价值是毫不牵强的,也是自然的。故在儒学思想体系中,仁发为平等是顺畅的,在儒学的近代实践中也是有依据的。一般认为,古代儒家只提出了人性平等、人格平等。其实,即使是如此,古代儒家之所以只提出人性平等、人格

---

[34] 谭嗣同认为,心力之实体,莫大于慈悲;又认为东西古今之教,至为肴覈,有极精微者,亦有荒诞不可究诘者。然不论如何精微荒诞,皆用相同之公理:曰"慈悲"。见同上书309页。

平等，而未能提出政治权利平等，也是因为既有的社会制度体系约束着它，正如马克思所说，"权利永远不能超出社会的经济结构以及有经济结构所制约的文化发展"。因此，在古代儒家的平等观大多只能内在于既有等级体系而加以调整。而实际上儒家文化不仅只提出人性平等和人格平等，如科举制度的出现，明显表达出儒家文化重视机会平等的要求，儒家反对在任何个人努力之外求取成功的制度，反对对机会的垄断和压制，这些都已经超出了人性平等和人格平等的要求。中国近代思想家如康有为、梁漱溟都说中国古代社会阶级最不发达，这就显示了儒家文化发生的作用。而在19世纪末以来的改革与革命的环境下，儒家的平等思想便在社会结构的改变和外来思想的刺激下自然地向政治权利的平等观发展起来。当然，儒家的平等观即使是在现代社会也不与近代西方完全一致，它不是个人主义的平等，也不完全是基于权利的平等，它包含甚广，如民族平等。而且与自由主义和社会主义相比较，它更突出的是经济的分配平等，其平等观接近于社会主义。[35]

当然，在历史上，儒家既属于统治阶级的一部分，也是知识分子，而有两重性。故其对既有的等级不平等抗议较少，而对社会关系的总要求则是减少等级压迫。这是实然的历史状

---

[35] 高瑞泉《平等观念史论略》提出儒家平等观念的四点特点，上海人民出版社，2011年，31页。

况。但就儒家价值观而言，仁天然地倾向于平等要求是无可怀疑的。古代仁与礼的互动正是要用仁来调整既有的礼的等级体系，减少等级压迫，促进社会平等和谐。[36] 这些历史的发展与制约，使我们不能简单地把儒家的平等观和洛克、卢梭的近代西方平等观加以比较。

以赛亚·伯林说平等的古老思想，不比任何其他思想要素更不自然、更不理性，依照伯林此说，平等对儒家本来就是自然的，也是理性的。但伯林认为平等不能被哲学辩护，在这一点上我们并不同意，把平等作为仁的一种展开而加以说明，就是一种辩护。因此，仁所内含的平等可能是属于"前民主的平等"，是属于古老的平等，但近代中国政治与社会进程表明，从以仁为首的古代平等价值观走向社会平等和政治平等，是被看做天经地义和完全自然的。

三 仁与自由

用宋明理学四德的"意思"的说法，我们可以说，仁字本身就有自由流动的意思。谢上蔡说仁是活，活就是自由的生命活动，妨碍自由活动，阻滞自由流动，压制自由活动，都不是仁，都为仁所反对。正如前面所说，谭嗣同以通为仁之象、仁

---

[36] 钱穆即认为古代的礼是阶级性的，仁是平等性的，见其《中国文化史导论》第四章第四节。

之义,其实如果说仁之象为通,则通之象包含亲爱、包含平等,也包含自由,通即流通无碍,有碍即是不自由。仁的流行如大江大河,仁爱如春江水暖,自由是夏日的流泻通畅,平等是静若秋水的平静与平衡,公正是冬水的清澈与寒肃;仁爱的施发如春天般的温暖,自由的追求如夏天般的热烈,平等的安排如秋天般的平实,公正的实践如冬天般的严肃。按儒学的说法,这些都是生气流行的不同阶段,也是仁体的不同显现。

如果说,自由的根本意义是打破枷锁、挣脱囚禁、摆脱他人奴役,[37]如果自由是按自己的道路不受阻碍地追求,[38]那么这些都可以说是仁的内在的、应有的要求,如果压制人的正当权利,那就不是仁。

密尔《论自由》有一个理论前提,就是认定在西方历史上人们认为统治者必然出于与其所统治者相敌对的地位,人们认为政府在利害上与人们相反对,所以他的《论自由》的主题是探讨社会所能合法施用于个人的权力的性质和限度。《论自由》的核心原则是:"当一个人的行为并不影响自己以外的任何人的利益,……在一切这类事情上,每人应当享有实行行动而承当其后果的法律上和社会上的完全自由。"[39]可见密尔强调的自由是私人生活应不受政府干涉。然而,中国历史上的理解并不如

---

[37] 参看以赛亚·伯林《自由论》,译林出版社,2003年,51页。
[38] 参看密尔《论自由》,序言,商务印书馆,2007年,4页。
[39] 同上,90页。

此，在中国文化中，统治者被认为是上天指定来照顾人民的，是为人民服务的，统治者与人民的利益并没有根本的不一致。如果统治者追求自己的私利而不理会人民利益，则人民有权利废黜他。而且事实上，古代中国社会的自由度相当大，以至于不仅谭嗣同，包括孙中山都认为自由的问题不是中国当时的重要问题。但现代中国社会，在社会结构上权力日趋集中，国家权力容易无所不管，于是密尔提出的问题就会突出起来。

其实，近代儒学士大夫不仅对平等，而且对自由的问题也关注过，讨论过。这里只举出比较有代表性的梁启超为例来说明。[40]

1900年，梁启超和康有为曾就自由问题发生辩论，康有为关注平等，但反对倡言自由，梁启超则主张平等的仁学同时，也倡言自由，梁启超在致康有为的信中明确表示：

> 来示于自由之义，深恶而痛绝之，而弟子始终不欲去此义。窃以为天地之公理与中国之时势，皆非发明此义不为功也。弟子之言自由者，非对于压力而言之，对于奴隶性而言之。压力属于施者，奴隶性属于受者（施者不足责亦不屑教诲，惟责教受者耳）。[41]

---

[40] 见冯契《青年梁启超的自由学说》，《冯契文集》第八卷，华东师大出版社，1997年，312页。

[41] 梁启超致南海夫子大人书，1900年4月29日。《梁启超年谱长编》。

照这个说法，自由是解放，是对奴隶性的解放，这个意义上的自由也是一种内在的创造性，故自由必涵创造性，创造性必要求自由。自由的创造性当然近于积极的自由，但这符合仁的生生日新的创造性。

1902年，梁启超在《新民说》第9节"论自由"中，较为系统地表达了他对自由的看法。以下摘录若干：

"不自由，毋宁死。"斯语也，实十八、九两世纪中，欧美诸国民所以立国之本原也。自由之义，适用于今日之中国乎？曰，自由者，天下之公理，人生之要具，无往而不适用者也。虽然，有真自由，有伪自由。有全自由，有偏自由。有文明之自由，有野蛮之自由。今日自由云，自由云之语，已渐成青年辈之口头禅矣。新民子曰："我或民如欲永享完全文明真自由之福也，不可不先知自由之为物果何如矣。"请论自由！

自由者，奴隶之对待也。综观欧美自由发达史，其所争者不出四端：一曰政治上之自由；二曰宗教上之自由；三曰民族上之自由；四曰生计上之自由。（即日本所谓经济上自由。）政治上之自由者，人民对于政府，而保其自由也。宗教上之自由者，教徒对于教会，而保其自由也。民族上之自由者，本国对于外国，而保其自由也。生计上之自由者，资本家与劳力者，相互而保其自由也。而政治上之自由，复分为三：一曰平民对于贵族，而保其自由。

二曰国民全体对于政府,而保其自由。三曰殖民地对于母国,而保其自由是也。自由之征诸实行者,不外是矣。

文明自由者,自由于法律之下。其一举一动,如机器之节奏。其一进一退,如军队之步武。自野蛮人视之,则以为天下之不自由,莫此甚也?夫其所以必若是者何也!天下未有内不自整而能与外为竞也。外界之竞争无已时,则内界之所以团其竞争之具者亦无已时。使滥用其自由,而侵他人之自由焉,而侵团体之自由焉?则其群固已不克自立,而将为他群之奴隶,夫复何自由之能冀也?故真自由者,必能服从。服从者何?服法律也。法律者,我所制定之,以保护我自由,而亦以箝束我自由者也。

一身自由云者,我之自由也。虽然,人莫不有两我焉:其一,与众生对待之我,昂昂七尺,立于人间者是也。其二,则兴七尺对待之我,莹莹一点,存于灵台者是也。(孟子曰:"物交物,则引之而已矣。"物者,我之对待也。上物指众生,下物指七尺,〔即耳目之官。〕要之,皆物而非我也。我者何?心之官是已。先立乎其大者,则有小者,不能夺也。惟我为大。而两界皆小也。小不夺大,则自由之极轨焉矣。)是故人之奴隶我,不足畏也,而莫痛于自奴隶于人。自奴隶于人,犹不足畏也,而莫惨于我奴隶于我?

若有欲求真自由者乎?其必自除心中之奴隶始。吾请言心奴隶之种类,而次论所以除之之道。一曰,勿为古人之奴隶也；二曰，勿为世俗之奴隶也；三曰，勿为境遇之奴隶也，四曰，勿为情欲之奴隶也。

　　日本维新之役，其倡之成之者，非有得于王学，即有得于禅宗，其在中国近世勋名赫赫在人耳目者，莫如曾文正，试一读其全，观其困知勉行，厉志克己之功何如？天下固未有无所养而能定大艰，成人业者。不然，日日恣言曰：吾自由，吾自由，而实为五贼（佛典亦以五贼名五官。）所驱遣，劳苦奔走以藉之兵而赍其粮耳。吾不知所谓自由者，何在也？孔子曰"克己复礼为仁。"己者，对于众生称为己。亦即对于本心而称为物者也。所克者己，而克之者又一己。以己克己谓之自胜。自胜之谓强。自胜焉，强焉，其自由何如也？[42]

　　冯契曾有《青年梁启超的自由观》一文，认为梁启超在《新民说》中表达的自由观的主旨"就在颂扬精神之自由，反对精神受奴役"，[43]"在他看来自由是人的本性，是人生的一切活动的原动力，所以它是'天下之公理'。"[44]冯契还指出：

　　梁启超还说："思想之自由，真理之所从出也。"（《近

---

[42]《新民说》，辽宁人民出版社，1994年，55-68页。
[43]《冯契文集》八，华东师大出版社，1997年，319页。
[44] 同上，320页。

世文明初祖二大家之学说》)他身心,只要破除心中奴隶,让理性自由活动,真理就会源源不绝地涌出来。……而政治学、宗教学、伦理学等则进步最慢,原因"大率为古来圣贤经典所束缚,为现今政术所牵制",于是,"意识之自由,未能尽其用也"。(同上)

在《近世第一大儒康德之学说》一文中,他也强调说:"康氏以自由为一切学术人道之本。"又说,康德"以自由之发源全归于良心(即真我)"。梁启超以为,真我即解脱了一切束缚的我,亦即王阳明所谓"良知"。在他看来,世界第一原理是真我即良知(理性),而自由是真我的本性,一切有价值的学术文化都是理性自由活动的结果。[45]

由冯契所述可见,梁启超与谭嗣同有所不同的是,谭嗣同阐发平等,而梁启超注重阐发自由,从我们仁学本体论的立场,放大来看,谭嗣同的《仁学》可以扩大为"大《仁学》",在此意义上,梁启超之自由论未必不可以作为康、谭、梁共有的"大《仁学》"的一部分,而"大《仁学》"也就是基于仁学本体论的大同说体系。于是自由也可以作为康门"大同"理想的一部分,因为平等与自由二者本来就是相通的。我们认为,康有为、谭嗣同、梁启超皆属于近代新儒学,故他们的思想都可以为现代儒学的价值论作为参考,那就是,仁学通向大同,仁学包含平等和自由。

---

[45] 同上,324页。

梁启超不仅在《新民说》时期主张自由，可以说他对独立精神、自由理想是始终肯定的，直到其晚期仍然如此。因此我们可以说，梁启超的例子证明，近代儒家是可以接受自由为基本价值的。至于现代新儒家对自由的肯定则不用多举，只举出熊十力的例子：

> 古代封建社会之言礼也，以别尊卑，定上下为其中心思想，卑而下者以安分守志，绝对服从其尊上者，虽其思想行动等方面受无理之压制，亦以为分所当然，安之若素，而无所谓自由、独立。及人类进化，脱去封建之遗习，则其制礼也，一本诸独立、自由、平等诸原则，人人各尽其知能、才力，各得分愿。[46]

因此，儒家之仁不仅与自由、平等、公正是相容的，如果强势的肯定这种相容性，在儒家的立场上，便必然主张仁统四德或五德，仁爱统贯自由、平等、公正、和谐，由此来表达儒学对这些价值的结构性安置。这当然不是说，其他思想体系，如自由主义必须承认仁的这种价值的统领地位，自由主义自然可以按其本来立场阐述其自由观（自由主义的自由观也不是单一的）。儒家在表达对这些价值都予肯定的同时，还要表达的是它对这些价值相互关系的看法，它对价值结构的看法。儒家认

---

[46]《十力语要》卷三。

为这些价值对于一个社会整体的需要而言,都有其意义,但必当以仁为首出,为统领,为优先,为一贯,这是儒家仁体论、价值论的最根本的立场。当然,由于儒家从仁出发来看自由,因此儒家所理解的自由也就带有儒家的理解,那就是,个人自由不是孤立的,而是依赖于一个共生的社会关系。

四 仁与公正

历史上也有儒学家谈到仁与公正的关系。孔子曾说:"唯仁者能好人、能恶人。"(《论语·里仁》)程颐的解释是"得其公正也"。[47]。这里就是以公正解仁。程颐一贯主张以公解释仁,照这里他自己的说法,公就是公正。我们来看程颐的仁说,其仁说大旨为:惟公近仁;爱人非仁;仁性爱情。其论公与仁:

> "唯仁者能好人,能恶人。"仁者用心以公,故能好恶人。公最近仁。人循私欲则不忠,公理则忠矣。以公理施于人,所以恕也。[48]

以公解仁,看来起于对《论语》"唯仁者能好人能恶人"的解释,

---

[47] 伊川《论语解》,《二程集》第四册,中华书局,1980年,1137页。朱子《四书集注》亦引之。
[48] 《外书》卷四,《二程集》,372页。

因为在《论语》的这一章里，只有以"用心以公"解释"仁者"才能便当地说明能好人、能恶人的根由。伊川论仁，其主要的观点就是以公解仁。

> 仁者公也，人此者也。[49]
>
> 孔子曰："仁者己欲立而立人，己欲达而达人，能近取譬，可谓仁之方也已。"尝谓孔子之语教人者，唯此为尽，要之不出于公也。[50]
>
> 又问："如何是仁？"曰："只是一个公字。学者问仁，则常教他将公字思量。"[51]

此说便与明道不同，就字义之气象而言，"公"有严肃、严明、严正的理性意义，也就是说，"公"带有公正的意思。而"仁"带有温和的、爱的感情色彩。不过，伊川虽然以公解仁，但他也强调公只是最"近"于仁，还不能说公就是仁，如他又说：

> 仁道难名，惟公近之，非以公便为仁。[52]

看起来，程颐强调"公"是行仁的要法，即公是实践仁的主要

---

[49]《遗书》卷九，《二程集》，105页。
[50] 同上，105页。
[51]《遗书》二十二上，《二程集》，285页。
[52]《遗书》卷三，《二程集》，63页。

方法。公的意义,一是突出普适意义,二是矫正偏私倾向。无论如何,这个思想为儒家思想中处理"仁爱"与"公正"的关系及理解提供了资源。如我们在前面曾指出的,从汉代的仁学可知,汉儒已经认识到没有中庸原则的指导,仁的实践有时会流于偏私,汉儒对此有所反思,以使对仁的理解更为全面。在这个意义上,伊川以公论仁,可以看作对人在行仁的具体实践的流弊的警惕,是有其意义的。在有关"公"与"仁"的关系方面,伊川往往有不同的说法。如果说伊川并不把公绝对等同于仁的话,那么伊川更不赞成以爱为仁:

> 仁之道,要之只消道一公字。公只是仁之理,不可将公便唤作仁。公而以人体之,故为仁。只为公,则物我兼照,故仁所以能恕,所以能爱。恕则仁之施,爱则仁之用也。[53]

在这里,伊川认为,"公是仁之理""爱是仁之用"的说法要比其他的说法来得稳健。所谓"公是仁之理",是说就公与仁的关系看,"公"是一种本质原理,而"仁"是此一原理在人的生活实践的全面体现。但他又说"公而以人体之故为仁",这等于说"公"并非原理,而只是实践和体现"仁"的功夫。就仁与爱的关系说,"爱是仁之用"是说,仁是爱的所以根据,爱是仁的

---

[53]《遗书》十五,《二程集》,153页。

情感表达。伊川不仅以"爱是仁之用"为由而反对以爱等同仁，而且明确以"仁性爱情"来指出爱不同于仁的理由。"物我兼照"是古代儒家对公正的一种说明，强调不同的主体应受到同等的对待。伊川这个思想虽然不符合儒家仁学的传统，但也应该深抉其意义。

中国古代有对正义的关注，如墨子说："义者正也，何以知义之为正也？天下有义则治，无义则乱。"（天志）这就明确提出义是正义，正义就是正确正当的原则，这些原则对应于善恶，善有善报，恶有恶报，此即是义、正义。《周易》"义以方外"，也说明古人把义看做治理社会的原则。义的实践则要求公正，韩非子："义必公正，公心不偏党也。"王夫之更说："有一人之正义，有一时之大义，有古今之通义。……公者重，私者轻矣，权衡之所自定也。"（《读通鉴论》安帝十四）。可见义是正义，也是公正。

早在《尚书·洪范》中就提出"王道平平"，包含了把公平作为王道的内涵之义。论语说的"公则悦"也是指公平能使大家高兴。古人把天作为公平的最高榜样，管子说："天公平而无私，故美恶莫不覆；地公平而无私，故小大莫不载。"（形势解）又说"公平而无所偏"（明法解）。《吕氏春秋》："公则天下平矣。……天下非一人之天下也，天下之天下也，阴阳之和不长一物类，甘露时雨，不私一物。"《新书》"兼覆无私谓之公"。古人认为妨碍公平的实现，主要是偏私，所以至公才能至平，不论是政策还是执行政策的人，私利是阻碍公平实现的主要障碍。《庄子》中借仲尼之口说："平者，水停之盛也。其可以为法也。"(《德充符》)可见公平不仅是个人的德行，也是基本的价值原理。《贞观政要》在仁义、忠义、孝友之后特立"公平"一章，表现出古代君王对公平的重视。

公正可以说就是公平和正义的合称，其中包涵了公平和正义两个方面。当然，当代社会所讲的公正来自罗尔斯《正义论》及《作为公平的正义》之说，就公平和正义二者的分别而言，正义强调不同主体应该受到不同的待遇（多劳多得），公平强调不同的主体应该受到相同的对待（法律面前人人平等）。就整体的意义而言，公正是促使社会利益各方的地位平等，以减小社会差距及其引起的冲突。

公平与正义在意义上的这种不同在实践上的区别很明显的。公平往往注重利益的平衡，正义则强调原则的普遍性；正义关注正当的权力应用，公平有助于缩小差距，使社会趋向平衡；正义主张分配要使不同个人得到他们应得的物品，政府的政策制定则应注重公平。当然，公平与正义之间也不是根本不同、没有关联的。在分配正义受到广泛关注时，公正就成了现代社会利益分配的理想价值，其中公平和正义缺一不可。正义是公平的限制，没有正义的公平就可能成为绝对平等，不能鼓励自由创新发展，而造成平面化的社会。公平是正义的补充，也代表了社会整体利益的平衡，罗尔斯从《正义论》到后来的发展，就是更强调了社会公平的意义，认为社会公平是正义的本质方面。

就儒家传统而言，义比较接近正义，而仁包含了公平，由于仁在宋代以后统领四德，仁可以包含义，故在儒家的角度看，仁与公正是相通的，不是矛盾的。由于公平与平等相通，所以"公正"应更突出正义的意义，而正义是强调善恶的分别以及善恶应该得到的不同对待。罗尔斯仅仅强调公平作为正义的意涵，是略为片面的。

以赛亚·伯林认为人所追求的价值不仅是多元的，更是互不相容的，认为这不仅适用于整个文化价值体系，也适用于一个特殊文化。他的立场是不赞成压制这些竞争中的价值的某一个。其次，在他看来，人的选择不可能使所有价值都获得满足，为了一些终极价值而牺牲另一些终极价值，是人类选择的必然结果和困境。如个人自由与公共参与，如自由与合作团结友爱，都是同等重要的价值，但他们互不相容。伯林的这种思想忽略了人的需要与社会需要的具体历史性，所以是抽象的，绝对的。事实上，价值实践中的先后次序，不是固定的，永久不变的，这显然要由历史条件及人对历史条件的认识和选择来确定。而价值的满足可以有不同的比例关系，任何社会都不可能有绝对的满足。

以上是我们对仁与自由、平等、公正关系的主张。最后，蔡元培对仁与博爱、自由、平等的解释值得一提。他虽然也和当时的名人一样，醉心于法国革命时代的三个口号："自由，平等，博爱。"可是他解释这三个口号，是从克己方面出发的。博爱是什么？他说博爱就是孔子之所谓仁，"己欲立而立人，己欲达而达人"。平等是什么？就是孔子之所谓，"己所不欲，勿施于人"。自由是什么？自由就是义，孟子所谓"富贵不能淫，贫贱不能移，威武不能屈，此之谓大丈夫"。[54]不管蔡元培是不是属于儒家，他显然认为，仁和孔孟之学是蕴涵着自由平等博爱的，当然他说的自由更多是意志自由。但事实也是如此，仁学内在地蕴含着这些价值，虽然在历史上仁学并没有自身发展出这些口号，这并不奇怪，仁体的显现受到具体历史场景的限制，仁所富含的内涵在面对不同的历史场景时会发显为不同的呼吁；在这里境遇和条件是重要的，而没有人能否认，一个仁者在遭遇近代或现代的时代环境时会自然地拥抱自由平等博爱，只不过这三者对他来说，仁的博爱要放置在首位。

五 儒家美德的现代传承和转化

上面谈了仁与现代社会价值自由、平等、公正等价值的关系。接下来我们来谈谈关于仁与现代社会的个人道德。

这个问题本质上也就是传统道德的现代传承和转化。

根据我们对春秋时代德行伦理的研究，春秋时代的德目表很多，虽然还没有统一的对于主德的认识，但大致可以说，忠信和仁智勇是春秋中后期主要的德行。[55]《论语》中的孔子仍然

---

[54] 许寿裳：《蔡孑民先生的生活》，《追忆蔡元培》，30页。
[55] 参看陈来：《古代思想文化的世界》第九章，三联书店，2009年。

对忠信很重视,《中庸》也肯定智仁勇为三达德。但是无论如何,到了春秋末期,在孔子思想中"仁"已经成为最重要的道德德行。

"义"在春秋时已经受到重视,但地位还不突出,孔子以后墨子很突出义,到了孟子思想中,义和仁已经并列而称为"仁义",使得"仁义"开始一起成为儒家首出的道德。特别是孟子以"仁义礼智"四德并列,经过宋儒的推崇,成为历史上最有影响的道德德目,仁义礼智"四德"成为儒家提倡的最基本的道德。在汉代,在仁义礼智外又增加了信这一德目,使仁义礼智信五者与"五行"相对应,于是形成仁义礼智信"五常"。五常与仁义礼智四德一起,成为儒家两千年来的基本道德。

在四德五常之外,在儒家推崇的五经四书中还有其他一些道德德目,与四德五常一起构成了儒家的完整的道德德目体系,如孝悌、忠恕、中和、诚敬。在中国古代,在实际的社会生活中,这些德目和四德五常一起发生作用,共同支配了中国人的道德生活。最明显的例子是"孝",孝虽然不在五常之中,但没有任何人能否认,孝在中国人道德生活中占有重要而突出的地位。另外,即使不从伦理学,而只从社会学、人类学的观察总结也可知道,"家"的观念是中国人重要的价值取向之一,但这并没有反映在任何传统的道德德目中。所以四德作为道德规范和德行条目,对中国文化而言有代表性,但也不能全部覆盖中国人的道德观念和道德生活。然而,为什么仁义礼智四德在历史上的儒学中被认为最突出呢?显然,这是因为仁义礼智超出了特殊伦理关系规定的准则,超出了特定血缘伦理(孝)、特定政治关系伦理（忠），具有更加普遍的美德意义以及人际关系准则的意义。

　　当然，即使在西周和春秋时代，每一德性条目，既有其特定、具体的意义，也有其扩大、普遍的意义，如"忠"既指君臣关系中臣下的道德，也可以指忠于政务，忠于公事，忠于国家社稷，即使是君臣关系的忠也可以包括犯颜进谏。孔子时代忠有了更普遍的意义，即指尽心为人，如"为人谋而不忠乎"。但是，在某一时代社会某一道德观念流行，与该道德观念的某一具体意义适合于当时社会关系的需要有关。如前所说，春秋时代以"忠信"为主要的道德，因为忠信更适合于封建领主社会的普遍需要，个人在这种封建社会（与我们一般说的封建社会不同）的义务集中表现在忠信的道德要求。从商代到西周春秋，孝也是最基本的德行，因为孝是血缘亲属关系的基本道德，符合商周宗法社会的需要。

　　但孔子力倡"仁"学，在道德观念上已经突破封建的社会，也突破了血缘关系，而进至于更一般的人与人关系。至战国时代，"仁义"成为最重要的道德，这不仅因为孔孟先后提倡仁义，也是因为这一时代封建的制度处在衰朽变化之中，个人对宗法—政治关系的道德让位于涵义更普遍的社会道德和人际准则。而且，仁义不仅是个人道德，如前所说，事实上仁义也是社会价值；比较起来，五常中的智就不是社会价值，虽然智也有超出个人道德的意义。近代以来的社会，礼义廉耻是个人道德，忠孝仁爱信义和平则既是个人道德，也是社会价值。

因此，四德的仁义礼智，每一德的意义其实都不是单一的，而是包含几种意义，而且历史上不同的时代和社会生活通过不断诠释而充实它们的具体内容。但在这里我们只就四德的主要道德意义作简要说明，以便于后面的讨论。四德之首仁的意义，我们在原仁上与下中已经做了阐明，仁以博爱为主要内容，这至少从唐代韩愈强调"博爱之谓仁"以来已成为人们的共识。自然，仁以爱人为核心，实际上仁又不止于亲情之爱，仁超越了亲属之间的亲爱，早已变为大爱无疆，具有深厚的涵义。四德中的礼本来强调仪式、礼节的规定，注重行为面貌的修饰，故作为道德德目的礼是指尊礼守礼。义的概念早期可能是强调对亲属以外的尊长的尊敬，义的进一步普遍化后亦可涵盖对亲属长辈的尊敬。但是由于后来礼作为德目承担了表达礼敬的态度，义就越来越成为和羞恶有关的德行，而不再作为敬长的德行；而羞恶是强调道德善恶的分判，从而义是以坚持道义去恶扬善为内容。智是比知识更高一级的认识形态，作为道德德目是指对道德知识的辨识与掌握能力，如果仅仅说智是智慧，就不能显示其作为道德德目的意义了。

可见，就作为个人道德的德目来说，仁是温厚慈爱，义是坚持道义（的原则），礼是守礼敬让，智是明智能辨。所以孟子说："恻隐之心，仁之端也；羞恶之心，义之端也；辞让之心，礼之端也；是非之心，智之端也。"（《孟子·公孙丑上》）就个人道德的形成来说，孟子认为四德是天赋的、先验的，这是从其性善论推出的，而荀子则认为四德是后天养成的，宋代以后孟子人性论的思想占了主流。四德之外，"信"是恪守承诺和信用。

需要注意的是，如我们上面说过的，仁义礼智的意义都不是单一的，所以仁义礼智四德不仅具有作为个人道德德目的意义，还具有更广的社会意义。如仁，孟子主张仁政，强调发政施仁，这里的仁已经不仅是个人道德，也是政治原则，故孟子说："天子不仁，不保四海；诸侯不仁，不保社稷；卿大夫不仁，不保宗庙；士庶人不仁，不保四体。"（《孟子·离娄上》）面对更广大的世界，仁还表达为"四海之内皆兄弟""天下大同"的社会理想。汉以后二千多年中国的政治文化在价值上、在理论上都须以仁为主导的政治和行政原则。如《贞观政要》就是以仁义为基本价值之首。不仅在政治领域，由于儒家思想的影响，在中国二千多年的历史文化中"仁"已成为最具普遍性的价值。再如义，《左传》所说"多行不义必自毙"，此义便是正义。从《论语》看，"子曰：君子义以为质，礼以行之，孙以出之，信以成之。君子哉！""子曰：君子义以为上。"（《阳货》）这些地方说明孔子对义也是非常重视的，但这些地方的义并不是指德行的义，而是道义、正义的义。孟子说："杀一无辜，非仁也；非其有而取之，非义也。"杀一无辜即违反仁爱原则，把别人的所有取为己有即违反了正义原则，可见义在古代很多地方都作为正义来使用。朱子常说，义有刚毅果决的意思，有惨烈、肃杀的意思，有断制的意思，这都是指义的正义的涵义而言，义就是斩钉截铁地分判善恶，刚毅果决地去恶扬善，这更多地是指正义的实行实施特点。所以，仁义礼智私德不仅是个人道德，也是古代社会的社会价值。就社会价值而言，仁是仁政惠民，礼是文化秩序，义是正义原则，智是实践智慧，和是和谐团结。此外，古代对道德修养的方法非常重视，儒家经典中有很多为了养成道德的方法功夫，如克己、反身、存心养性、正心、诚意、戒慎恐惧、慎独等等，儒家道德修养的资源非常丰富，由于主题的限制，不能在这里细说了。除了经典中的这些说法为历代儒学所弘扬，一般社会文化中也有流行用语表达主流价值，如北宋时讲究节义廉耻，明后期强调忠孝节义等。

清朝末年，清政府开始以确立教育宗旨来确立基本道德，1903年的《奏定学堂章程》中规定"立学宗旨，无论何等学堂，均以忠孝为本"。1906年，清政府正式颁布《教育宗旨》，提出"忠君、尊孔、尚公、尚武、尚实"的"五端"，这五端就是五种基本道德。

近代以来，传统道德的传承转化，一直是思想家、政治家和学者共同关切的论题。辛亥革命以后，王朝不复存在，经学已被逐出学校教育。于是，国家为了道德教化的需要而提出基本道德，便成为近代中国国家的一项重要举措。如1912年9月民国政府颁令以"孝悌忠信礼义廉耻"八德为立国之本，在近代历史上还是有影响的。在这方面孙中山也是重视传统道德的传承转化的，他说："我们到现在说忠于君固然是不可以，说忠于民可不可呢？忠于事又是可不可呢？我们做一件事，总要始终不渝，做到成功，如果做不到成功，就是把性命去牺牲亦所不惜，这便是忠。……古时所讲的忠，是忠于皇帝，现在没有皇帝，便不讲忠字，以为什么事都可以做出来，那便是大错。……我们在民国之内，照道理上说，还是要尽忠，不忠于君，要忠于国，要忠于民，要为四万万人去效忠。"[56]这就是试图把传统道德观念在现代生活加以继承转化的例子。孙中山也提出八德，但不是北京政府的八德，而是"忠孝仁爱信义和平"，这是他从传统道德体系中所作的拣选，与古代的仁义礼智信的五常四德有所不同了。不过，就孙中山的思想来看，这八个字更多是作为四种道德，即忠孝、仁爱、信义、和平。如仁爱、和平显然不是四个德目，只是两个德目，信义看起来是两个，其实孙中山突出的是信。他说："讲到中国固有的道德，中国人至今不能忘记的，首是忠孝，次是仁爱，其次是信义，其次是和平。"[57]所以八德其实主要是四德。无论如何，孙中山是重视中华文化本有的道德资源的，孙中山主张："因为我们民族的道德高尚，故国家虽亡，民族还能够存在，并且有力量同化外来的民族。所以宗本极源，我们现在要恢复民族的地位，除了大家联合起来做成一个国族团体之外，就是要把固有的旧道德恢复起来，有了固有的旧道德，然后固有的民族地位，才可以图恢复。"[58]这四项道德，就孙中山的本义来说，不是只作为

---

[56] 孙中山：《三民主义》，《孙中山全集》第九卷，中华书局，1981年，244页。
[57] 同上，243页。
[58] 同上，243页。

个人道德，而是作为民族的德行，比如他总说我们民族最讲信用、最好和平。孙中山死后，1929年国民政府公布了《中华民国教育宗旨及其实施方针》，其中即包括了"忠孝仁爱信义和平之国民道德"。南京国民政府在八德之外，又加上管子说的"四维"即礼义廉耻，加以提倡，礼义廉耻可以说是侧重在个人道德上面的。于是四维、八德成为三民主义提倡的主要道德。应该指出，孙中山是从国家建设着眼，他把忠孝放在首位，指对国家的忠孝，而不是把仁爱放在首位，这是和儒家的立场有所不同的，凡是近代由国家的领导者提出的主流道德，都是如此。如果是儒家，则必然要把仁爱放在首位。此外，孙中山提倡信义，是突出信，而不重视义，这也是与儒家的道德体系和价值体系有所不同的。

从理论界到知识界，很多人都知道梁启超早年在《新民说》中提倡公德，但都忽略了这是梁启超在《新民说》初期的观点。梁启超本人在《新民说》的后期重新强调私德的意义，他提出："今之学者日言公德，而公德之效弗睹者，亦曰国民之私德有大缺点云尔！是故欲铸国民，必以培养个人之私德为第一义。"他所说的私德是个人的品德、修养，公德是指有益于国家、社会的德行（如爱国利群）。从《新民说》最后完成的总体来看，梁启超对公德和私德同样重视和肯定，新民说中的"私德说"，与"公德说"共同体现了他的道德思想，而且补充了"公德说"的基础。用今天的例子来说，倡导自由、平等、公正，属于社会价值；倡导诚信、友善属于个人道德价值，即私德。私德是个人品性的完善,也是个人与对待其他个人的道德;公德是个人与社群关系的道德,特别是有益于国家、社会的道德,如爱国利群。社会对两方面都需要,而就个人行为来说个人品性的道德价值是基础,中华美德在这方面有丰厚的资源。

古代的私德在现代社会仍然有意义,但现代社会对人的道德的要求增加了,特别是在公德方面,如爱国、守法,这是近代国家和社会的发展所提出的道德要求。这里还需要把"道德"和"价值"作一区分,如自由是一种价值,但不是个人道德,平等是社会价值,也不是个人道德。可见基本道德与核心价值是有所不同的。民主、自由、平等都是社会价值,但不是个人道德。从这个区分来看,梁启超所说的公德私德的区分也有未说清楚之处,其实公德也是个人的道德的一部分,是个人对社会、群体负有义务的道德,也是要落实到个人身上的道德。私德、公德都是以个人为主体的道德要求。而富强、民主、法治则不是个人为主体的道德要求。

一个社会的"基本道德"与"核心价值",在概念上是有所区别的。"核心价值"是团体组织的基本理念,是社会的价值目标和追求,但不一定是个人道德的基本要求。社会的核心价值代表的是国家、社会的目标价值和导向价值,而当代中国的"基本道德"是要落脚在个人身心实践的道德。目前,关于核心价值的说法,是倡导富强、民主、文明、和谐;自由、平等、公正、法治;爱国、敬业、诚信、友善。但这三组十二条二十四个字,内容是不一样的,如富强、民主等大多是国家或社会层面的价值取向，爱国、敬业、诚信、友善才是个人层面的价值准则。如果这样来看，很明显，三组价值十二个价值条目，属于个人私德的只有两项，即诚信、友善（友善属于仁，但仁的涵义范围远大于友善）。这与中国古代特别是儒家的价值体系重视个人道德的重点差别甚大，显示出重政治价值、轻个人道德的倾向，这是几十年来长久形成的一种偏向。2001年国家公布的公民基本道德规范为"爱国守法，明礼诚信，团结友善，勤俭自强，敬业奉献"，这二十字也主要是就公德而言，不区分公德私德，不强调私德的培养和意义。这些都显示出我们对"基本道德规范"的理解是片面的。

应该指出，当前我们所说的继承和弘扬传统美德以及中华美德的创造转化，按其内容来说，都主要是个人道德与个人道德修养的内容，即重点应是私德。无疑地，我们所说的加强道德建设、形成道德规范、树立道德理想，讲道德、尊道德、守道德的生活，也都是就个人道德而言；基本道德规范、道德意愿、道德情感、道德境界无一不是以个人道德为主，要落脚在个人道德的私德上，最终指向应该成为什么样的人、怎样做人，达到理想人格。

可见，一方面，我们所强调的道德建设都是与个人道德紧紧相关，而另一方面，我们所说的核心价值体系里面关于个人道德的内容又很少，所以，这样一个核心价值体系在道德建设上，无论是培育也好，践行也好，在促进人们讲道德、守道德上很难发挥出作用。由于我们在社会主义核心价值表述中缺少个人道德的要求，只得在另外的文件中加上"修身律己、崇德向善、礼让宽容"的一般性说法，再加上"礼节礼仪教育"的内容，而这些内容是与十二个条目脱节的。这是一个必须认真思考并加以解决的题。改革开放以来，我们的生活中有这样一种观点，认为只讲公民道德就可以了，其实亚里士多德早就指出过，城邦公民的品德和善人的品德是不一致的，一个好公民不必具有善人所应有的品格，可见公民品德的要求较狭，善人品格要求的更为全面，政治的国家只要求公共有序和公民品格，而社会与文化则更要求善良风俗、要求善人品格，善人品格就是我们所说的讲道德、守道德的个人基本道德。

我认为，问题的关键在于，应该把"社会核心价值"与"个人基本道德"分开论述。"核心价值"专论国家的政治价值与社会价值，而应把个人的道德价值移出来归入"基本道德"。国家的政治价值和社会价值，如上所述，富强、民主、文明、和谐、自由、平等、公正、法治，这些已经很充分了，只是需要诠释，比如应说明自由中包含了尊重个人权利。如果我们从儒学的角度看，则社会核心价值只需突出五项价值，即仁爱、自由、平等、公正、和谐。仁和新四德的关系是：仁统四德，仁统自由、平等、公正、和谐，这里的仁不是作为个人道德的仁，而是作为普世价值的仁。在历史上，已有仁体义用之说，二程言："盖仁为体也，义者用也。"（《二程集》，74页）又说："仁者全体，四者四肢。仁，体也。"南宋胡宏说："道者体用之总名。仁其体，义其用。合体与用，斯为道矣。"（《胡宏集》，12页）仁和义的关系就被理解为体用的关系，仁为体，义为用，不仅如此，仁为体，义礼智信皆为用。从这个立场出发，从儒家儒学的观点来看，仁就是体，而自由、平等、公正、和谐都是用，仁是统领，其他的价值要在仁的统领下发用，才是合理的关系。

那么哪些是我们今天应当倡导的"个人的道德"呢？"个人的道德"有两部分，一部分是私德，可称为"个人基本道德"；一部分是公德，可称为"个人基本公德"，二者都是"个人的道德"的组成部分。关于当代社会需要的个人基本道德，即私德，若用单个字表达，最基本的有：仁、义、诚、信、孝、和。用双字词：仁爱、道义、诚实、守信、孝悌、和睦；[59] 次一级的私德有：自强、坚毅、勇敢、正直、忠实、廉耻。个人的道德还有一部分是关于社群的，即个人基本公德，如爱国、利群、尊礼、守法、奉公、敬业。把这三组排列起来：

仁爱、道义、诚实、守信、孝顺、和睦

自强、坚毅、勇敢、正直、忠实、廉耻

爱国、利群、尊礼、守法、奉公、敬业

我们多年来最强调政治价值，不强调个人道德，只要一个人嘴上高喊爱党爱马列，对个人道德就可以不加考究，或只强调公德，不关心私德。在青少年教育中也是如此，只重政治教育，不重个人基本道德教育，只讲爱学习、爱劳动、爱祖国，

---

[59] 中国的独生子女政策正在改变之中，孝悌之悌作为家庭中横向的伦理规范仍有意义。

而没有传统文化那种对个人道德养成的教育观念,这个流弊对中华民族道德素质的负面影响已经相当深远。这是我们道德建设中的一个具有根本性的问题。不改变这一点,道德建设是不可能见成效的。现在是应当改变的时候了。

核心价值可以由政府倡导,如所谓美国价值,美国总统带头代言。不过,个人基本道德,在世界其他国家,乃由各个宗教根据其经典确定,政府不需要参与其中。在中国文化的历史上,始终认为政府作为共同体的代表负有风俗教化的责任,负有塑造价值观、提升成员道德品质、精神面貌、文化素质、礼仪素养的责任。[60]当代中国,国情与世界其他国家不同,儒学本来也不是宗教,但也需要考虑发布的渠道,参以近代订立"教育宗旨"的惯例,可由教育部采取一定形式发布,贯彻于教育之中。

一个社会作为主流价值的条目不可能列举很多,只能举其大者,各领域还可有针对性地提倡适合该领域的道德,如军人要讲"智、仁、勇",官员要讲"清、慎、勤",文明礼貌要讲"温、良、恭、俭、让",以及其他职业道德等。至于现代社会的公德,在爱国利群之外,应重视与公共生活有关的个人公德,以适应现代公共生活的文明要求,如都市文明,要以"不可影响他人"为基础原则,形成具体的行为要求和文明习惯。

---

[60] 当代西方思想家中社群主义者也是如此,如查尔斯·泰勒,参见韩升《生活于共同体之中——查尔斯·泰勒的政治哲学》,95页。

个人道德，在我们的立场上，仍应以仁或仁爱为首，为统领。至于核心价值，如前面所说的，仁统四德，仁统自由、平等、公正，这里的仁不是作为个人道德的仁，而是作为普世价值的仁。

根据以上的分析，考虑到现实的文化状况，我们应该一方面讲"社会主义核心价值"的培育和实践，一方面要注重"中华美德体系"的传承和实践，把公德、私德两方面一起抓，道德文明和社会风俗的改善才能有更合理的理论依据，"讲道德、守道德"才能落到实处。

应当指出，在儒家思想中，道德不是仅仅满足社会稳定和谐的要求，而且是跟人格的理想追求联系在一起的。道德不仅是行为的规范，也是人的德性、品质。

儒家学说的中心是"做人"，儒家不仅提出了许多道德规范和道德德行的条目，儒家还提出了整全性的人格形态，即士、君子、圣贤。而仁、义、礼、智、信就是君子人格的主要德性、品质的表现。所谓"做人"就是以这些人格和德行为目标和榜样的行为实践。同时，先秦儒家孔子、孟子、荀子等都肯定人的德性、道德主体性和独立人格，重视人的尊严和价值。儒家高度赞扬"不降其志，不辱其身"的志士仁人，高扬人的人格主体意识，强调道德人格，关注人的自觉、自立，人格的成长、发展。

所以儒家不仅提倡责任意识、提倡对群体先于个人，孔子与后来的儒家提倡了很多人文的价值和品质。我们现在一直倡导以人为本，而儒家哲学正是以人为本，强调对人的重视，对人的尊严、智慧、人格的尊重，对人的价值的肯定。儒学以人为本，高度重视人的自觉，始终强调真正的人的观念，充满了人文主义的理性光芒，在今天依然是弥足珍贵的文化资源。在这方面，我们没有必要作更多的论述，只把孔子、孟子书中有代表性的语录举列几例如下，以见一斑：

"士不可以不弘毅，任重而道远。仁以为己任，不亦重乎？死而后已，不亦远乎？"（《论语》8.7）这是高扬责任主体担当的意志，是坚韧不拔、厚德载物的精神，亦显示出一种伟大的人格。

"可以托六尺之孤，可以寄百里之命，临大节而不可夺也。君子人与？君子人也。"（《论语》8.6）这是凸显主体的责任意识和坚毅信义的节操，能够接受任何千钧万钧的重托和信任，这样的人是君子人格的代表。

"三军可夺帅也，匹夫不可夺志也。"（《论语》9.26）这是道义担当的慷慨气概，这是坚持独立人格和意志自由，以此可以抵御任何政治权势、社会潮流对个人持守自己信念的压力。

"故士穷不失义，达不离道。穷不失义，故士得已焉；达不离道，故民不失望焉。古之人得志，泽加于民；不得志，修身见于世。穷则独善其身，达则兼善天下。"（《孟子·尽心上》13.9）追求和坚守道义是士的首要志业，而士的政治理念是为人民谋福利，求天下得安宁。

"以顺为正者，妾妇之道也。居天下之广居，立天下之正位,行天下之大道;得志与民由之,不得志,独行其道;富贵不能淫,贫贱不能移,威武不能屈——此之谓大丈夫。"(《孟子·滕文公下》6.2)这种恢弘的人生气度表明,任何政治权力的压制和物质生活的腐蚀都不能改变大丈夫的人格操守,大丈夫的人格是中华文化卓有光彩的伟大人格,具有永久的魅力与价值。

所以,儒家提出的个人道德,不是仅仅作为各个行为的道德规范,还是服从于一个更根本的人格追求,要作君子,要成圣成贤,要造就理想的人格,是一种真正以人为本的人生理想。在历史上,士、大丈夫、君子、圣贤都是中国人追求的理想人格,当代中国人虽然不必再以圣贤为人生理想,但士君子人格仍然应该是道德人格的代表,在现代社会仍然有意义。特别是在经历了各种具体的道德榜样的尝试后,在回归经典与传统的今天,士君子人格应当继续成为中国人的道德人格象征,特别是知识人、管理者、各级官员的道德人格象征。

六 轴心期儒家文化的基本价值

以上我们已就仁与现代价值四德的关系、传统道德的现代转化作了说明。以下,我们对儒家文明的价值观和世界观作一些总的说明,作为本章和本书的终结部分。

我们先从轴心时代儒家文化谈起。

一个既定文明的认知的、存在的方面属于世界观,而一个既定文化的道德的价值的评价原理则代表他们生活的基本方式和文化气质，表现了对他们自己和他们所处世界的根本态度。如果阐述中国文明的哲学基础，则侧重于认知的、存在的方面，尤其是突出宇宙观的特性。这是因为，人对自己所在世界的总看法，一般来说是通过宇宙观来表现的。它主要体现在认识宇宙、世界是怎样存在、运动的，宇宙、世界是怎样构成的这些方面。也就是说，一般所说的世界观是对世界的认识。但是世界观也同样还包含或表现为另一个方面，那就是人对世界所抱持的态度。人对世界的认识和人对世界的态度，两者不是不相关联的，而是相互联系的，相互贯通的。对世界的认识往往反映或影响了对世界的态度，或者造成了一定的态度；反过来也是一样，人对世界的态度来源于对世界的认识，或影响了他们对世界的认识。

中国文明的价值偏好是与其宇宙观相联系的。古典中国文明的哲学宇宙观是强调连续、动态、关联、关系、整体的观点，而不是重视静止、孤立、实体、主客二分的自我中心的哲学。从这种有机整体主义出发，宇宙的一切都是相互依存、相互联系的，每一事物都是在与他者的关系中显现自己的存在和价值，故人与自然、人与人、文化与文化应当建立共生和谐的关系。另一方面，中国文明的价值偏好又与中国文明的历史路径相关。许多历史学家都认为，中国古代是在基本上没有改变氏族结构的情况下进入文明社会的，因此政治社会制度架构保留了氏族社会的许多特点，三代以来一脉相传。这就是说，文明的政治和文化发展是连续性的,这是中国文明之成为"连续性文明"的历史基础。这种进入文明社会的转变方式有人称为古代的维新制度。[61] 维新即不是断裂式的革命,而是包容性的改良、连续性的变化和发展。根据这种立场,氏族及宗法社会的文化与价值在中国文明连续性传承中延续到了后来的思想世界。

从这个角度来看,轴心时代的中国文明延续了早期文明与西周人文思潮的发展,系统提出了文明的价值、德性,其中最主要的价值与德性都是针对人与他人、人与社群的关系而言。就其偏好而言,轴心时代中国文明,以儒家为突出代表,显示出对仁爱、礼教、责任、社群价值的重视,这些价值经过后世哲学的阐发更发显出普遍的意义。

首先是仁爱。众所周知,轴心时代的儒家思想,最重要的道德观念是"仁"。仁是自我对于他人的态度,对他人的关怀爱护,或对他人施以恩惠,故《国语》有所谓"言仁必及人"。从文字来说,东汉时期的字典《说文解字》解释仁字说:"仁,亲也。从人二。"仍坚持说明仁的基本字义是亲爱。清代学者阮元特别强调,仁字左边是人,右边是二,表示二人之间的亲爱关系,所以一定有两个以上的人才能谈到仁,一个人独居闭户,是谈不到仁的,仁是人与人之间的相互关系。阮元的这一讲法是对仁的交互性特质的阐明。[62] 从文献来说,"仁"的概念在孔

---

[61] 侯外庐:《中国思想通史》第一卷,人民出版社,1992年,8-9页。
[62] 见阮元:《揅经室集·一集》卷八,《论语论仁论》。

子以前指对双亲的亲爱，所谓"爱亲之谓仁"。孔子以仁为最高的道德观念，孔子和孟子都说仁者爱人，仁渐渐变为普遍的仁爱，不再专指对双亲的亲爱或对某些人的亲爱。当然，仁是爱，但爱不必是仁，因为爱如果是偏私的，则不是仁，仁爱是普遍的、公正无私的博爱。事实上，孟子已经开始把仁扩大为亲亲—仁民—爱物，仁爱的对象已经从社会伦理进一步扩展到人对自然的爱护。中国的儒学，始终把仁德置于道德体系和价值体系的首位。有些学者认为，仁的提出是对血缘关系和氏族民主的自觉转化，是中国文明连续性的一个表现。[63]

从另一个方面来看，仁的原始精神是要求双方皆以对方为重而互相关爱，即相互以待人之道来互相对待，以待人接物所应有的情感来表达亲爱之情，展现了"仁"字中所包含的人际意识和古老的人道主义观念。儒家则将之扩大为博爱仁慈的待人伦理，但仁并不是主观地表达自己的感受，而必须尊重对方。现代新儒家的代表梁漱溟，把中国文化的伦理概括为"互以对方为重"，正是发挥了儒家传统仁学伦理的精神。[64]

因而，仁的实践有推广原则，解决如何推己及人，这就是忠恕，特别是恕。恕即是孔子所说的"己所不欲，勿施于人"，它可以保证因尊重对方而不会把自己的好恶强加于他人。

---

[63] 最早提出这一点的是李泽厚，见氏著《中国古代思想史论》，人民出版社，1985年，22、25页。
[64] 《梁漱溟全集》第五卷，山东人民出版社，1990年，706页。

第二为礼教。古代中国文明被称为"礼乐文明",礼在古代在儒家文化中占有重要的地位。孔子强调,礼的实践是行仁的基本方式。儒家思想是东亚轴心文明的代表,而轴心时代的儒家思想可以说与"礼"的文明有极为密切的关系。西周的礼乐文明是儒家思想的母体,轴心时代的儒家以重视"礼"为其特色,充满了礼性的精神。礼性就是对礼教的本性、精神、价值的理性肯定。

当然,古代历史文化的"礼"包含多种意义,古代礼书所载,更多地是属于士以上贵族社会的生活礼仪,规定着贵族生活与交往关系的形式,具有极为发达的形式表现和形式仪节。"礼尚往来"的古语正是指明古礼从祭祀仪式脱胎而发展为西周的交往关系的形式化规范体系。比较而言,《仪礼》的体系更多属于古代贵族生活的庆典、节日、人生旅程、人际交往的仪式与行为的规定。《礼记》冠义篇则强调"礼义之始,在于正容貌,齐颜色,顺辞令",把礼作为行为规范体系,强调容貌辞气的规范和修饰是这一规范体系的基础,也是礼仪训练的初始入手处。古礼包含大量行为细节的规定,礼仪举止的规定,人在一定场景下的进退揖让、语词应答、程式次序、手足举措皆须按礼仪举止的规定而行,显示出发达的行为形式化的特色。这些规定在一个人孩提时起开始学习,养成为一种艺术,而这种行为的艺术在那个时代是一种文明,一种文化上的教养。

从德性上说,儒家既讲"仁义礼智信",又讲"温良恭俭让",两方面在古典儒家是互相配合的,这在《论语》中看得最为明显。子贡评论孔子说"夫子温良恭俭让以得之"(《论语·学而篇》),这里的俭是指自我约束,节制不放纵。温良恭俭让就是"文明有礼"的德行。仁义礼智信则是"敦厚有德"的德行,它与文明有礼的德行二者要互相配合。《礼记》讲的"恭、敬、撙、节、退让以明礼",其中的恭敬退让就是温良恭俭让,"以明礼"是说明温良恭俭让这一套德行是用以行礼的德行。子夏甚至说"君子敬而无失,与人恭而有礼,四海之内,皆兄弟也"。(《论语·颜渊篇》)做到了恭敬有礼,才能四海之内皆兄弟,达到人际关系的和谐。

历史表明,礼之"文"作为形式节目,是可变的,随时代环境而改变;礼之"体"则是不变的基本精神原则。可以说,几千年来,中国文化培养了一种"礼教精神",它起源于祭祀礼仪,而渐渐从宗教实践中独立出来成为人世的社会之礼;它通过包括封建时代在内的各个时代的各种礼俗表达,但又是超越了那些具体仪节的普遍精神,这是一种人文主义的礼性精神。礼的文化包括三个层面,礼的精神、礼的态度、礼的规定。礼的态度就是温良恭俭让,可归纳为"恭敬而不轻忽,庄重而不轻浮,沉稳而不浮躁,自然而不做作,优雅而不粗俗,真诚而不虚伪,适中而不过分"。所以,我们可以说,中华文明的"礼"是以"敬让他人"为其精神,以"温良恭俭让"为其态度,以对行为举止的全面礼仪化修饰与约束为其节目的文明体系。无论如何,"为礼以教人,使人以有礼"(《曲礼》),礼不仅对个人修身有其意义,对社会更有提升社会精神文明的移风易俗的作用。

第三为责任。古代儒家的德行论非常发达，忠信仁义孝惠让敬，都是个人与他人、社会直接关联的德行，这些社会性德行的价值取向，都是要人承担对于他人、对于社会的责任，如孝是突出对父母的责任，忠是突出尽己为人的责任，信是突出对朋友的责任等。责任是对权利而言，责任取向的德行不是声张个人的权益，而实现对他人的承诺、履行自己身上所负的责任。中国古代的道德概念"义"往往包含着责任的要求。由于在儒家思想看来个人与他人、与群体是一个连续的而不是断裂的关联，人在这种关系之中必须积极承担自己对对方的责任，以承担对对方的责任为美德，以维护和巩固这种关系。

在中国文化中，个人不是原子，是社会关系连续体中的关联性存在一方，因此，注重关系的立场必然不是个人本位的立场。它主张在个人与其他对象结成的关系中，人不是以权利与对象结成关系，而是以责任与对象结成关系。个人与他方构成关系时，不是以自我为中心，而是以自我为出发点，以对方为重，个人的利益服从责任的要求。人常常为责任的实现而忘我，忘记其个人，责任成为个人的社会实践的重要动力。这样的立场就是在人际关系之中的责任本位的立场。

第四是社群。人在世界上的生存不是个体的独立生存，一定是在群体之中的生存生活。人的道德的实现也一定要在社群生活中实现。社群的超出个人的最基本单位是家庭，扩大而为家族，社区以及各级行政单位如乡县府省，直至国家。中国文明特别重视家庭价值，家庭是第一个走出个人向社会发展的层级。[65]显然中国文化的主流思想不强调个人性的权利或利益，而强调个人与群体的交融，个人对群体的义务，强调社群整体的利益的重要性。虽然，中国思想在古代并没有抽象地讨论社群，但其所有论述，如"人能群"，"保家""报国"等等都明确体现了社群安宁、和谐与繁荣的重要性，强调个人对社群团体和社会的义务，强调社群和社会对个人的优先性和重要性。在表现形式上，对社会优先的强调往往通过公——私的对立而加以突出，个人是私、家庭是公，社群的公、国家社稷是更大的公，最大的公是天下，故说"天下为公"。

总之儒家伦理不是个人本位的，而是在一个向着社群开放的、连续的同心圆结构中展现的，即个人—家庭—国家—世界—自然界，从内向外不断拓展，从而使得儒家伦理包含多个向度，确认人对不同层级的社群所负有的责任。

七 儒家对外部世界的想象与态度

中国文明对世界的态度不仅是个人对他人、对身之所在的社群的伦理态度，还包括文明国家对外部世界的文化—政治态度，其中"中华"、"华夷"、"天下"、"王道"、"怀柔"都是其中典型的观念或话语。

---

[65] 金耀基：《个人与社会》，《金耀基自选集》，上海教育出版社，2002年，157页。

在古代，中华作为一个观念，不是一个国家或一个地域的名称，也不是就族裔血缘而言。中华之名指向一文化的集团，因此中国可以退化为夷狄，夷狄可以进化为中国。西周时期，周之同姓鲁国是中华，异性的齐国也是中华，其标准是以华夏文化之礼乐文化为标准。此后几千年，南北各种族集团混合华夏族，皆成为中华。所以中华的意义是文化的，不是种族的。

至于天下，包含有三种意义。理论上，天下是普天之下的地理空间，没有界限，这是第一种。而在实际上，天下一词的使用往往有其界限，在中国人的使用中，最常见的是指古代中国某一王朝时代实际统治、支配的范围，这是第二种。最后，天下也用来指以中国为中心的同心圆世界及其结构体系，这是第三种。

就第二种而言，天下即中国本部，其地理范围即"九州"，基本是统一语言、文化之国，这个意义的天下近于近代的国家。就第三种而言，天下是九州——四海——四荒的结构空间，九州是中心，四海是周边四夷所居，四荒是更为辽远的远方世界，这个意义的天下近于帝国。古代的中国，以文明中心自居，而构想并实践了这样一种差序的世界格局。[66]中国和四夷的关系不是对等的，但中国对四夷只实行"册封的统治"和"朝贡的规则"，而不干涉当地自主统治者的世系，也不要求直接统治其人民，其人民对中国皇帝没有租税的义务。如唐太宗所说

---

[66] 高明士：《天下秩序与文化圈的探索》，上海古籍出版社，2008年，23页。

过的，在这种关系中，中国对周边世界，礼制的形式要求是最重要的，而中国天子不会贪图其土地财富。

近代中国遭受帝国主义压迫，知识分子有感而发，有人说中国人只知有天下，不知有国家，希望用这种说法促进人们的国家意识，以建立近代民族国家。还有的说中国人以为在中国之外没有世界，中国即是世界，世界即是中国。这些说法都不确切，早在中国转型为近代国家以前，已经建立了自己的国家认同，只不过这种国家认同与近代民族的国家认同形式有区别。就历史而言，中国不可能把自己的边界实际地扩展到整个天下，《史记》中就已经多处以"中国"和"外国"对举，汉代的人们清楚认识到中国只是世界之中的一个国家。[67]

无论如何，中国文明对外部世界的政治想象是以礼治——德治为中心的，这是从其本部事务"道之以德，齐之以礼"延伸出来的，儒家思想指导的对外政策，一般不主张扩土拓边，是以安边为本，和睦邻为贵。[68]因而其对外部世界的态度，与近代意识形态取向的，或帝国主义的国际政策不同，总体上其宗旨不是武力取向的，是和平主义取向的，这是与近代帝国主义以武力占领土地、侵夺财富是根本不同的。

这种世界想象和政策的不同，直接来源于儒家文化对远人

---

[67] 姚大力：《变化中的国家认同：对中国国家观念史的研究述评》，载《读史的智慧》，复旦大学出版社，2010年，260页。

[68] 虞云国：《古代中国人的周边国族观》，《中华文史论丛》2009年1期，239页。

世界的态度。《论语·季氏》言:"丘也闻有国有家者,不患寡而患不均,不患贫而患不安。盖均无贫,和无寡,安无倾。夫如是,远人不服,则修文德以来之。既来之,则安之。"《礼记·中庸》:"送往迎来,嘉善而矜不能,所以柔远人也。继绝世,举废国,治乱持危,朝聘以时,厚往以薄来,所以怀诸侯也。"《中庸》:"凡为天下国家有九经,曰:修身也,尊贤也,亲亲也,敬大臣也,体群臣也,子庶民也,来百工也,柔远人也,怀诸侯也。修身则道立,尊贤则不惑,亲亲则诸父昆弟不怨,敬大臣则不眩,体群臣则士之报礼重,子庶民则百姓劝,来百工则财用足,柔远人则四方归之,怀诸侯则天下畏之。"汉代贾谊《新书·无蓄》:"怀柔附远,何招而不至?"

事实上中国文明在西周时代已经奉行这一态度。《左传》襄公十一年:"夫乐以安德,义以处之,礼以行之,信以守之,仁以厉之,而后可以殿邦国,同福禄,来远人,所谓乐也。"《周礼》春官宗伯"以和邦国,以谐万民,以安宾客,以说远人"。这种宣德化以柔远人的对外观念在中国文明中是根深蒂固的。古代的中国文明虽然在当时是先进而强势的文明,而傲慢从来不是中国文明崇尚的德行。富而不骄,强而好礼,是中国文明崇尚的德行;强不胁弱,强不犯弱,强而行礼是中国人看重的文明,"强而无义无礼"则不是文明,是不及于文明。

如果把天下作为第一个意义上的世界的观念,对于这样一个世界的秩序的合理性思考,可见于孟子阐发的有关王道世界的思想。孟子对"王道"和"霸道"的区分是:"以力假仁者霸,霸必有大国;以德行仁者王,王不待大。"(《孟子·公孙丑上》)"以力服人者,非心服也,力不瞻也;以德服人者,中心悦而诚服也。"(《孟子·公孙丑上》)因此"王天下"的仁政和"天下一家"、"天下为公"的理想打开了在政治—地理结构之外的"天下"的道德向度。

关于中国人的世界意识,需要指出的是,在秦以前,天下作为周王朝的代名词,是高于诸侯国之国的概念,"天下"也代表比"国"更高一级的统一性价值。两周的诸侯国虽然各自为政,但都承认周为封建天下的共主,也都以周文化为共同文化的典范。春秋五霸迭兴,周所代表的超越诸侯国的更大领域的政治边界仍是各国政治意识的重要部分。尽管春秋末期至战国时代周的那种高于"国"的一统性已经渐渐流为形式上的一统性,但这种高于"国"的"天下"观念仍影响着这个时代以及后世的政治想象,如孔子时代礼崩乐坏,但孔子仍坚持"礼乐征伐自天子出",即应自周天子出;孟子的时代,士的政治视野始终并不限止在诸侯国内,而以王天下为政治目标,"天下"即超越各诸侯国的更大世界。《大学》所代表的观念,也是在"治国"之上还有"平天下"的追求。秦汉时代的中国实行郡县制,在政治体制上天下即国家,国与天下合一,不会追求超过中国的更大政治一统性。但是,由于在事实上中国之外还有外国,特别是在儒家经典中"天下"大于、高于"国家",使得人们的政治意识不会终止于"国家"。国家并不是最高的概念,这已经成为中国人的天下观或世界观。[69] 在这个意义上，"天下"表达了中国人的世界意识，《礼记·礼运》说"以天下为一家，以中国为一人"，大同的世界是互助友爱、安居乐业、社会平等、国际和平的世界。天下大同的理想即世界大同的理想依然是儒家的理想。

八　追求多样性的和谐

追求多样性的和谐是中国文明、中国哲学，也是儒家哲学思想的永久追求。《国语·郑语》记载春秋时代史伯的话："夫和实生物，同则不继。以他平他谓之和，故能丰长而物归之；若以同裨同，尽乃弃矣。故先王以土与金木水火杂，以成百物。是以和五味以调口，刚四支以卫体，和六律以聪耳，正七体以役心，平八索以成人，建九纪以立纯德，合十数以训百体。……夫如是，和之至也。于是乎先王聘后于异性，求财于有方，择臣取谏工而讲以多物，务和同也。声一无听，物一无文，味一无果，物一不讲。"这种思想认为，不同事物的调和是事物得以产生的根本，相同事物的单纯重复或相加却不能生成。在这个意义上，他者的存在是生成新事物的前提，如五行被认为是五种最基本的元素或材料，五种不同的元素或材料相互结合而生成一切事物，其道理就在于此，这就是"和而不同"

---

[69] 参看赵汀阳《天下体系》，江苏教育出版社，2005年，44页。

的原理。这种反对单一性,认为多元性是繁盛发展的根本的思想,是一种真正的智慧。这种观点强调多元要素的配合、调和、均衡、和谐远远优越于单一性,认为单一性只能阻遏生成发展。《左传》昭公二十年也记载了春秋后期晏婴关于"和"的思想:"若以水济水,谁能食之?若琴瑟之专一,谁能听之?同之不可也如是。""和如羹焉,水火醯醢盐梅以烹鱼肉,燀之以薪。宰夫和之,齐之以味,济其不及,以泄其过。"不同事物的调和、互补、融合才能生成繁盛的、新的事物。差别性、多样性、他性的存在是事物生长的前提,差别的多样性的调和才是生生的根本条件。这种辩证的思维在孔子以前已经发展,成为中国哲学固有的崇尚多样性的思想资源,应用于政治、社会、宇宙生成等领域。

至于"和"所具有的和谐的意义,更在中国文明早期便开始发展。《尚书·舜典》记载,帝舜命其乐官要通过诗歌音乐,达到"八音克谐,无相夺伦,神人以和"。这说明古人已了解音乐的和谐作用,并期望歌乐的和谐能使人与神能达到一种和谐的关系。春秋时代的人继承了这种思想,也主张通过各种乐声之"和",扩大到了超越人间的"和",即"以和神人"(《国语·周语下》),体现了早期智者对宇宙和谐的向往。古代中国人反复地以声乐之和比喻世界各种事物之间的和谐,从而成为一种普遍的追求,又如《左传》襄公十一年载晋侯曰:"子教寡人和诸戎狄以正诸华,八年之中,九合诸侯,如乐之和,无所不谐。"中国古人将音乐的和谐作为处理人与人、人与社会、族群与族群、人与天地等关系的模型，对"和"的追求也成为中国文化思想的普遍理想，塑造了中华文明的思维方式、价值取向、审美追求。

这一思想对孔子也产生了重要影响，孔子延续了西周文化对乐的重视，他也主张乐的功能在于"和"，认为乐所体现的和谐精神可促进礼的实践和补充礼的作用。孔门弟子所作的《礼记·乐记》说："乐者，天地之和也；礼者，天地之序也。和故百物皆化，序故群物皆别。"这清楚地显示，人类的和谐在根本上来源于天地的和谐，即自然的和谐。和谐是一切事物的生成原理，没有和谐就没有万物化生，和谐的实现有着深刻的宇宙论的根源。孔子的孙子子思在《礼记·中庸》中提出："中也者，天下之大本也；和也者，天下之达道也。致中和，天地位焉，万物育焉。"中是中道平衡原理，和是和谐原理，平衡与和谐不仅仅具有人类的意义，更是宇宙普遍的法则，人必须与宇宙一致，奉行平衡与和谐的原则，其结果将不仅是人类社会的繁荣，也必将促进宇宙的发育和秩序。这正是一种所谓关联思维的体现。而人与自然的和谐统一，汉代以后被表达为"天人合一"，成为中国文明一种内在的价值理想。

从战国时代到汉代到宋以后，天人合一的观念一直很发达。所谓天人合一就是注重人与自然的和谐合一，注重人道（人类社会的法则）和天道（宇宙的普遍规律）的一致，不主张把天和人割裂开来。天人合一思想不是强调征服自然、改造自然，不主张天和人的对立，主张天和人的协调。根据这种思想人不能违背自然，而应当在顺从自然规律的前提下，以人的行为与自然相协调。古代的天人合一思想，一方面注重人是自然的一部分，注重人在自己身上体现自然的本性，致力于人与自然的统一并与自然融合一体。另一方面也主张人主动配合天地的生生变化，在与自然相协调的同时，协助并促进宇宙的和谐与发展。这种追求人与自然普遍和谐的思想对纠正那种无限制地征服自然，不顾及环境与生态的平衡，寻求全面、协调的社会经济发展，有其合理的现实意义。

把追求永久和谐作为对待外部世界的态度，在中国文明中也是源远流长。《尚书·尧典》提出："克明俊德，以亲九族。九族既睦，平章百姓。百姓昭明，协和万邦。"以后"协和万邦"便成为中国文明世界观的典范。类似的说法还有"以和邦国，以统百官，以谐万民"（《周礼·天官冢宰》）。孔子早就用"和"作为对外部世界的交往原则，"'柔远能迩，以定我王'，平之以和也"（《左传》昭公二十年）。《周易·乾卦象辞》说："首出庶物，万国咸宁。"这也是与协和万邦思想一致的，一个和平共处的世界，是中国文明几千年来持久不断的理想。

汉代以前，受交往的限制，中国还不能明确提出一个无中心的、多文明的、共同体世界的概念。由于魏晋以后印度文明与中国文明的交流，特别是佛教从印度的东传，使得中国文化不仅吸收了佛教文化，而且在意识中明确了解到在中国文明之外存在着其他的高级文明，这种文明在一些地方甚至高于中国文明。这使得中国人开辟了多元的文明视野，而且中国文明与印度文明的交流始终是和平的。由于佛教的传入和发展，各个王朝大都同时支持三教，在中国后来的思想界也流行所谓"三教合一"的口号，表明不同宗教有可能互相融合，从而使宗教战争在中国与外部世界之间不可能发生。这样一个不同文明、多元宗教融合的传统，是古代中国"和而不同"观念的文化实践，也是中国文明至少自唐代以来的重要的处理宗教文化的资源。这都表明，中国文化所追求的和谐是以多样性共存互补为前提的和谐观。

九　儒家价值与当代西方价值

　　轴心时代儒家文化形成的基本价值成为主导中国文明后来发展的核心价值。经过轴心时代以后二千年的发展，儒家文明确定地形成了自己的价值偏好，举其大者有六：仁爱高于一切，责任先于权利，义务先于自由，社群高于个人，和谐高于冲突，以及天人合一高于主客二分。

　　自由主义的道德的中心原则是个人的权利优先，人人有权根据自己的价值观从事活动，认为把一种共同的善的观念要求所有的公民，将违背基本的个人自由。而儒家和世界各大宗教伦理则都强调社会共同的善、社会责任、有益公益的美德。在这方面，责任与权利的对峙尤其突出。"责任"与"权利"是两种不同的伦理学语言，反映着两种不同的伦理学立场，适用于不同的价值领域。伦理或责任中心的立场必须明确自己的立场：究竟是以责任为基础，还是以权利为基础。它应当在表明坚持《人权宣言》的条目的同时，不含糊地申明它不赞成权利话语的伦理立场。

在中国文化经历近代、现代的发展走到今天，面对现代化的社会转型和世界的变化趋势，毫无疑问，我们必须坚持和守护《人权宣言》中的所有要求，并努力使之实现。但是，这不意味着现代社会伦理仅仅是为《人权宣言》提供支持。应当指出，在伦理问题上，权利话语和权利思维是有局限的，是远远不够的，权利中心的思维的泛化甚至是当今众多问题的根源之一。权利话语又往往联系着个人主义。个人主义的权利优先态度，其基本假定和把个人权利放在第一位，认为个人权利必须优先于集体目标和社会共善。在这样的立场上，个人的义务、责任、美德都很难建立起来。权利优先类型的主张只是保障人的消极的自由，而不能促进个人对社会公益的重视，不能正视社会公益与个人利益的冲突。责任中心的伦理要推进的是建设有积极意义的价值态度。梁漱溟反对以个人主义和权利观念作为人生根本态度。这在本质上也可以说是反对以个人主义和自由主义作为人生的根本态度和根本的伦理原则，他所主张的是一种儒家的态度，可视为现代儒家对于权利伦理的一种态度。

在西方文化的主流理解中，人权是个人面对国家而要求的一种权利。它是每个人都需要的、对其政府提出的道德的和政治的要求。在这里，个人的权利要求即是政府的责任和义务，故人权观念只涉及了政府的责任和应当，却无法界定个人对社会、家庭、他人的义务和责任。这样的权利观念是西方近代以来的自由主义哲学的核心，是近代市场经济和政治民主进程的产物。但由于把焦点集中在个人对社会的要求，忽视个人对社会的责任，集中在个人对自己权利的保护，而忽视了个人也具有尊重他人权利的责任。

儒家伦理的价值，在现代社会有不同的表达形式。例如，在现代东亚世界，新加坡"亚洲价值"的说法即是其中之一。新加坡亚洲价值的提法虽然可能受到有关西亚、南亚文化的质疑，不过，按李光耀的解释，"亚洲价值"主要是指东亚受儒家文化影响的价值体现。亚洲价值是亚洲传统性与现代性的视界融合中所发展出来的价值态度和原则。这些原则根于亚洲文化、宗教和精神传统的历史发展，这些原则又是亚洲在现代化过程中因应世界的挑战，淘除传统不合理的要素，适应亚洲现代性经验所形成的。亚洲价值被概括为五大原则：一，社会、国家比个人重要；二，国家之本在于家庭；三，国家要尊重个人；四，和谐比冲突有利于维持秩序；五，宗教间应互补、和平共处。[70] 可以看出，这几条是属于儒家伦理中的社会价值。

这五项原则作为基本社会价值观可以说是当代东亚文化中的适用价值。因而，这五项原则中不仅有亚洲的传统价值，也有百年来吸收西方文明和建立市场经济、民主政治过程中生长起来的新的价值，如尊重个人。因此，所谓"亚洲价值"并不

---

[70] 引自吕元礼：《亚洲价值观：新加坡政治的诠释》，江西人民出版社，2002年，59页。

是说它的价值体系中的所有要素只有亚洲性。现代亚洲的价值与现代西方的价值的不同，不是所有的要素都不同，而是价值的结构、序列不同，价值的重心不同。质言之，这是一套非个人主义的价值观，但却是新加坡版本亚洲现代性的价值观，也是新加坡版的现代儒家文明的价值观。其核心是，不是个人的自由权利优先，而是族群、社会的利益优先。这种社会公群利益优先的价值态度，不能用来作压制人权的借口，它要靠民主制度和尊重个人的价值实现人权的保护。而与现代西方价值的不同在于，这种价值态度强调个人具有对他人、公群的义务与责任心，这种义务与责任心是与社群的基本共识和共享价值是一致的。当然，新加坡的"亚洲伦理"集中于社会价值观，还不是现代儒家伦理的全部，如现代儒家伦理除了强调社群价值和责任之外，还注重要求人保持传统的美德和人格的全面发展，认为这种美德既是人性的体现，又是社会普遍利益的升华。这种价值致力社会和谐之外，也致力于人与人、人与社会、文化与文化、人与自然的共生和谐等。更重要的，即使是社会价值，现代儒家仍必须以仁爱为首位，这是与李光耀作为当政者的视角所不同的。

仁爱原则、礼教精神、责任意识、社群本位都是与个人主义相反的价值立场，即协同社群、礼教文化、合作政治、王道世界。协同社群突出社群的意义，以对治个人主义；礼教文化突出道德意识，以区别律法主义；合作政治突出合作的政治沟通，以有异于冲突的政治；最后，王道世界是一种与帝国主义不同的天下秩序。这四点都以仁为核心，仁是以相互关联、共生和谐为内容的基本原理，是与西方近代主流价值不同的普遍性文化原理。在当今社会它可以与西方现代性价值形成互补。

数年前，我提出了关于价值的"多元普遍性"的问题。我认为，我们必须尝试建立起"多元的普遍性"的观念。美国社会学家罗伯森（Roland Robertson）在其《全球化：社会理论和全球文化》中提出，"普遍主义的特殊化"和"特殊主义的普遍化"是全球化的互补性的双重进程。[71] 普遍主义的特殊化，其普遍主义指的是西方首先发展起来的现代经济、政治体制、管理体系和基本价值，这又可称为"全球地方化"。"特殊主义的普遍化"则是指对特殊性的价值和认同越来越具有全球普遍性，只要各民族群体或本土群体放弃各种特殊形式的本质主义，开放地融入全球化过程，其族群文化或地方性知识同样可以获得全球化的普遍意义，这是"地方全球化"。罗伯森的这一说法很有意义，但这种说法对东方文明价值的普遍性意义肯定不足。在我们看来，西方较早地把自己的实现为普遍的，东方则尚处在把自己的地方性实现为普遍性的开始，而精神价值的内在普遍性并不决定于外在实现的程度。东西方精神文明与价值都内在地具有普遍性，这可称为"内在的普遍性"，而内在的普遍性能否实现出来，需要很多的外在的、历史的条件，实现出来的则可称为"实现的普遍性"。因此，真正说来，在精神、价值层

---

[71] 参看程光泉主编：《全球化理论谱系》，湖南人民出版社，2002年，126页。

面，必须承认东西方各文明都具有普遍性，都是普遍主义，只是它们之间互有差别，在不同历史时代实现的程度不同，这就是多元的普遍性。正义、自由、权利、理性个性是普遍主义的价值，仁爱、礼教、责任、社群、内心安宁也是普遍主义的价值。梁漱溟早期的《东西文化及其哲学》所致力揭示的正是这个道理。今天，只有建立全球化中的多元普遍性观念，才能使全球所有文化形态都相对化，并使他们平等化。在这个意义上，如果说，在全球化的第一阶段，文化的变迁具有西方化的特征，那么在其第二阶段，则可能是使西方回到西方，使西方文化回到与东方文化相同的相对化地位。在此意义上，相对于西方多元主义立场注重的"承认的政治"（the politics of recognition），在全球化文化关系上我们则强调"承认的文化"，这就是承认文化与文明的多元普遍性，用这样的原则处理不同文化和不同文明的关系。这样的立场自然是世界性的文化多元主义的立场，主张全球文化关系的去中心化和多中心化即世界性的多元文化主义。

十 以仁为体、以和为用

面对纷扰不安的世界，我们必须回顾儒家关于"和"的观念。"和"是儒学传统的一个重要价值，按其内容，可分为五个不同的层次：第一个层次是天与人，也就是人与自然的和谐；第二个层次是国与国，也就是国家间的和平；第三个层次是人与人,也就是社会关系的和睦;第四个层次是个人的精神、心理,也就是境界的平和;第五个层次是文化或文明,也就是不同文化的协和理解。这几种关系不仅是有史以来的人类基本关系,现代人面临的生存环境和生存质量的主要挑战仍然表现在这几种关系上。

按照儒家的了解,人与自然的和谐关系,是建立在"天人合一"的基础之上的。大自然既是人类的养育者,自然界的一切事物又是人类的伙伴,人与自然是息息相通的一体。因此,人不能把自然看做可以无休止地剥削的对象,而应当与自然建立起和谐的相互关系。而近代以来,带着浮士德精神的早期资本主义以利润追求和资本积累为目的,在本性上忽视生态环境的保护。战后的发展中国家,在已工业化国家的示范和压力下,以国家为主体,与企业所有人一起,不顾一切地追求发展速度,以加入工业国家的行列。其结果是人造物质的废弃物难以进入自然界的物质循环,大规模的资源开发破坏了环境的平衡,科技发展带来了预想不到的生态破坏。半个世纪以来,从局部公害到大气污染、海洋污染、森林减少、土地沙化,全球性环境条件的恶化已经是不争的事实。环境的改善当然不是文化观念所能独立解决的,但其解决最终需要一定的文化观念为基础。古代儒家"和"的观念第一个意义即人与天地之和,主张"大乐与天地同和"、"和故万物不失"(《礼记·乐记》),认为天地有自然之和、自然之节,人的活动需与天地同其和,"和故万物皆化"(同上)。人类参赞活动都是为了要促进整个宇宙的和谐。

"和"(有时通过"乐"来表达)作为一文化观念,其第二个意义即国家、族群间的和平。儒家主张以"和"为指导,达到"兵革不试,五刑不用,百姓无患"(《乐记》),主张"修文来远"(《论语·季氏》),"讲信修睦"(《礼记·礼运》),崇仁义、贵王道,以"善战者服上刑"(《孟子·离娄上》)。后冷战时代的战乱频仍,凸显出国家间政治文化的失范。塞缪尔·亨廷顿(Samuel P. Huntington)预言未来的国际冲突将由民族国家间的冲突演变为文明间的冲突,其说虽然不无所见,但他把儒家文明看做冲突的根源之一,显然是出于无知。韦伯早就正确地指出过儒教的和平主义性格,梁漱溟更指出周孔开出的理性早熟的儒家文化本质上是和平尚文的。[72] 儒家的"和"的观念有利于导出和平共处的国家间交往准则,对当今世界新秩序的建立具有积极的意义。

"和"的第三个意义是人际关系的和睦。儒家主张上下"和敬",邻里"和顺",家庭"和亲"。虽然古典儒家处理的人际关系范围要比现代社会来得狭小,但其处理人际关系的原则具有普遍性。现代工业社会与后工业社会,人际疏离、家庭解体、老人失养的现象日趋普遍,东亚社会因传统之故虽然较西方略好,但社会结构与家庭结构的变化,使得社会病态亦有所发

---

[72] 参见韦伯:《中国的宗教:儒教与道教》,简惠美译,台湾远流出版社,1989年;梁漱溟:《中国文化要义》,台北里仁出版社,1982年。

展。现代社会组织以法律为依托，得以使内部秩序严整有序，但上下左右的关系未臻和谐。"和"所倡导的并不是单向的行为，而是个人作为主体的、相互的尊重、理解和关怀，这对现代工商业和科层官僚社会的人际关系可以提供矫治的基础。

"和"的第四个意义是个人精神生活的和乐。《礼记》说，"心中斯须不和不乐而鄙诈之心入之矣"，故为了使人"心气和平"，要"致乐以治心"。因此，"和"既是乐（音月），又足乐（音勒）。在这个意义上，可以说儒家文化就是和的文化，或者说和是儒家文化之基本取向。以"寻孔颜乐处"为核心的宋明儒学的精神性正是围绕着这一课题而开展的。在现代社会个人焦虑、孤独、空虚、烦厌无以消解的境遇下，发扬儒学的乐感精神，应当是有意义的。

"和"的第五种意义，是对于不同文化的宽和兼容的态度。中国古代即已有和同之辨。"和"并不表示要求整齐划一，并不主张一元宰制，不主张强加于人。"和而不同"，"和"是以不同为前提的；"和实生物，同则不继"，是以开阔的胸襟容纳不同的文化元素，是鼓励多元的协和共存，主张不同文化的和平共处与和平竞赛，也是对异己文化的理解和对不同文化观点的尊重。冷战意识从政治文化上看，是不同的意识形态势不两立，而不能在宽容中竞争。90年代以后进入后冷战时期，一方面出现了许多地区文化关系密切的现象，如欧洲一体化、北美自由贸易区；而另一方面则是某些地区文化冲突的加剧，如波黑及中东。在全球化的时代亟须一种新的世界文化秩序取代冷战的意识形态。在这一点上，儒家传统的文化资源应当得到充分的利用。

"和"虽然是儒家文化的基本取向，但从儒家的价值结构来看，"和"还不是儒学的究极原理。"和"是用，而不是体。"和"的后面还有一个基础，这就是"仁"。"仁"是体，"和"是用。"仁"是一个具有普遍性的道德基础，而"仁"倾向于内在地产生出"和"的性向。在儒家的价值体系中，"和"是在"仁"的基础上发出的要求，故可说是"以仁为体，以和为用"。"和"的关系没有"仁"作为基础，就可能模糊了其中的道德关系与普遍正义。"仁"而不能发用为"和"的体现，仁的价值就不能实现和落实。

"以仁为体，以和为用"的文化实践结构，体现了儒学与西方文化不同的精神特色。如果没有一个普遍的道德原理作为基础，要建立后冷战时期健全的全球文化，是不可能的。儒家传统的"仁"可以作为当今世界人类共同观念的一个道德基础。"仁"的意义，古来儒者的解释很多，这里仅取两种：一是孔子关于"仁者爱人"（《论语·颜渊》）的解释，后来韩愈以"博爱"释仁，朱子也以"爱之理"说仁；二是"万物一体"解释仁的思想，把自己和宇宙万物看成息息相关的一个整体，把宇宙的每一部分都看成和自己有直接的联系，看成自己的一部分。

"仁"之义，包容统摄甚广，由"仁"出发，可以推出包括"和"在内的许多规范。如宋明儒者讲"仁者以天地万物为一体"、"仁者浑然与物同体"，直接肯定了人与自然的和谐一体。"仁"作为博爱的人道原则，可以导出和平共处的国家交往原则，成为制约遏止侵略战争的道义力量。第二次世界大战以来，道义的力量业已成为维护世界和平的不可或缺的积极力量，在冷战后的今天，在国际秩序迷失、地区文化失衡的状况下，更需为地区关系和交往确立一个道德的共同基础。

民族国家内的社会生活同样面临主体性丧失和秩序失调的危机，人的物化已经不是哲学家的预言，而成了现代社会的重症；享乐主义的消费文化使人日益丧失理想。《礼记》说："夫物之感人无穷，而人之好恶无节，则是物至而人化物也。人化物也者，灭天理而穷人欲者也，于是有悖逆诈伪之心，有淫佚作乱之事，是故强者胁弱，众者暴寡，知者诈愚，勇者苦怯，疾病不养，老幼孤独不得其所，此大乱之道也。"

人类的历史是理性不断成长的历史。从儒家的立场来看，理性不应仅指智力的思考能力，梁漱溟把理性与理智加以区别，认为理性是一种交往的态度，一种相互理解、相互沟通的心态，此即是仁。这种了解，在某些方面类似于哈贝马斯所说的交往理性。同时，在现代性中的理性不应再像韦伯那样仅仅狭隘地理解为工具合理性，必须打破那种"传统—现代"的对立思考，在现代性的了解中容纳价值合理性。

"仁"可以说是儒学价值理性的代表和实质性传统（substantive tradition）的集中体现。[73] 在20世纪初东亚知识分

---

[73] "价值理性"的概念出于马克斯·韦伯，"实质性传统"的概念出自希尔斯《论传统》。

子的反思中,和平被看做软弱,宽容被看做无能,和谐被看做征服自然的障碍,传统的道德理想和价值被看做束缚近代化步伐的绊脚石;然而,近一个世纪人类目睹的遗憾和悲剧可以说都是由于与这些传统价值相背离所产生的。近几十年来,受西方现代性的影响,东亚社会把工具理性的发展置于首位,学者所重视的是世俗化的儒家伦理在东亚经济发展中的促进功能,重视的是儒家实学思想中的经验倾向,特别排斥东西精神传统中具有普遍性的价值观念,崇尚那些经验形态的观念或具有经验指向的、具体的操作规范,从而错误地认为只有具体的、经验的东西才能与现代化相衔接,认定普遍性的价值与现代性无关,也没有现代转化的能力。这些都是"传统—现代"的对立性思维所误导的。今天,我们必须跳出这种旧的思考模式,站在更高的层次上,重新认识当代全球社会的文化问题。仁爱、自由、平等、公正、和谐,就是现代全球社会需要的五项基本价值。

全球化已经使全世界在经济、技术和市场、金融、贸易各个方面密切了相互关联,世界比以往任何时候都更增加了各个领域的相互联系,而人类的处境却并没有因此变得更为美好。冷战结束以后局部的战争并没有停止,巴尔干、非洲、伊拉克、阿富汗,在西方的介入下,战争与混乱交织。全球化潮流所往,南北的差距并没有缩小,发展中国家在全球化中得到的不仅是机会,还有灾难。全球的或地域的共同体建构,虽然迫切,但困难重重。新世纪美国的金融海啸显示出市场资本主义的内在危机，而欧洲的财政危机愈演愈烈，使得这一危机更加深重。面对这些问题，使我们相信，仅仅依靠西方现代性价值——自由、民主、法律、权利、市场、个人主义去解决，是不可能的。我们必须开放各种探求，包括重新发掘中国文明的价值观和世界观，发挥仁的原理、关联性、交互性伦理，发挥道德和礼教意识，使当今这个令人不满意的世界得以改善。

后记

2010年至2011年，李泽厚先生出版了《该中国哲学登场了？》和《中国哲学如何登场？》，但我一直未曾注意。2012年夏在吉林大学开会，听到有学者发言提到这两本书，于是在2012年12月末我请学生帮我买来这两部书，并细读一过。李泽厚在书中说："后现代到德里达，已经到头了，应该是中国哲学登场的时候了，当然还早了一点，但可以提提吧。我先冒喊一声，愿有志者、后来者闻鸡起舞，竞创新思，卓尔成家，走进世界。"这两部书所说的"中国哲学"不是泛指当今中国的所有哲学研究系统，而是专指中国传统哲学直接传承的系统，即所谓"中、西、马哲学"的"中哲"。因此，这一关于"中国哲学"登场的呼吁，无疑是对作中国哲学研究的学者的挑战与促进，而吾人必须响应这一呼吁、回应这一挑战，以促进中国哲学当代的发展。于是我立意以仁本体回应李泽厚的情本体，期以带动中国哲学界的更多响应。当然,李泽厚表达的是要"走进世界"即从世界哲学的范围对中国哲学登场的期盼,而我们的立场则以适应中国当代文化传承和创新发展、参与中华文化的复兴、发展新的儒家哲学的需要为主,并非专以世界哲学为思考基点,但无可否认也包含了针对现代世界的意义。

按韩愈有"五原"之作,《原道》、《原性》、《原人》、《原鬼》等,而没有《原仁》,因为按照他在《原道》的说法,仁是定名,以博爱为义,不用再加讨论了。现代哲学家冯友兰先生有贞元六书,书名皆以"新"字为首,如韩愈有《原人》篇,冯先生书称《新原人》;韩愈有《原道》,冯先生书称《新原道》。但冯先生没有《新原仁》之作。"原"之一字,兼有二义,一为穷其源头,一为究其根本。在一定意义上,本书可谓为"新原仁"之书,但不是强调推其源头,而在推究其根本,阐明其本体义。冯友兰先生《新原人》自序有云:"此书非考据之作,其引古人之言,不过以与我今日之见相印证。"可谓先得吾人之心。

其实历史上亦有以"原仁"名篇者,如唐人李韦筹有《原仁论》,见《全唐文》卷七百四十八:

> 救天下者皆曰仁,得天下者皆曰利。则可乎?曰:不可也。不得已而有天下,则曰仁;得已而有者,则曰利也。善畏其利,善决其仁,皆圣也。汤、文王是也。
>
> 原意曰:圣人视生民以天下,禗褓在焚溺,无不挈者。然则挈而授其家乎?将遂挈而有之乎?彼家无人而有

> 之，不得已而仁矣。有人而有之，则得已而利矣。夏无人也，汤有以仁。殷有人矣，文王畏其利。前贤明汤意，故曰无伯夷。后圣明文王意，故曰周之德可谓至德也已矣。

但我们的《新原仁》并不是接着唐人这种"有天下"的政治思想讲，而可以说是接着《新原人》《新原道》等现代中国哲学思想讲。《新原仁》即对仁的根本义进行深入研究，而建立一仁的本体论。

不过，由于在语音上，"新原仁"与冯先生的"新原人"无法区别，容易混淆，而本书是以仁本体观念为中心，因此本书定名为《仁学本体论》，而以《新原仁》为其别名，并书于扉页。前辈国学大师饶宗颐先生欣然为之题名，作者在此特表深深的感谢！

上月在北师大会议上承牟钟鉴先生赠其新书《新仁学构想》，其中之义，多与鄙见相合，可见仁学的重建在当代已经是有志于发扬儒学者的共识。与牟著不同的是，本书集中于"仁体论"，关注在本体的哲学层面。其实仁学还有很多方面，我们期待在仁学当代重建的时代，有更多的、不同方面的仁学论述不断出现，共同促进当代儒学的发展，以促进中国与世界的共生和谐。

本书是中央文史研究馆《弘扬中华优秀传统文化与文化强国建设》的课题。

陈来
2013年12月于北京清华园